CÓMO ROMPER
CON SU ADICCIÓN
A UNA PERSONA

Howard M. Halpern

CÓMO ROMPER CON SU ADICCIÓN A UNA PERSONA

EDICIONES OBELISCO

Colección Nueva Consciencia
CÓMO ROMPER CON SU ADICCIÓN A UNA PERSONA
Howard M. Halpern

1ª edición: octubre de 2001
2ª ediciçon: diciembre de 2003

Título original: *How to break your addiction to a person*

Portada de *Michael Newman*
Traducción de *Nuria Riambau*

© 1982 by Howard Halpern
(Reservados todos los derechos)
Publicado por acuerdo con McGraw-Hill Inc.
© 2001 by Ediciones Obelisco, S.L.
(Reservados todos los derechos para la presente edición)

Edita: Ediciones Obelisco S.L.
Pere IV, 78 (Edif. Pedro IV) 4ª planta 5ª puerta
08005 Barcelona - España Tel. (93) 309 85 25
Fax (93) 309 85 23
Castillo, 540, Tel. y Fax. 541-14-771 43 82
1414 Buenos Aires (Argentina)
E-mail: obelisco@edicionesobelisco.com

Depósito Legal: B. 46.991 - 2003
ISBN: 84-7720-890-5

Printed in Spain

Impreso en España en los talleres gráficos de Romanyà/Valls S.A. de Capellades
(Barcelona)

CUANDO EL AMOR NO FUNCIONA...

Cuando no sabe si continuar una relación o un matrimonio...
Cuando sabe que debería dejarlo y no lo hace...
Cuando se pregunta qué es lo que le hace permanecer en la relación...
Cuando cree que quizás sus esperanzas son irreales...
Cuando duda de que su amante casado vaya a dejar realmente a su mujer o marido...
Cuando cree que no puede vivir sin esa persona...
Cuando piensa que nunca más encontrará a otra persona...

ESTE LIBRO LE OFRECE EL APOYO QUE NECESITA.

CÓMO ROMPER CON SU ADICCIÓN A UNA PERSONA.

Introducción

Puede ser muy difícil terminar con una relación amorosa, incluso cuando se sabe que es perjudicial para uno mismo.

Cuando hablo de una relación que es perjudicial *no* me estoy refiriendo a una relación que pasa por los períodos difíciles de discordia y desencanto que constituyen una parte inevitable del proceso mediante el cual dos personas independientes y cambiantes luchan por mantener un compañero sentimental.

Estoy hablando de relaciones que no tienen futuro.

Me refiero a relaciones con personas que son tristemente inasequibles (quizás porque están comprometidas con otra persona, porque no quieren comprometerse en una relación o porque son incapaces de tener ninguna).

Estoy hablando de relaciones mal emparejadas en las que los dos componentes están en ondas tan distintas que hay pocos puntos en común, poca comunicación esencial y poco disfrute recíproco.

Me estoy refiriendo a relaciones que carecen de forma crónica de lo que uno o ambos componentes necesitan y desean, ya sea amor, ternura, sexualidad, estímulo, honestidad, respeto o apoyo emocional.

En algunos casos, me refiero a relaciones que son terrenos baldíos de vacío, separación, soledad y pérdida.

Y en otros casos, estoy hablando de relaciones que son campos de batalla de odio, ira y abuso.

El hecho de permanecer en una relación perjudicial puede ser una tragedia personal continuada. A menudo, el motivo por el cual las personas no encuentran una relación satisfactoria es porque no son capaces de salir de una relación irremediablemente insatisfactoria y seguir adelante.

Este libro constituye una guía para todas las personas que están estancadas en relaciones perjudiciales y que no desearían estarlo. Intentaré desenmarañar los entresijos por los que la gente se queda bloqueada en este tipo de relaciones. E intentaré también mostrarles el modo de salir de ellas.

Aunque, principalmente, me dirijo a esas personas que se encuentran en relaciones perjudiciales *claves*, como un amante o un esposo, los principios que desarrollo pueden utilizarse igualmente con amigos, familiares, empleados, trabajos, etc.

Dedico este libro con mucho cariño a los numerosos pacientes y amigos que han compartido conmigo la lucha de sus relaciones. De ellos he aprendido mucho de lo que ahora les transmito.

Agradezco especialmente a Lori Jacobs la preparación del manuscrito, a Ellen Levine, mi agente y amiga, su sólido y útil apoyo, y a Jane H. Goldman su cariño y sus sugerencias incisivos e inestimables.

Howard Halpern, Doctor en Filosofía

1
¿PRISIONERO DEL AMOR?

Quizás su médico de cabecera no lo haya diagnosticado todavía, pero permanecer en una relación perjudicial puede ser peligroso para su salud. Puede trastornar su autoestima y destruir la confianza en sí mismo con tanta certeza como fumar es perjudicial para los pulmones. Cuando la gente dice que la relación con su compañero –amante o esposo– le está matando, puede que sea verdad. Las tensiones y los cambios químicos provocados por el estrés pueden desestabilizar cualquiera de sus sistemas orgánicos, pueden absorber toda su energía y disminuir su resistencia a cualquier tipo de microbio hostil. Y a menudo pueden conducir al abuso de válvulas de escape poco saludables como el alcohol, las anfetaminas, los barbitúricos, los narcóticos, los tranquilizantes, las persecuciones temerarias e incluso algunos actos públicos suicidas.

Pero incluso si no hubiera ninguna amenaza para su salud, permanecer demasiado tiempo en una relación aburrida o mortal puede ensombrecer su vida con frustración, enfado, vacío y desesperación. Puede que haya intentado mejorarla, devolverle un aliento vital, pero haya descubierto que sus esfuerzos han sido vanos y desmoralizadores. Por supuesto, no está solo. Muchas personas fundamentalmente racionales y prácticas se encuentran con que no son capaces de dejar una relación aunque ven que es perjudicial para ellas. Su sentido común y el respeto por sí mismos les dice que deben terminarla pero, con frecuencia, para su desesperación, se quedan colgados. Hablan y actúan como si algo les retuviera, como si su relación fuera una cárcel y estuvieran recluidos en ella. Los amigos y psicoterapeutas pueden haberles explicado que, en realidad, la «puerta de su cárcel» está abierta de par en par y que lo único que deben hacer es dar un paso para salir. Pero, a pesar de lo desesperados que están, siguen ahí. Algunos se acercan al umbral y después vacilan. Otros hacen breves salidas, pero rápidamente vuelven a la seguridad de la cárcel con alivio y desesperación. Algo les dice que deben salir. Algo en ellos sabe que no deben vivir de esta manera. Sin embargo, multitud de personas eligen quedarse en sus cárceles, sin hacer ningún esfuerzo para cambiarlas —excepto, quizás, colgar unas bonitas cortinas y pintar las paredes de colores decorativos. Pueden acabar muriéndose en una esquina de su celda sin haber estado realmente vivos en muchos años.

Todos los días escucho las luchas de mujeres y hombres que se sienten atrapados en relaciones insatisfactorias.

ALICE: Me estoy volviendo loca poco a poco con Burt. Está tan distanciado de sus sentimientos y tan insensible a mí que me siento como si fuera un robot. Al principio era cariñoso y romántico, pero ahora sólo se muestra silencioso y falto de interés. Cuando me quejo, dice que él es así. Aunque me siento frustrada e infeliz, no consigo dejarle. De hecho, me asusto mucho cuando pienso en ello seriamente...

JASON: Dee es irresponsable y egoísta la mayor parte del tiempo. Me humilla delante de la gente y a veces coquetea con otros hombres delante de mí. Si me enfado, me acusa de intentar reprimirla; pero lo he hablado con mis amigos y dicen que ella me lo hace pasar realmente mal —tanto que a veces sufren por mí. En este punto, ya no veo qué puede ofrecerme aunque lo que sea que me une a ella parece ser mucho más fuerte que yo mismo.

MAUREEN: Sé que Brad nunca dejará a su mujer. Veo que me estoy destrozando y perdiendo años de mi vida manteniendo esta relación con él, pero cada vez que he intentado terminarla, atravesaba por tal infierno que volvía a ella... Siento como si me poseyera.

MITCHELL: No sé lo que ocurre, pero estamos en constante lucha, una lucha terrible que me retuerce las entrañas. Nos enzarzamos en batallas campales por la más mínima cosa, desde la película que queremos ver hasta lo abierta que debería estar la ventana. Creo que en lo único que coincidimos es en que deberíamos estar separados, pero no lo logramos.

JO ANNE: Hace años que dejé de querer a Dennis. Casi todas las noches temo el momento en que llegue a casa. Pero tenemos tantas cosas en común: la casa, los niños, recuerdos y quizás simplemente la rutina... Así que, a pesar de que deseo que nos separemos, el simple pensamiento de que él ya no esté en mi vida y de todo lo que tendría que pasar para terminarlo, me hace colgarme un año más y otro y otro. Me estoy resignando a que esto es lo que me toca, pero me siento como muerta...

ARTHUR: La verdad es que no quiero a Betsy, al menos, no lo suficiente como para casarme con ella, pero no puedo romper con ella... Evito conocer a mujeres nuevas porque pienso que me van a rechazar y esta posibilidad me aterroriza. Así que creo que me aferro a Betsy porque ella está allí. Me gusta saber que, al menos, hay alguien a quien le importa realmente si me atropella un camión o con quien puedo compartir las pequeñas cosas de la vida cotidiana, como perder el autobús o comprarme una camisa nueva –cosas que importarían un bledo al resto de la gente.

EILEEN: ¿Por qué sigo viendo a Peter si me trata tan mal? Es verdaderamente cruel conmigo y totalmente egocéntrico. He practicado cientos de formas de decirle que hemos terminado. «Te quiero, pero esta relación no es buena para mí.» «Esto no funciona.» «No quiero verte más.» «He sobrepasado mi necesidad de ti.» «Lárgate, maldito egoísta.» «¡Vete al cuerno!» Y a veces digo estas cosas y termino con la relación, pero solamente durante una semana.

El Poder del Autoengaño

Todas estas personas creen realmente que sería mejor para ellas dejar la relación, pero, cuando llega el momento de hacerlo, se quedan paralizadas. Con el fin de permanecer en la relación, a sabiendas de que va contra sus mejores intereses, con frecuencia intentan engañarse tergiversando la situación. Racionalizan, utilizando «buenos» motivos para ocultar otras posibles razones inconscientes.

ALICE (que «poco a poco se está volviendo loca» con el distanciamiento y la falta de interés de Burt): Sé que él me quiere de verdad bajo su frialdad. Simplemente tiene dificultad para mostrarlo. ¿Por qué otros motivos él sigue en la relación?

JASON (que encuentra a Dee egoísta e hiriente): Sé que a veces parece cruel e insensible, pero quizás es que yo soy demasiado sensible y espero demasiado.

MAUREEN (que sabe que Brad nunca dejará a su mujer): A veces nos sentimos tan bien juntos y él está tan cariñoso que no puedo creer que vaya a ser tan tonto de quedarse con ella.

MITCHELL (que discute con Lara sobre el detalle más pequeño): Quizás el hecho de que discutamos tanto demuestra lo que nos amamos.

JO ANNE (que dejó de amar a Dennis hace tiempo): Quizás el amor no sea tan importante. Tal vez esto es todo a lo que puede aspirar una persona.

ARTHUR (que no quiere a Betsy lo suficiente como para casarse con ella): No hay muchas mujeres por las que me sentiría atraído ni a las que atraería.

EILEEN (que opina que Peter la trata con crueldad): No es que no me quiera. Solamente es que le asusta comprometerse.

La racionalización no es la única técnica de autoengaño. A veces, las personas albergan *creencias* y *sentimientos* profundamente arraigados que desafían a la lógica y, lo que es peor, que pueden empañar el sentido común en lo que respecta al propio interés de la salud de cada individuo.

ALICE: Si dejo a Burt, sé que estaré sola para siempre y esto es lo más aterrorizador que puedo imaginar.

JASON: Dee, a veces, me trata como un trapo sucio. Cualquier palabra que dice es una queja, una crítica o una orden. Pero la quiero. Siento que no podría vivir sin ella.

MAUREEN: A veces tengo la fantasía de que me casaré con otra persona y que Brad se quedará con su esposa, pero que siempre seremos amantes. Que está escrito en las estrellas.

MITCHELL: Sé que no podemos hablar dos minutos sin discutir, pero, cuando sientes lo que yo siento por Lara, siempre se puede solucionar.

JO ANNE: Cada vez que pienso en dejarlo, me siento invadida por la culpabilidad.

ARTHUR: ¿Quién iba a quererme a mí?

EILEEN: Peter dice que ya no me quiere, pero no es posible. Llegó a quererme y esto no desaparece así como así. Tiene que quererme.

Algunas de estas afirmaciones podrían sonar tan conocidas que es difícil saber qué hay de malo en ellas. Seguro que las ha oído a personas conocidas. O las ha leído en novelas románticas. Las ha oído en películas, obras de teatro y canciones. Quizás las esté usando actualmente para malvender su felicidad. Si lo está haciendo, debería preguntarse: ¿Qué está protegiendo? ¿De qué tiene miedo? ¿Cuáles son los motivos *reales* que yacen detrás de los «buenos» motivos?

«Algo se Apodera de Mí»

Eileen tiene veintiocho años y es una atractiva editora con talento en una revista femenina. Vino a consultarme para realizar una psicoterapia porque su médico le había dicho que sus alergias en la piel y su dificultad para dormir tenían un origen emocional. Durante los dos últimos años había estado saliendo con Peter, un dinámico arquitecto de éxito y fue durante esta etapa cuando se desarrollaron los síntomas. Era fácil ver por qué. En el mejor de los casos, Peter la trataba mal. Con frecuencia, era cruel. Y Eileen soportaba este trato. Si tenían una cita, a veces, no aparecía. Quizás le llamaba sobre las dos de la madrugada para darle una excusa tonta y decirle «que cogiera un taxi y fuera a su casa». Y ella salía de la cama, se vestía y cogía un taxi hacia su apartamento.

En una sesión, Eileen apareció radiante porque Peter, extrañamente, le había pedido que fueran juntos a pasar el fin de semana a la costa. Pero, en la sesión siguiente, Eileen apareció deprimida y amargada. Mientras se dirigían a lo que ella creía que iban a ser unas románticas vacaciones, Peter le dijo que iba a asistir a una conferencia de negocios y que estaría sola la mayor parte del tiempo. Se puso furiosa, le chilló y lloró, pero, igual que las otras veces, él la acusó de ser demasiado exigente. Cuando volvieron del fin de semana, ella le dijo que no podía soportarlo más y que no quería verlo más. Él se encogió de hombros y se marchó.

En menos de una semana, tras cinco días de agonía, sin dormir, desesperada y con la cara llena de manchas, se encontró marcando su número de teléfono, deseosa de volver en las condiciones más humillantes. «Es como si algo se apoderara de mí», sollozaba.

¿Qué es lo que se apodera de ella? ¿Por qué esta mujer competente y racional se involucra con tanta intensidad con un hombre que la está rechazando y que le causa dolor constantemente? ¿Por qué, cuando intenta acabar con esta relación, experimenta un tormento incluso más intenso?

16

Adicción a una Persona

Si se analiza con detalle, el cariño de Eileen por Peter tiene todos los rasgos de una *adicción*. No estoy utilizando el término «adicción» simbólica o metafóricamente. No solamente es posible, sino que, además, es extremadamente corriente que una de las personas de una relación sentimental se haga adictiva a la otra persona. Stanton Peele, en su libro *Love and Addiction*, reconoció la naturaleza adictiva de algunas relaciones amorosas. Repasando algunos estudios de adicción a las drogas, llegó a una conclusión común: que el elemento adictivo no está tanto en la sustancia (como el alcohol, el tabaco o un narcótico) sino en *la persona que sufre la adicción*. En las relaciones amorosas, este elemento adictivo toma la forma de una necesidad compulsiva de conectar y de mantenerse en conexión con una persona en especial. Pero, ¿acaso se trata siempre de una necesidad adictiva? ¿Por qué lo llamamos adicción? ¿Por qué no lo llamamos amor, preferencia o sentido del compromiso?

A menudo, *hay* mucho amor y compromiso en una relación adictiva. Pero, para amar y comprometerse de verdad, uno debe *escoger libremente* a la otra persona y uno de los síntomas de una adicción es que es un instinto *compulsivo* que, por definición, supone que esta libertad se ve limitada. El adicto al alcohol o a las drogas se ve conducido hacia la sustancia adictiva, aunque sepa que es mala para él. Y, cuando hay un fuerte elemento adictivo en una relación, el sentimiento es de «Tengo que conseguir a esta persona, tengo que mantenerme unida a ella, aunque la relación sea mala para mí».

Así que el primer indicio de que estamos implicados en una adicción es su calidad compulsiva. El segundo es el *pánico* que uno siente ante la posible ausencia de la sustancia. Los alcohólicos, a menudo, sienten pánico cuando no están seguros de cuándo podrán volver a beber. Los adictos a las drogas experimentan este miedo cuando se está acabando su provisión de drogas. A los adictos a la nicotina les puede costar mucho estar en un sitio donde no esté permitido fumar. Y las personas que están en una relación adictiva pueden experimentar un pánico desbordante con el solo pensamiento de que se rompa la relación. A veces, he oído hablar de personas que se sientan ante el teléfono y empiezan a marcar el número de su compañero de una relación sentimental insatisfactoria, con la determinación de decirle que han terminado, pero se eleva tanto su nivel de ansiedad que tienen que colgar.

El tercer indicio de una adicción es *el síndrome de abstinencia.* A pesar de lo malo que es el pánico a contemplar o dirigirse hacia una posible ruptura, éste no se puede comparar con la desesperación cuando la ruptura se produce realmente. Una persona que acaba de terminar una relación adictiva puede sufrir una agonía mayor que los adictos a las drogas, los fumadores y los alcohólicos puedan sufrir cuando tienen el mono y, en muchas formas, la reacción es similar. Con frecuencia, por ejemplo, hay dolor físico (el pecho, el estómago y el abdomen son especialmente reactivos), lloros, desarreglos en el sueño (hay personas que no pueden dormir y otros que duermen demasiado), irritabilidad, depresión y el sentimiento de que no hay ningún sitio adonde ir y que no hay ninguna forma de terminar con la sensación desagradable excepto volviendo a la antigua sustancia (persona). El deseo puede hacerse tan intenso que, a menudo, derrota las mejores intenciones del sufridor y le conduce de nuevo al origen de su adicción.

El cuarto indicio de una adicción es que, después de un período de luto, normalmente hay un sentimiento de liberación, triunfo y logro. Esto se diferencia del lento y triste proceso de aceptación y curación que sigue a una pérdida no adictiva.

Debajo de estas reacciones, la similitud esencial entre los adictos, ya sea su adicción a una sustancia o a una persona, es un *sentimiento de estar incompleto, de vacío, desesperación, tristeza y de sentirse perdido, que la persona cree que sólo puede remediar a través de su conexión con algo o alguien fuera de sí mismo.* Dicho algo o *alguien* se convierte en el centro de su existencia y la persona está dispuesta a hacerse mucho daño para mantener su conexión con ella intacta.

Si volvemos a referirnos al lazo que ata a Eileen con Peter, veremos muchos de los indicios de la adicción. Ella se siente *impulsada* a estar en contacto con él, siente *pánico* cuando piensa en terminar y tiene un intenso y agonizante *síndrome de abstinencia,* que incluye molestias físicas de las que sólo encuentra alivio inmediato restableciendo la conexión con él. Y, a pesar de sus éxitos considerables y de sus muchas atractivas cualidades, tiene serias dudas sobre si es en ella misma una persona completa, competente y digna de ser amada si pierde el contacto con Peter.

¿Sufre Usted de Adicción?

Probablemente, hay un elemento adictivo en todas las relaciones sentimentales, y esto, en sí mismo, no tiene por qué ser malo. De hecho, puede añadir fuerza y placer a la relación. Después de todo, ¿quién es tan completo, tan autocontrolado, tan «sano» y «maduro» que no necesite sentirse bien a través de un estrecho lazo con alguien? En realidad, un indicio de una buena relación es que nos pone en contacto con lo mejor de nosotros mismos. Lo que convierte determinada relación en una adicción es cuando estos pequeños «Te necesito» adictivos se extienden para convertirse en la fuerza que controla su lazo afectivo. Esto provoca una compulsión interior que le priva de varias libertades esenciales: la libertad de sacar su mejor yo en la relación, la libertad de amar a la otra persona mediante la elección y el compromiso afectivo antes que verse empujado por su propia dependencia y la libertad de escoger permanecer con la otra persona o dejarla.

Si se siente profundamente infeliz en una relación amorosa y, sin embargo, permanece en ella, ¿cómo puede saber si su decisión de quedarse está basada en la preferencia y el compromiso o si sufre de adicción? Existen diversos síntomas que puede buscar en su interior para saber si sufre de adicción:

1. Aunque su propia opinión objetiva (y quizás la opinión de los otros) le dice que la relación es negativa para usted y no espera ninguna mejora, no toma ninguna medida efectiva para romper con ésta.

2. Se busca motivos sin pies ni cabeza para quedarse en ella y que no son lo suficientemente sólidos como para equilibrar los aspectos negativos de la relación.

3. Cuando piensa en acabar la relación, siente verdadero pavor y se engancha todavía más a ella.

4. Cuando toma medidas para acabarla, sufre un agudo sín-

drome de abstinencia, que incluye desarreglos físicos que sólo se alivian recuperando el contacto.

5. Cuando la relación se ha terminado *de verdad* (o fantasea con que realmente ha terminado), siente la pérdida, la soledad y el vacío de una persona eternamente exiliada –a menudo seguidos o acompañados por un sentimiento de liberación.

Si encuentra la mayoría de estos indicios, puede estar seguro de que está en una relación en la que los elementos adictivos se han convertido en tan importantes y tan dominantes que destruyen la capacidad de dirigir su propia vida. Y, de la misma manera que un alcohólico debe empezar su camino hacia la sobriedad admitiendo «Soy un alcohólico», usted debe empezar con el reconocimiento de que está colgado de verdad. Éste es un paso esencial para comprender la base de su adicción, para ver cómo funciona y para ser lo suficientemente libre como para decidir si desea trabajar para mejorar la relación, aceptarla tal como es o, si no puede ni mejorarla ni aceptarla, romperla.

I

EL HAMBRE DE CARIÑO – LA BASE DE LA ADICCIÓN

2

LA DOSIS DE AMOR

Si sospecha que está en una relación perjudicial porque siente adicción, entonces, es esencial que comprenda sus raíces. De otro modo, es probable que agrave el problema siendo autocrítico o condenando su adicción como una debilidad o una falta humillante. O quizás decida que, como se trata de una adicción, puede seguir con ella porque, después de todo, es más fuerte que usted. Pero si sabe cómo ha evolucionado su adicción, podrá verlo como un proceso lógico y comprensible en su historia, adoptar una actitud compasiva hacia ella y aprender lo que puede hacer para superarla.

NIVELES DE VINCULACIÓN

Hay tres «niveles de vinculación» psicológicos que pueden influir en su decisión de quedarse en una relación que sabe que debería dejar. En primer lugar, están las Consideraciones prácticas para no dejarla y, puesto que están en el nivel más evidente, son las más fáciles de entender y observar. Por ejemplo, aparentemente hay aspectos abrumadores al acabar un matrimonio destructivo en el que hay niños pequeños o dependencia económica o en los que hay un embrollo tan permanente e intrincado que una rup-

23

tura podría causar graves problemas en las vidas de todas las personas implicadas.

El segundo nivel son las Creencias que usted mantiene sobre las relaciones en general, sobre sus relaciones concretas problemáticas y sobre usted mismo. En parte, estas Creencias consisten en opiniones populares y comportamientos aprendidos como: «El amor lo conquista todo», «El amor es para siempre», «El matrimonio es un sacramento y es inquebrantable», «Lo más importante es la seguridad», «Vale más malo conocido que bueno por conocer», «Acabar una relación es un error», «Estar solo es humillante», «Nunca debes herir o decepcionar a nadie», «No ser una pareja es como ser sólo media tijera», etc. Y, después, están las creencias sobre uno mismo, como: «No soy lo suficientemente atractivo», «No soy lo suficientemente inteligente», «No soy lo suficientemente interesante», «No tengo el suficiente éxito», por lo tanto, «Nadie más podría quererme, así que es mejor que me quede donde estoy». Y, además, «No soy lo suficientemente competente como para arreglármelas solo».

Finalmente, está el nivel más profundo de sentimientos y motivos que pueden bloquearle. Este nivel se origina tempranamente, a menudo se pone en funcionamiento sin que usted sea consciente de ello y puede, desde sus recesos escondidos, controlar su vida. Este nivel existe en todo el mundo en grados variables y su poder emocional puede ser mucho mayor que los niveles de Consideraciones prácticas y Creencias. El primer grado es el Hambre de cariño. Y éste es el que vamos a explorar porque *El hambre de cariño es la base de la adicción hacia otra persona*. Es tan potente que puede anular las Consideraciones prácticas («Esta relación es perjudicial para mi salud») y Creencias («Una persona debería abandonar una relación restrictiva y sin amor») que se oponen a ella.

Las raíces de las necesidades de cariño son fáciles de comprender. Todo el mundo empezó siendo un niño desvalido. Solo, ni siquiera podía hacer las cosas más rudimentarias para su propia comodidad o supervivencia. Acababa de salir de un lugar en el que su comodidad y seguridad eran tan completas que nunca más conocería una felicidad y una seguridad tan absolutas. Lanzado al mundo, es seguro que no podía por sí solo hacer frente a las demandas del exterior o a los sentimientos caóticos del

24

interior. Su impulso debía haber sido ir directamente hacia la seguridad y el calor pero, lógicamente, no podía. Sin embargo, usted tuvo una madre y, seguramente, ella respondía a sus necesidades de las tres formas siguientes: (1) Le mantenía vivo y bien, (2) Le proporcionaba la ilusión de disfrutar de la seguridad y satisfacción de estar en un lugar parecido al útero materno y (3) Le daba, a través de la fusión simbiótica con esta poderosa persona, la ilusión de ser enormemente fuerte. Se trata de una situación difícil de controlar y a la que cuesta renunciar, ya sea ante su propio deseo innato de convertirse en una persona individual o ante el intento de su madre de ir apartándolo de sí. Es comprensible que reaccione aferrándose a ella.

En las últimas décadas, se han realizado diversos estudios acerca de la importancia de la necesidad del niño de vincularse a su madre con las manos, brazos y ojos. Es una necesidad profunda y biológica y el modo en que la madre responda a dicha necesidad a una edad muy temprana tendrá un enorme impacto en la capacidad del adulto de formar una buena primera relación así como en su capacidad de vivir sin ninguna cuando sea necesario o aconsejable. Incluso la más abnegada de las madres es incapaz de sintonizar perfectamente con su hijo, de estar con él en todo momento, de estar siempre y de responder inmediatamente a sus necesidades. La más abnegada de las madres tiene otras cosas de que cuidarse y tiene sus propias necesidades y preocupaciones. Quizás esté deprimida, tensa o físicamente enferma. Puede tener algunas Creencias frustrantes de cariño (por ejemplo, que es malo coger a un niño cuando llora o darle de comer fuera del horario). A veces, quizás tenga que marcharse. Estos factores pueden interrumpir el lazo afectivo y pueden dejar rastros permanentes de Hambre de cariño en su hijo.

Cuanto más satisfechas estén las necesidades de cariño del niño a una edad temprana, mejor; especialmente durante el primer o segundo año de vida. Pero no solamente la falta de gratificación de estas necesidades puede producir un Hambre de cariño residual sino también las deficiencias por parte de alguno de los padres en *iniciar* al niño, en ayudarle a alejarse de la simbiosis segura y cálida con su madre. Una buena iniciación le da al niño apoyo y aumenta su confianza. Le enseña que puede valerse por sí solo y correr ciertos riesgos. Le muestra que el mundo no es tan terrible y que no sólo está lleno de peligros y que él solo posee la capacidad de hacerle frente y de encontrar nuevas relaciones con otras personas que no sean sus padres. Muchas veces, madres que responden magníficamente en la fase *afectiva*, quizás debido a sus propias necesidades de mantener la cercanía con su hijo, hacen un mal trabajo en su fase de iniciación, aferrándose al niño, minando sus esfuerzos de autonomía, temerosas de que corran riesgos, resentidas de que sean menos dependientes. El papel del padre es especialmente crucial aquí.

La disponibilidad de la madre en ayudar al desapego del niño, primero dejándole suficientemente satisfecho y lleno asegurándole su presencia afectuosa y después permitiéndole que se aleje de ella, que vuelva y que se vuelva a marchar, es crucial para el desarrollo de su autonomía. Pero, tanto la madre como el hijo, a veces, necesitan ayuda. La madre porque quizás tenga sus propias necesidades profundas de retener al niño, el niño porque la separación siempre va acompañada de ansiedad. Y aquí es donde el padre debe coger al niño de la mano y pasearse con él por el mundo, mostrándole su alegría y fascinación, enseñándole a dominar sus peligros, transmitiéndole el valor y la confianza de estar allí. En el mejor de los casos, el padre también ayuda al niño cuando la madre se siente triste y amenazada en el período de separación. *La tarea esencial del padre, entonces, es ayudar a la madre y al niño a separarse.* Se trata de un papel de íntima fortaleza, de heroísmo corriente.[1]

No todos los padres hacen su trabajo esencial bien. Algunos no reconocen que se trata de su trabajo y dejan todos los asuntos relacionados con la educación del niño a la madre. Otros son demasiado egocéntricos o reticentes para ayudar a la madre y al niño a que se distancien entre sí. Y otros padres pueden ser tan despóticos o incluso crueles que pueden devolver al niño a los brazos más cálidos de la madre. Un niño puede ser tímido y miedoso si su madre no lo anima a alejarse de ella y su padre no ofrece una ayuda y orientación alternativas.

El hecho de que usted, como adulto, tenga fuertes vestigios de Hambre de cariño que afecten a sus relaciones actuales depen-

---

1. Howard Halpern, *CuttingLoose: An Adult Guide to Coming to Terms with Your Parents* (N.Y.: Simon & Schuster, 1977) p. 58. Bantam ed., 1978, p. 45.

derá, en gran parte, de lo que haya ocurrido durante este vínculo temprano y en las fases de iniciación de su desarrollo. En el caso de que sus padres satisficieran la fase de cariño y después, tras el primer año y medio, apoyaran su independencia, tendrá menos resaca de Hambre de cariño en su vida adulta. Si ellos fracasan en ayudar, ya sea en la fase afectiva o en la fase de iniciación, puede tener un residuo intenso de necesidades de Hambre de cariño que pueden llevarle a buscar relaciones de forma adictiva y aferrarse a ellas.

Hablando de la importancia de separarse del vínculo con la madre, el eminente psicoanalista inglés, Winnicott, decía que «era trabajo de la madre desengañar al niño».[2] Se estaba refiriendo a la necesidad de que ella terminara con la ilusión del niño de que están *fusionados* en una entidad madre-hijo omnipotente. El proceso de «desengañar» al niño es muy delicado y es poco probable que se cumpla de forma que el niño pierda por completo todas las ilusiones de volver a lograr ese mismo sentimiento de omnipotencia y seguridad total. El deseo vive en todos nosotros y, mayoritariamente, aprendemos a estar satisfechos con breves degustaciones de éste, como el éxtasis que podamos alcanzar con el sexo, la subida de dos martinis o un porro de marihuana, el delirio de «enamorarse», la delicia que puede producir una pieza de arte o música o un paisaje imponente, la euforia de bailar o correr y el placer de crear algo –un poema, una pintura, una melodía– que no existía antes. Pero las ilusiones creadas para satisfacer el Hambre de cariño también viven –en un grado más elevado en unas personas que en otras– en forma del deseo, la fantasía y el intento de recuperar esta fuerza, seguridad y felicidad mediante la fusión con otra persona. La gente expresa dicho deseo con frases como:

«Sólo me siento absolutamente vivo cuando estoy en una relación amorosa personal».

«Me siento incompleto sin ella. Ella me hace sentir completo».

«Sin ella, me siento asustado e inseguro. Cuando ella me abraza, me siento seguro».

2. D. W. Winnicott, "Transitional Objects and Transitional Phenomena", *International Journal of Psychoanalysis*, Vol. 24, 1953.

«Si la perdiera, no valdría la pena seguir viviendo. Ella es mi felicidad».

En una serie de interesantes estudios de Lloyd Silverman y sus colegas se pone de manifiesto la fascinante evidencia experimental de la presencia e incluso de los efectos positivos de satisfacer este deseo de afecto subyacente. La metodología de estos estudios es sencilla. El instrumento básico utilizado es un taquistocopio, un aparato en el que se puede ver una pantalla en la que se proyecta un mensaje escrito o un dibujo. Pero el mensaje puede que parpadee tan brevemente que esté por debajo de la capacidad de cualquier persona de verlo conscientemente. Cualquier respuesta al mensaje será una *percepción subliminal*. En un estudio especial, Silverman puso un anuncio en un periódico que decía:

«¿Te fastidian los bichos? Tratamiento gratis para las cucarachas u otras fobias a los insectos».

Veinte mujeres respondieron al anuncio. Utilizando una técnica parecida a los métodos de desensibilización de los terapeutas conductuales, se pidió a las participantes que visualizaran escenas en las que entraran en contacto con los insectos a los que eran fóbicas. Estas escenas iban de los que les asustaban menos a los que les asustaban más. Después de que se formara cada imagen, la participante hacía una valoración según una escala de 100 puntos y expresaba el grado de incomodidad experimentado. Cuando la valoración resultó ser de 20 o mayor, en vez de pasar al siguiente paso de la jerarquía, se pidió a una mujer que mirara por el taquistocopio (al mismo tiempo que recibía un mensaje subliminal). La mitad de las mujeres recibieron el mensaje *Mamá y yo somos uno*, mientras la otra mitad recibieron un estímulo de control *Las personas caminan*. Entonces, se pidió a las mujeres que imaginaran la escena con los bichos y que valoraran de nuevo el grado de incomodidad. Si la valoración estaba por debajo de 20, el experimentador pasaba a la siguiente imagen terrorífica, pero si no, se repetía la misma escena hasta que el nivel de incomodidad descendía a 20.

Después de cuatro sesiones de desensibilización de este tipo, se valoró de nuevo el alcance de la fobia a los insectos que sufrían las participantes. En dos de los tres aspectos analizados (la capacidad de las mujeres de entrar en contacto con los insectos y la valoración de un observador de la ansiedad durante estos intentos de contacto) había una mejora significativa mayor en el grupo experimental que en el de control.[3]

Ninguno de los grupos sabía conscientemente el mensaje que recibía o que recibía un mensaje.

Tenemos evidencia en este estudio y otros de que el deseo simbiótico, el deseo subyacente en nuestra Hambre de cariño puede ser curativo y calmante. Evidentemente, este deseo es profundo y poderoso. Pero, mientras que todo el mundo parece albergar estos deseos, no todo el mundo se hace adicto a otra persona. *Los sentimientos del nivel de Hambre de cariño convertirán a una persona en adicta sólo si estos sentimientos son tan fuertes que pueden anular su capacidad de actuar en su propio interés.*

Si sus necesidades de cariño son tan grandes que parecen suprimir su opinión y controlar sus acciones, entonces, podrían indicar que algo no ha funcionado en ese complejo proceso de separarse de la fusión original con su madre. Quizás la propia necesidad de Hambre de cariño de su madre de fusionarse con usted mantenía viva la fantasía de la unicidad hasta mucho después de que usted fuera capaz de aceptar la realidad de su separación. Quizás ella no apoyó de forma efectiva su lucha por ser fuerte y autónomo porque se sintió amenazada por su propia independencia. O quizás ella nunca le permitió experimentar una individualidad lo suficientemente profunda o duradera con ella durante los primeros años de su vida cuando necesitaba esta fusión, de modo que actualmente todavía está hambriento debido a esta simbiosis insuficientemente gratificada. (Tal como indicó Winnicot, a pesar de que es tarea de la madre desengañar al niño, ella no puede esperar tener éxito a menos que primero le haya otorgado la posibilidad de tener la ilusión de la individualidad.)

Si su dependencia de cariño es hacia una mujer o un hombre, posiblemente se basará en esta temprana e irresoluta necesidad de conseguir la fusión con su madre durante sus primeros años. Las experiencias posteriores de amor insuficiente o trastornado,

---

3. L. H. Silverman, F. M. Lachmann y R. H. Milich, *The Search for Oneness* (N.Y.: International Universities Press, 1982).

ya sea por parte de sus padres o de otras personas importantes en su vida, o su fracaso en apoyar el desarrollo de su independencia también pueden provocarle que ahora se cuelgue de alguien con la esperanza de conseguir lo que le parece que le falta –la capacidad de supervivencia, de estar seguro y de ser feliz. Su actual cuelgue se basa en una vieja ilusión. Dicha ilusión, tal como aparece en su vida actual, es: *El padre o la madre a quien miraba para sentirse bien, seguro y fuerte existe en la persona con la que está comprometida actualmente; por lo tanto, si puede conseguir que dicha persona le quiera, todo irá bien.* Su compulsión adictiva de volver a captar este estado original de estar en conexión con esa persona especial, una persona que no podría satisfacer una necesidad arraigada en su infancia, significa que usted es adicto.

LA ADICCIÓN DE EILEEN

Observemos a Eileen, la joven editora adicta a su ofensivo amante, desde la perspectiva de tres niveles psicológicos de vinculación. Está claro que hay pocos argumentos en el nivel de Consideraciones prácticas para retenerla con Peter. No hay circunstancias atenuantes, como dependencia económica o niños pequeños. Es inteligente, atractiva, sociable, tiene un buen trabajo, es perfectamente capaz de cuidar de sí misma y puede atraer relaciones nuevas. No hay razones prácticas significativas para que permanezca en una relación destructiva.

Si miramos la segunda etapa, el nivel de Creencias, vemos que Eileen se cuelga de su Creencia sin fundamento de que Peter la ama realmente pero que tiene problemas para demostrarlo. Hablando con Eileen, descubrí una Creencia romántica de que el amor superará todos los obstáculos. Y, en cuanto a las Creencias sobre sí misma, a pesar de sus cualidades, Eileen alberga serias dudas acerca de su capacidad de interesar a otros hombres atractivos aparte de Peter.

Algunas de estas Creencias son muy poderosas, pero si los niveles de vinculación de las Consideraciones prácticas y las Creencias estuvieran funcionando, Eileen podría librarse fácilmente de Peter sin lamentarlo y con gran alivio. Pero lo que se ha apoderado de ella ha superado sus perspectivas y su opinión es el Hambre de cariño restante que le conduce a mantener la conexión con Peter a toda costa. La fuerza de esta Hambre de cariño ligada a la capacidad de Eileen de actuar de forma efectiva por sí misma, ya sea para mejorar la relación o para acabarla es lo que hace que su vínculo con Peter se haya convertido en una adicción.

¿Cariño o Enamoramiento?

La relación de Eileen con Peter también tenía muchas de las cualidades de lo que se llama con frecuencia «amor romántico». Sobre todo al principio de la relación en la que estar con Peter y suspirar por él eran experiencias de alegría y de dolor extáticos.

Dorothy Tennov empleó la palabra, *enamoramiento*,[4] para referirse al estado alegre de flotación, de pensamientos obsesivos e intrusos sobre el ser amado, de la espera intensa de la reciprocidad, de un dolor en el pecho cuando hay incertidumbre y de ver al ser amado como extraordinariamente maravilloso. La mayoría de relaciones adictivas empiezan con el enamoramiento. Se caracteriza por una desbordante atracción inicial y un peculiar estado de nerviosismo. A menudo, hay un sentimiento de haber encontrado la clave de la felicidad. Del mismo modo que los adictos a las drogas hablan de la «subida» que sufren cuando la droga llega a la sangre, el enamoramiento puede verse como la «subida» del Hambre de cariño. Se trata de la esencia intensificada e idealizada de la ilusión de la individualidad. Sin duda, éste es el motivo por el que M. Scott Peck, en su libro *The Road Less Traveled*, habla de «enamorarse» como algo que no tiene nada que ver con el amor real. Lo ve como ir hacia atrás más que ir hacia delante.

> «En algunos aspectos (aunque no en todos), el acto de enamorarse es un acto de regresión. La experiencia de fusionarse con el ser amado tiene su eco del tiempo en el que estábamos fusionados con nuestras madres en la infancia. Junto con la fusión, también volvemos a experimentar la sensación de omnipotencia que tuvimos que detener en nuestro viaje para salir de la niñez. Todo parece posible. Junto con nuestro amado, sentimos que podemos superar cualquier

---

4. Dorothy Tennov, *Love and Limerence* (Briarcliff, N.Y.: Stein & Day, 1979).

obstáculo. Creemos que la fuerza de nuestro amor hará que las fuerzas de oposición se rindan sumisamente y se diluyan en la oscuridad. Se superarán todos los problemas. El futuro será luminoso. La irrealidad de los sentimientos de enamoramiento es, fundamentalmente, la misma que la irrealidad del niño de dos años que se siente como el rey de la familia y que el mundo tiene un poder ilimitado.»[2]

En caso de que el «enamoramiento» se base en la ilusión de individualidad, puede interferir con las percepciones claras y las interacciones honestas de una persona con los demás. Pero es importante tener en cuenta que cuando esté presente, aunque *no controle* una relación, puede añadir intensidad y una mayor profundidad de sentimiento. El principal peligro es que también puede añadir tanto poder al Hambre de cariño que puede hacer una relación destructiva e incompatible casi irrompible –al menos, hasta que pase el enamoramiento, lo que normalmente sucederá cuando uno se enfrente a la realidad de quién es realmente el otro.

La adicción puede ser tan importante como el enamoramiento. Es fundamental tener en cuenta que estar románticamente enamorado o sentir enamoramiento no es lo mismo que estar movido por el Hambre de cariño. Algunas relaciones muy adictivas nunca han pasado por la etapa del enamoramiento. E incluso cuando el sentimiento del enamoramiento hace tiempo que se ha extinguido, una conexión, una unión nacida de las necesidades de cariño todavía puede permanecer sólida. Incluso es posible que el objeto de su Hambre de cariño sea alguien que usted desprecia o que le asusta, aburre o deprime. (En realidad, el sentimiento del enamoramiento de Eileen empezó a atrofiarse mucho antes de que ella pudiera evitar colgarse de Peter.)

Lógicamente, entonces, el Hambre de cariño es un sentimiento muy intenso. Incluso puede durar más y ensombrecer la fuerza magnética del enamoramiento. Puede nublar su juicio, destruir sus propósitos y fuerza de voluntad y obligarle a permanecer en una relación que sabe que es perjudicial para usted. El Hambre de cariño es el combustible de su adicción. Para liberarse de su poder, debe aprender todo sobre ésta y sobre cómo funciona en su vida.

---

5. M. Scott Peck, *The Road Less Traveled* (N.Y.: Touchstone, 1978), p. 88.

3

EL RETORNO
DE UN RECUERDO

Para comprender su Hambre de cariño es esencial que se dé cuenta de que no se trata de una experiencia nueva. No sucede por primera vez en la relación actual. Es el retorno de un recuerdo. Es una reminiscencia emocional de un tiempo mucho anterior. Aunque los detalles reales del recuerdo pueden olvidarse completamente, los *sentimientos* están tan vivos e intensos ahora, cuando surgen en su conciencia, debido a la pérdida o pérdida anticipada de una relación importante, del mismo modo que cuando usted los sintió originalmente en los primeros meses y años de su vida.

Esto significa que, cuando está dominado por el Hambre de cariño, su estado mental es, en muchos aspectos, el de volver a experimentar el mismo estado en el que se hallaba cuando era un niño o un bebé. Las cualidades de esta experiencia son las de un ser necesitado y vulnerable con perspectivas limitadas, opinión sin desarrollar, poca capacidad de pensamiento racional y sin fuerza de voluntad. Y no es necesario que haya tenido una infancia especialmente traumática o carente para haber conocido estos sentimientos de dependencia primitiva. Son parte del legado de todo el mundo. Son depósitos en el banco de memoria de todo el mundo. Así que, cuando estos estados de Hambre de cariño se superan, su pensamiento y opinión están distorsionados y controlados por las emociones intensas de una Etapa en la que usted era un ser desvalido.

Etapa de la niñez

Suceden extrañas cosas con el sentido del tiempo de una persona cuando el Hambre de cariño se apodera de ella. Puesto que se trata de un recuerdo de la más tierna infancia, cuando le domina, le sitúa, en efecto, en la Etapa de la niñez y dicha Etapa es una dimensión muy distinta de la Etapa adulta. Tenga en cuenta que:

El niño succiona el pecho de la madre y la mira constantemente a los ojos. Este momento de felicidad es todo lo que existe. ¿Qué sabe sobre el mañana? ¿Sobre los cinco minutos siguientes? Se ha «olvidado» de que estaba llorando tan sólo hace un minuto. Este momento, este estado, es inaudito.

Compare esto con las palabras de una mujer de treinta años que es muy infeliz en su relación con Jack:

«No sucede muy a menudo que las cosas vayan bien entre Jack y yo, pero cuando van bien, pongamos por caso que pasamos un fin de semana juntos, es como si se tratara de unas vacaciones de dos semanas. Incluso una tarde haciendo el amor se hace eterna. Ni siquiera pienso en lo que va mal entre nosotros. Sólo existe el sentimiento positivo».

O considere esta dolorosa experiencia de un niño:

Quiere ser alimentado. Grita. La respuesta no es inmediata. En tiempo adulto, quizás pasan tres minutos antes de que Mamá caliente el biberón. Pero, ¿qué es esto en tiempo de un niño? ¿Un siglo? ¿Una eternidad? ¿Una cantidad ilimitada de frustración dispersada en una dimensión incomprensible?

Ahora, escuche a este ejecutivo de publicidad y observe la similitud con la experiencia del niño:

«Llamé y nadie contestó. Sé que era absurdo, que normalmente ella no llega a casa hasta muy tarde, pero supongo que, debido a la discusión que tuvimos, yo sentía esa punzada de angustia. Me dije que volvería a llamarla en media hora, pero, pasados tres minutos, tres minutos muy largos, volví a marcar su número. Dejé que el teléfono sonara veinte veces. Empezaba a sentirme realmente tenso. Notaba una oleada de adrenalina. Durante la hora siguiente estuve llamando cada dos minutos y cada vez sentía como si hubiera pasado una eternidad. Miré a ese estúpido reloj como si me estuviera engañando, como si se empeñara en ir más lento...».

Todo niño ha tenido una experiencia similar a la que se relata a continuación:

La canguro llega. Mamá y papá se preparan para salir. Le dicen, aunque saben que todavía no puede comprenderlo, que volverán pronto, dentro de unas cuantas horas. Se van. El niño grita, llora, se aguanta la respiración. Se han marchado. ¿Cómo va a saber que volverán? Se han marchado para siempre. Cada segundo que pasa sin ellos es para siempre.

Aquí están las versiones de dos adultos:

«Tenía una urgencia insoportable de llamar a Vicki antes de que se marchara de fin de semana y aclararle que no quería decir eso cuando le dije que quería que acabáramos y que quería irme con ella tal como habíamos planeado. Pero otra parte de mí sabía que no tenía mucho que ver con Vicki como Vicki. Tenía más que ver con pensar en ese fin de semana solitario y sin planes que se extendía frente a mí. Y las previsiones eran de buen tiempo, lo que haría que el fin de semana pareciera más largo... no como cuarenta y ocho horas sino más bien como cuarenta y ocho días o cuarenta y ocho años en solitario. ¿Cómo soportar un castigo como éste?».

«Si termino con Wayne, sé que estaré sola para siempre. Es lo único que veo –desolación y soledad extendiéndose hasta el infinito».

Estas distorsiones en el tiempo pueden hacerle más consciente de los orígenes del Hambre de cariño en la más temprana infancia que casi cualquier otra experiencia. Pero la paradoja es que, una vez el Hambre de cariño se haya apoderado de usted, no sabrá que está distorsionando las cosas. Es necesario tener, al menos, un pie en tierra firme fuera del estado del Hambre de

35

cariño para ver el tiempo desde una perspectiva más madura y reconocer que lo está deformando. Así que cuando esté totalmente *fuera* de las garras del Hambre de cariño es cuando tendrá que prepararse para ésta, anticipando la distorsión del tiempo y buscando maneras de compensarla con el tiempo adulto. La mujer que dijo: «Si termino con Wayne, sé que estaré sola para siempre…» empezaba a ver que sólo se sentía de este modo cuando sufría el Hambre de cariño y que, en otras Etapas, cuando la perspectiva no estaba afectada por el pánico y era más realista, no se sentía de ese modo. Así que empezó a escribir unas series de lo que denominó «Notas para mí». Una decía así:

A: Mi pequeño yo
De: Mi gran yo

Si terminas con Wayne, sentirás que estarás sola eternamente. Te sentirás aterrada ante el dolor eterno de la soledad eterna. Pero esto es simplemente tu visión del tiempo infantil. Como adulta, puedo asegurarte que hay un mañana y te prometo que volverás a sentirte mejor.

IMPORTANTE: Te ordeno que saques esta nota y la vuelvas a leer repetidamente ante el primer indicio de pánico.

Y otra nota decía:

Parece como si la agonía fuera a alargarse eternamente. Lo sentirás realmente así y tendrás tentaciones de aliviarte llamándole y volviendo a empezar de nuevo. ¡No lo hagas! Esto te hará retroceder hasta el principio. Llama a un amigo, date un baño, bebe un poco de vino, reorganiza tus armarios, pero no le llames. Se te pasarán las ganas.

Y otra:

Si puedes superar esa primera noche de desesperación que parece interminable, y sí que puedes, entonces podrás superar la noche siguiente. Y el dolor disminuirá poco a poco. El dolor no es infinito. Tiene una limitación de tiempo. Hay un mañana. Resiste y tendrás la oportunidad de volver a empezar.

El hecho de escribir estas notas le ayudaba. Leerlas cuando se sentía embargada por el dolor y la Etapa de la niñez también le ayudaba. No siempre. A veces le llamaba y volvía a darse cuenta de que se trataba de un error. Paulatinamente, era capaz de permanecer en la Etapa adulta y, desde esa posición ventajosa, se preguntaba cómo podía haber perdido su perspectiva previamente.

Los amigos que saben que está intentando romper un arraigado vínculo adictivo pueden ayudarle a evitar que haga algo cuando se apodere de usted la Etapa de la niñez. El hombre que tenía la «urgencia insoportable de llamar a Vicki antes de que se marchara de fin de semana» y que esperaba aterrado el siguiente fin de semana sin Vicki como «cuarenta y ocho años en solitario» estaba a punto de sucumbir a su pánico y cogió el teléfono para llamarla. Pero se reprimió de marcar el número de Vicki y, en vez de esto, llamó a un amigo que conocía su lucha por romper con Vicki. «No puedo soportarlo», le dijo a su amigo. «Nunca superaré el fin de semana». El amigo, que algunas veces había tenido sentimientos parecidos, le dijo: «Claro que podrás superar el fin de semana –son sólo dos días, no dos siglos. Escúchame, esta noche voy a una fiesta a celebrar la apertura de la nueva tienda de mi hermano. Seguro que estará animada. ¿Qué te parece si vienes? Después podemos hablar». Este contacto con su amigo, el hecho de que alguien le asegurara que el fin de semana no sería infinito y la invitación a la fiesta y a hablar después permitieron que no llamara a Vicki y que soportara el fin de semana con mucho menos sufrimiento del que había anticipado.

No solamente le ayudó a recuperar su perspectiva del tiempo sino que el hecho de ver que su amigo estaba a su lado también satisfacía algunas de las necesidades que surgían del nivel de Hambre de cariño. Este descubrimiento dejaba claro que había otras personas a las que podía dirigirse, que era capaz de tomar la iniciativa, de acercarse a ellos y que podía haber luz y vida fuera de su relación con esta persona, Vicki.

Conozco a cuatro amigas que han comentado entre ellas su tendencia a permanecer demasiado tiempo en relaciones perjudiciales. Hicieron un pacto para ayudarse mutuamente con este problema. Acordaron que se iban a llamar cada vez que el «Hambre de cariño» se les fuera de las manos. Uno de los mayores beneficios que obtuvieron fue el hecho de ayudarse a superar un episodio de pánico o dolor rescatándose mutuamente de la tiranía de la Etapa de la niñez. A veces, simplemente oyendo: «Puedes superar la noche y mañana te sentirás mucho mejor, pero estoy aquí por si me necesitas» no solamente conseguían aliviar la tristeza del sufridor sino que también evitaban que hiciera cosas que después podría lamentar. (Véase el capítulo 16.)

Si este enfoque suena parecido al de grupos como Alcohólicos Anónimos, lo es. Y AA hace tiempo que se ha dado cuenta de la necesidad de que sus miembros se ayuden mutuamente para no verse abrumados por la Etapa de la niñez, aunque no se refieran a ésta con dicho nombre. No es ningún accidente que la guía de AA, compuesta por miembros de las familias de alcohólicos, se titule *One Day at a Time*.[3] Si tiene tendencia a caer en un estado de tiempo distorsionado cuando termina o anticipa el final de una relación perjudicial, es fundamental que reconozca que la Etapa de la niñez se ha apoderado de usted. Cuanto más se aleje de la visión infantil de dolor eterno y soledad perpetua, más se disipará el pánico. Y, cuando suceda esto, la edad adulta volverá a dominarle, aumentará e incluso se acelerará. Desgraciadamente, los interminables veranos de la niñez se sustituyen por la perplejidad de «¿dónde están los veranos?». Se ha dicho que la vida es como un tren que empieza como un tren regional y que acaba como un expreso. Así que la cuestión importante con relación al tiempo no es que estará solo para siempre o herido para siempre, sino que el tiempo es demasiado precioso para desperdiciarlo con la relación equivocada.

Recuerdos del cuerpo

A menudo, las personas «recuerdan» físicamente los sentimientos del nivel de Hambre de cariño porque normalmente estos sentimientos se originaron en una Etapa anterior a las palabras, antes de que el niño tuviera un vocabulario para definir y expre-

---

6. *One Day at a Time in Al-Anon* está preparada por Al-Anon Family Group Headquarters, Inc., 1973, P.O. Box 182, Madison Square Station, New York, N.Y. 10010. Puede ser una ayuda muy valiosa para tratar cualquier adicción, incluidas las adicciones a personas.

sar dichos sentimientos. Las reacciones especiales del cuerpo variarán en función de si el Hambre de cariño se ve satisfecha o no. A continuación, se describe cómo se sentía una persona cuyas necesidades de cariño *quedaban satisfechas* en una relación sentimental:

> «Cuando las cosas van bien entre nosotros, me siento ligero como una pluma. Me siento feliz… Sé que mi rostro irradia luz propia, estoy relajado, incluso lánguido. A veces me estiro como un gato…».

(Podemos reconocer aquí los síntomas de estar románticamente enamorado o «fascinado», que suelen acompañar al Hambre de cariño.)

Pero cuando la relación va mal y las necesidades de cariño se frustran o están amenazadas las personas describen sus experiencias de este modo:

> «Siento angustia en todo mi cuerpo. La cabeza me dice que ella no es buena para mí, pero después se ve invadida por este dolor, principalmente en el estómago y pecho, pero que, realmente, se extiende por todas partes. Es como si mi piel estuviera deseando sentir su piel».

> «Soñé que me dejaba y me desperté con el corazón latiéndome y ahogándome. Me dolía el pecho y pensé que quizás tenía un ataque de corazón. Supongo que se refieren a esto cuando hablan de un corazón roto».

> «La primera vez que le dije que lo nuestro no funcionaba y que teníamos que dejarlo sentí un gran alivio, pero después empecé a sentir esa terrible tristeza. No había forma de pararla. Sólo lloraba y lloraba, pero eso tampoco parecía ayudar mucho. Tengo un nudo en las tripas y apenas puedo comer. He perdido dos kilos y medio en sólo dos días. Cada fibra de mí quiere llamarle y tengo que seguir leyendo mi diario para recordarme lo mal que nos iba…».

El Hambre de cariño está compuesta de poderosos sentimientos primitivos que están alojados profundamente en la musculatura y en las reacciones de la química de su cuerpo. ¿Cómo puede evitar sentirse dominado por estas intensas respuestas fisiológicas? Dejando de engañarse a sí mismo con estas Creencias tópicas de que, porque siente que la conexión emocional con la otra persona es tan intensa y física (Lo sentí en mi corazón, lo noto en el estómago), estas reacciones deben estar transmitiéndole una gran verdad o deben estar diciéndole lo que usted siente *realmente* y quiere. Nada de eso. Su fuerte reacción corporal no es más *realmente* usted que la opinión expresada racionalmente de que debería romper la relación (o que esos otros sentimientos corporales de depresión o tensión que experimenta mientras permanece en la relación). Las reacciones del cuerpo del Hambre de cariño simplemente provienen de otro nivel que su opinión, un nivel tan antiguo en su historia que es difícil guiarle acerca de lo que usted, como adulto, debería hacer. Así que es fundamental que *deje de idealizar* sus sentimientos de cariño si le llevan a decisiones que van en contra de sus intereses. Y tendrá que reprimirse de tomar decisiones sobre la relación cuando sufra estos sentimientos primitivos. Tendrá que esperarse hasta que su cuerpo se calme, tenga la cabeza clara y pueda recuperar la perspectiva. A veces, esto es extremadamente difícil porque los sentimientos corporales tienen una intensidad muy fuerte que puede hacer que pierda la visión global de la escena y de sus objetivos.

Eileen habló de Peter de este modo: «*Cualquier fibra de mí* quiere llamarle y tengo que seguir recordándome lo mal que nos iba». Su fuerte reacción corporal con Peter era tan poderosa que, cuando aparecía, borraba su recuerdo de todas las razones por las que ella había decidido acabar con la relación. Literalmente, ella no podía recordar lo que iba tan mal (y esto sucede con frecuencia). O, si se acordaba, solía distorsionar sus sentimientos a «En realidad, no era tan malo». La apremié para que mantuviera un diario de los diversos incidentes desgraciados y destructivos que sucedían y sus sentimientos hacia ellos después de que ocurrieran, de modo que pudiera mirar hacia atrás y recuperar estos recuerdos y utilizarlos para volver a experimentar por qué había decidido acabar. Lo hizo y, muchas veces, cuando se moría de ganas de llamar a Peter y no veía ninguna razón para no hacerlo, abría el diario y, poco a poco, a veces con cierta resistencia, volvía a la realidad desagradable de esa relación. Le ayudaba mucho a resolver el problema. (Véase el capítulo 15 para ver diversas técnicas que pueden utilizarse para romper la adicción.) Cuanta más cuenta se daba de que sus poderosas reacciones físicas eran viejos recuerdos y no verdades reales, más podía prepararse para luchar contra ellas.

4

No Puedo Vivir sin Ti

El Hambre de cariño a menudo acarrea el sentimiento de que mantener o terminar una determinada relación es un asunto de vida o muerte. Si pensamos en ello, no es muy sorprendente. Una vez necesitó de alguien que cuidara de usted o hubiera muerto y este hecho está inscrito en sus neuronas. Ahora, usted es biológicamente autosuficiente. Puede cuidar de sus propias necesidades de comida y bebida, de refugio y limpieza. Pero la pérdida o pérdida anticipada de alguien a quien se siente vinculado puede despertar antiguos miedos de que su propia vida está amenazada. Una mujer lo expresó de este modo:

> «Cuando Martin y yo lo dejamos pensaba que me moriría. Y no exagero. Primero, pensé que el propio dolor me mataría, pero se convirtió en inercia. Simplemente me quedaba en la cama, no comía nada durante varios días y notaba que mis fuerzas iban menguando. No tenía miedo de morir y no quería especialmente morir. Simplemente parecía que la muerte estaba sucediendo, como si me estuviera sumergiendo en la muerte».

Las palabras que utilizó esta mujer son parecidas a las utilizadas por los médicos que estudiaron los efectos del «hospitalismo» en niños muy jóvenes. Se separaba a los niños de sus padres y se les alojaba en instituciones impersonales donde se satisfacían sus

41

necesidades físicas, pero no se les cogía en brazos, ni se les mecía, ni se les abrazaba, ni había ningún contacto amoroso. Después de gritar como protesta inicial por su enfado, los niños caían en estados de desesperación y desvinculación que, con el tiempo, se convertían en un desgaste físico de sus cuerpos que los encaminaba hacia la muerte. Aprendimos que hay una necesidad casi tan básica para la supervivencia del niño como sus necesidades físicas –la necesidad de una cercanía, piel contra piel y ojo contra ojo. Dependiendo de cómo se haya satisfecho esta necesidad vital en su infancia, usted experimentará grados variables de confianza en su capacidad de sobrevivir si pierde la conexión con una persona muy importante. Pero no es necesario que haya sufrido una ausencia de intimidad de cuidado tan severa y traumática como la de los niños confinados en las instituciones mencionadas anteriormente para que queden vestigios de sentimientos de que su vida está al límite en una relación. Incluso con un pasado mucho más «normal», puede tratarse de una verdad lisa y llana cuando dice: «No puedo vivir sin él (o ella)».

La mujer que dijo: «Cuando Martin se fue, pensaba que me moriría», en realidad, permaneció en cama durante varios meses. Se sentía demasiado deprimida para ir a trabajar u ocuparse de las tareas de la casa. No tenía ni energía ni fuerzas y sentía realmente como si fuera a morirse. La naturaleza inamovible de su depresión la condujo a empezar una psicoterapia conmigo y, al explorar sus relaciones anteriores, me di cuenta de que durante los primeros años de su vida su madre estuvo muy enferma a causa de una enfermedad intestinal y estuvo hospitalizada intermitentemente. No era muy difícil ver la conexión entre sus experiencias de abandono repetido durante un período en el que su supervivencia estaba inseparablemente unida al vínculo con su madre y su posterior conmoción cuando Martin la abandonó. Cuanto más podía sentir esta conexión, más claramente era capaz de ver que se trataba del hecho de revivir esa experiencia infantil de pérdida y terror que ahora la había paralizado y que, de hecho, como mujer adulta, era capaz de continuar su vida sin Martin. Era una lucha difícil para ella, pero se sentía alentada por el conocimiento que se iba desarrollando en su interior. Estaba aprendiendo que, en realidad, podría sobrevivir y reconstruir su vida.

La mayoría de personas que sienten que no podrían sobrevivir a la pérdida de un amante no tienen un pasado tan inestable como esta mujer y no tienen que permanecer en cama durante meses. Pero, incluso sin esta historia pasada tan claramente insegura, otras experiencias más corrientes de un padre que ocasionalmente está ausente, ya sea física o emocionalmente, le podrían dejar vulnerable al sentimiento de «No puedo vivir sin él o ella». Y *este miedo puede ser igual de poderoso si es usted el que se va o si es usted el que es abandonado.*

Así que usted también tendrá que diferenciar la realidad de su situación actual de los sentimientos de dependencia que provienen del nivel de Hambre de cariño. Debe empezar por reconocer que sus sentimientos actuales son un mensaje sobre algo que sucedió durante los primeros años de su vida que puede haber intensificado sus comprensibles dudas infantiles sobre su capacidad de sobrevivir si se rompe una conexión básica. Es extremadamente útil concentrarse en dicho período de su vida. ¿Qué sabe de él? ¿Acaso se dieron las circunstancias que interfirieron con un flujo estable de seguridad de supervivencia de los más cercanos a usted? ¿Su madre estaba fuera mucho tiempo? ¿Estaba enferma? ¿Estaba especialmente preocupada por otros factores inquietantes de su vida? ¿La «perdió» durante un tiempo a través del nacimiento de un hermano? ¿Estaban ocupados sus dos padres? ¿Y usted? ¿Estuvo gravemente enfermo durante estos primeros años? ¿Estuvo hospitalizado?

Las circunstancias no tienen que ser tan concretas para que usted sienta la necesidad de conservar el «recuerdo» universal humano de necesitar otra persona especial para sobrevivir. Puede ser útil para usted averiguar y hacer encajar todo lo que pueda de ese período. Haga preguntas. Mire fotos. Intente enfocar sus propios recuerdos borrosos. Normalmente, lo más importante es el recuerdo de un ambiente o un humor, como el caso de una persona que dijo: «No recuerdo nada específico, pero tengo la sensación de que mi madre solía estar muy distraída y de que yo tenía miedo de caerme de sus brazos. Pero, otras veces, cuando estaba plenamente ahí, me sentía seguro».

A veces, hay un recuerdo más específico. Un hombre descubrió que el terror que él sintió cuando pensó en terminar una relación muy destructiva era igual que el terror que podía recordar que experimentó una noche que se despertó en su cuna, muy sediento y llamó a sus padres. Normalmente, venían rápidamente, pero esta noche no lo hicieron porque habían salido un ratito a casa de sus vecinos. Recordaba el sentimiento de que se habrían ido para siempre y de que moriría. Recuerda que, después de gritar durante lo que le pareció una eternidad, se acurrucó en una esquina de la cuna gimiendo. Y sabía que éstos eran los mismos terribles sentimientos que presentía si acababa con su actual relación infeliz. (Este único incidente no «provocó» sus actuales reacciones intensas. Análisis posteriores indicaron que este «incidente de la cuna» simbolizaba para él una atmósfera de no disponibilidad emocional frecuente por parte de los padres.)

Siguiendo mis sugerencias, escribió algunas notas desde la parte adulta de sí mismo que aportaban alguna perspectiva a todo esto. Una de ellas decía así: «No te asustes, chaval. Ya no eres un bebé. Ni siquiera cabrías en esa cuna. Y, si estuvieras en ella y tuvieras sed, simplemente podrías saltar y servirte un vaso de agua o prepararte un Bloody Mary. Y tampoco necesitas que te lo haga Cynthia. Puedes vivir sin ella». Empezaba a *ver* de verdad que mantener este vínculo con Cynthia no era necesario para su supervivencia.

Un análisis de sus primeros años de vida podría ayudarle a averiguar los aspectos que podían hacerle sentir vulnerable para su supervivencia. Si le resulta difícil reconstruirlos, le ayudará concentrarse en el hecho esencial de que acabar su relación actual no es, en realidad, ninguna amenaza para su vida, sino que se siente así porque revive emociones de una Etapa más frágil. Si sobrevivió entonces, seguro que puede sobrevivir ahora.

Existencia contra no existencia

Sobrevivir como ser humano es mucho más que simplemente estar vivo físicamente. Su vinculación con su madre es fundamental para su supervivencia como entidad *psicológica*. Cuando usted era joven, hubo un período en el que no logró diferenciarse como un individuo independiente de su madre. Cuando su madre le respondió como otro ser y se acostumbró al lenguaje de su lloro y le devolvió el reflejo de su sonrisa y le habló y jugó con

44

usted e interaccionó con usted, entonces usted aprendió que era una entidad por sí mismo que podía provocar reacciones en otra persona. No tenía que comportarse exactamente como ella quería ni satisfacerla todo el tiempo, pero si ella le respondía la mayor parte del tiempo, entonces incluso en esas ocasiones en las que no respondía le ayudaba a verse a sí mismo como independiente de ella. Y la Madre no era el único factor de este proceso. La capacidad de respuesta del resto de personas a su alrededor era importante. Su padre, también siendo enérgico y estando comprometido con usted, le enseñaba que no necesitaba a esta persona, su madre, como única fuente de su sentido de la existencia. La alternativa que ofrecía era útil incluso cuando la Madre estaba profundamente armonizada, y era esencial si ella no lo estaba. Hasta el punto en que, si uno o ambos carecían de esta capacidad, simplemente porque tuvieran poco de ella, o estuvieran deprimidos o preocupados o comprometidos consigo mismos, entonces no sabrían muy bien devolverle su propio reflejo de modo que le hicieran sentir «Soy lo suficientemente importante para tener un impacto en otro ser humano. Realmente existo».

Si tiene la certeza subyacente de que existe, puede que busque un sentido a su existencia mediante su propia relación con el resto de personas a quien les concede el trabajo de rectificar el error de sus padres de valorarlo. Y, si estas otras personas también fallaran, usted podría volver a experimentar dudas sobre su existencia. Esto es sobre todo cierto en una relación sentimental, pero también puede ocurrir de forma menos acusada en interacciones más informales. Anne era una mujer joven que me consultó desesperada porque sus relaciones con los hombres nunca duraban. A menudo, ella terminaba las relaciones despidiendo y censurando a sus compañeros por no ser lo suficientemente sensibles con ella. (Otras veces, los hombres las terminaban, acusándola de ser demasiado exigente.) Pero este tema también surgía en otras interacciones. Una vez, se enfadó porque dos de sus colegas de trabajo estaban charlando cuando ella entró y «ni siquiera me miraron para decir hola. Yo sentí ¿qué pasa?, ¿acaso no existo?». Y, en otra ocasión, entró en una reunión diciendo: «¿Qué pasa con Mickey, el operario del ascensor? No sólo no me ha saludado sino que, además, me ha mirado intensamente». Cuando reconstruimos su historia, estaba claro que la madre sufrió una depresión postparto después de que naciera Anne y tenía depresiones con frecuencia durante los primeros años de vida de Anne. No es difícil imaginar la infinidad de veces que, como niña, Anne experimentó cómo su madre la miraba intensamente y era insensible a su existencia.

Ron, un escritor de éxito de dramas televisivos, a menudo hablaba de la sensación de estar «destrozado» o «roto» cuando veía que los demás no lograban darle la ayuda y afirmación que buscaba. Deseaba fervientemente tener contactos que elevaran su titubeante sentido de sí mismo y, a menudo, se desesperaba cuando su mujer no estaba lo suficientemente atenta a sus necesidades ni era sensible a sus expectativas tácitas. Durante una sesión de terapia, comentó lo difícil que le resultaba enfrentarse a sus sentimientos durante el corto espacio de una sesión semanal. Hacia el final de la hora, dije: «Le he oído decir que le gustaría tener más tiempo. Deje que vea si puedo arreglar sesiones suplementarias». La siguiente vez que vino Ron, su postura era más segura y su paso más firme. «Me he sentido fuerte, muy bien... Es como si la estructura de metal que hay en mí estuviera llena de desperfectos y fuera frágil. Cuando usted oyó mi necesidad y respondió a ella, el hecho de que conectara conmigo reparó todos los desperfectos y consolidó la estructura.»

Los desperfectos en la estructura de Ron no se repararon de golpe en un único momento mágico, sino que él apuntaba a una parte importante del proceso que él sentía que podría consolidar su ego. ¿De dónde venían estos desperfectos? Hablaba con frecuencia de su niñez pasada como un tiempo en el que sentía que no le veían ni oían demasiado en la familia. Una afirmación típica que expresaba cómo fue su experiencia de ella era: «Veo a mi madre en la cocina. Siempre está allí, pero siempre está de espaldas».

Si se ha hecho dependiente de una persona en concreto para sentir que existe, entonces está pagando un alto precio emocional, incluso cuando la relación está en su mejor momento. Pero cuando la relación es infeliz (y probablemente lo será si tiene que cargar con el peso de su existencia) y tiene que enfrentarse a la posibilidad de que acabe, sentirá como si su existencia estuviera en peligro. En *I'm Dancing as Fast as I Can*, Barbara Gordon escribe:

«Intentaba retener los recuerdos del fin de semana. Pero, sobre todo, pensaba en Jim y trataba de recordar cada momento que pasamos juntos para hacerlo durar. Pero habíamos terminado. Ya era un recuerdo. ¿Cómo era posible que tantas horas de planificación y anticipación hubieran sido relegadas tan rápidamente a la historia? Empecé a sentirme vacía, a sentirme más irreal, el breve fragmento de conexión que experimenté con él había desaparecido. *Yo era invisible*».[7]

Romper una relación con alguien de quien ha dependido su sentido de la existencia significa, antes o después, arriesgarse a enfrentarse al terror de sus propios sentimientos de invisibilidad y no existencia. Norma, una mujer de cuarenta años, terminó su matrimonio, y algunos años más tarde todavía tenía tanto miedo de estar sola que nunca pasaba un fin de semana sin la compañía de un hombre durante, al menos, una gran parte del tiempo, incluso si ello suponía permanecer en relaciones horribles. E iba de una relación horrible a otra porque se aferraba a alguien nuevo, sin mirar demasiado si le convenía, para poder dejar su última relación desastrosa. Norma era una de las mujeres de ese grupo de cuatro que he nombrado antes que se juntaron para ayudarse mutuamente con sus problemas de adicción. Las otras tres la apremiaban y animaban a que pasara un fin de semana sola, simplemente para que pudiera averiguar qué era lo que estaba intentando evitar tan desesperadamente. Le señalaron que incluso el hecho de que se casara a los dieciocho años con su primer novio había estado, en gran parte, motivado por su propio miedo. Con gran coraje, decidió hacerlo, a pesar de su angustia. Sus amigos le sugirieron que tratara de experimentar todos sus sentimientos, aunque fueran terribles y que intentara escribir sus pensamientos y emociones mientras pasaba por ese «síndrome de abstinencia». También le dijeron que estaban disponibles para que ella les llamara. El fin de semana siguiente, Norma les dijo que sus días y noches fueron tan angustiantes que, a veces, permanecía literalmente sentada en su casa gritando. Entonces, leyó lo que había escrito mientras estaba en medio de su terror y dolor. He aquí parte de ello:

---

7. Barbara Gordon, *I'm Dancing as Fast as I Can* (N.Y.: Harper & Row, 1979). (Especialmente recomendado.)

«Cuando no tengo conexión con nadie, me siento como si estuviera flotando, como si no estuviera vinculada a nadie, como si estuviera suspendida sobre la tierra, navegando de un lado a otro, sin rumbo fijo, aterrorizada, deseando tocar, contactar...».

«¡Que venga alguien! ¡Que venga alguien! Que me cuide. Que me preste atención. Que me mire. Que haga lo que necesito. Que me abrace. Que sintonice conmigo. Pienso esto, pero profiero sonidos como un niño asustado. ¡Soy un niño asustado!».
...
«No sé qué hacer. ¡Suelta! Suelta, desamarrada. Desvinculada. Desconectada de todo. No veo para escribir. Demasiadas lágrimas. Apenas puedo sostener el bolígrafo, apenas veo el papel».

«Terror, soledad. A nadie le importa. Podría morirme y a nadie le importa. Sola. Aterrorizada. No hay nadie en ninguna parte a quien le importe. Nunca lo ha habido. No del modo que lo necesito. Lo necesito. Estoy tan asustada. Tan sola. Tan desamarrada».

«Flotando, flotando. Tengo que tocar. En algún lugar, algo. No puede ser así, ni siquiera desvinculada es la palabra. Sin conexión. Saldré flotando hacia el espacio».
...
{Haré cualquier cosa para acabar esto. Haré cualquier cosa para acercarlos a mí. Para que se den cuenta de que existo. Para que cuiden de mí. La necesito.[8] Me siento como si no fuera nada. Tengo miedo de convertirme en nada. Simplemente saldré flotando. Yo misma, mi cuerpo se desintegrará. ¡Ojalá hubiera alguien! ¡Que venga alguien! Por favor, por favor, por favor, por favor».

Por primera vez, Norma se enfrentó a este terror, esta parte de su Hambre de cariño que había dominado su vida. Y, aunque fuera doloroso, descubrió que podía sobrevivir a ello, que tenía todo tipo de recursos –fuerza, coraje, determinación y una amplia variedad de intereses– y que estas cualidades le daban un sentido de la existencia sustancial. Ese memorable fin de semana fue una experiencia tan poderosa que, aunque, a veces, aumentara su

---

8. Norma se sorprendió de haber escrito *"La* necesito" cuando estaba sufriendo por la ausencia de un *hombre,* pero se confirmó el nivel de Hambre de cariño de su miedo de perder la conexión con su madre.

miedo, no permitió de nuevo que su pánico le llevara a una relación destructiva, pero era libre de elegir una basada en otras necesidades, inclinaciones y atracciones.

Antes o después, tendrá que enfrentarse a su propio terror de estar sin la relación que sabe que debería acabar y que el terror podrá ser, en parte, el terror de la no existencia. Pero es importante tener en cuenta que Norma no decidió de repente «Voy a pasar el fin de semana sola y ver qué sucede». Sin tanto miedo no reconocido, era improbable que hubiera tomado la decisión sin haber hecho un trabajo de fondo previo. ¿Y cuál era este trabajo de fondo? A través de su grupo de amigas de ayuda, y mediante psicoterapia personal, llegó a reconocer la naturaleza adictiva de sus relaciones. Se dio cuenta de que su necesidad de formar un vínculo era compulsiva y que esta necesidad provocaba que se colgara de una relación, aunque ésta estuviera siendo perjudicial para ella. También llegó a comprender las raíces de su Hambre de cariño y de cómo se había intensificado por la muerte de su adorado padre cuando ella era demasiado joven y por una madre que carecía de capacidad para criarla y ayudarla. Así que Norma aprendió que lo que le asustaba era volver a experimentar viejos sentimientos de temor. Todo esto la preparó para comprender lo importante que era finalmente enfrentarse con sus miedos a la no existencia y descubrir que podía dominarlos. Sabía que, si podía hacer esto, tenía la oportunidad de librarse de sus viejos patrones y romper su adicción.

La importancia de los amigos

Norma obtuvo ayuda de la terapia y de su grupo de amigos para llegar a este punto, pero se puede llegar allí por uno mismo reconociendo que es adicto, viendo lo que está haciendo con su vida y comprendiendo la naturaleza de cómo el Hambre de cariño y sus distorsiones trabajan en usted. Pero, cuando se trata de dar el paso de exponerse, especialmente cuando el terror de la no existencia subyace bajo su adicción, quizás necesite la ayuda de otros igual que un alcohólico o un drogadicto. Norma escogió no llamar a nadie de su grupo mientras pasaba por su tormento, pero sabía que podía hacerlo si quería, que estaban ahí, que estaban

49

100% del lado de su esfuerzo para enfrentarse a su adicción y que sabían lo difícil que podía ser. Así que su «presencia» le ayudó a sobrellevar la situación. Y, si usted va a enfrentarse a sus propios monstruos rompiendo su adicción a una persona, puede ser de enorme ayuda tener su propio «grupo» para darle soporte. No tiene que ser un grupo formal. Simplemente, unos cuantos amigos que entiendan lo que intenta hacer, solo o con otras personas, que puedan solidarizarse con su lucha y que se comprometan a ser aliados en sus esfuerzos puede hacer que las cosas sean distintas. Igual que hemos visto cómo los amigos pueden ayudar cuando se apodera de nosotros la Etapa de la niñez o cuando hay una tendencia a olvidar las razones por las que se desea acabar una relación, un amigo o una red de amigos puede afirmar que usted existe, pueden confirmarle que es visible y pueden anclarle cuando sienta que está flotando. (Véase el capítulo 16 para obtener más detalles sobre cómo puede ayudar a sus amigos a ayudarle.)

Y he muerto como mil veses y sobrevivo g-eriviendo morir de nuevo pero sigo viviendo con la experiencia de la muerte y la muerte y no siguiente y no llega y sigo viviendo y sufriendo viviendo a morir volviendo a morir pero viviendo de nuevo

5

ERES MI ESPEJO

«Así como algunas personas utilizan a los demás como espejo para asegurarse de que existen, del mismo modo los demás utilizan a las personas de las que dependen como un espejo para definirlos, para que les diga quiénes son.»[9] Con estas palabras, Althea Horner describe uno de los peligros que pueden hacer desmoronar y destruir una buena relación. Y también puede ser uno de los motivos para colgarse de una relación perjudicial. Esta dependencia de otra persona para que le diga quién es, para definir e incluso crear su identidad puede hacerle sentir que perder a la otra persona es perder su yo. Escuchen a Eileen, hablando después de una de las muchas veces que dejó de ver a Peter, pero antes de que rompiera con él definitivamente:

> «Cuando estaba con Peter sentía que sabía lo que quería. Pero ahora que hemos roto ni siquiera sé decidir lo que pedir de menú. ¿Acaso seguía su ejemplo? No sé lo que quiero, quién soy o quién se supone que soy. Puedo hacer mi trabajo y estar con la gente, pero no siento como si hubiera un «yo» que lo haga».

Eileen sabe que ella existe, pero su sentido de identidad personal es muy inestable, puesto que durante muchos años tomó su

---

9. Althea Horner, *Being and Loving* (N.Y.: Schocken, 1978), p. 17.

identidad de la relación que tenía con Peter. ¿Cómo es posible que una persona madura, que puede llevar adelante su vida y funcionar con efectividad, pueda tener un sentido tan difuso de quién es?

La experiencia de tener una identidad personal, igual que un sentido de la existencia y la confianza en la propia capacidad de supervivencia, también tiene orígenes tempranos. En el momento en que sus padres le respondieron como el individuo especial que era más que como «un niño» o «su niño» o como una extensión de ellos mismos, le ayudaron a hacerse consciente de su propia y única individualidad. Llegó a sentir no sólo «Yo soy» sino «Éste es el que soy». Esto no significa que su respuesta sea el único origen de su identidad. Además de afectarse por las reacciones del resto de la gente, desarrolló un gran sentido del «yo» a través de la experiencia con su propio cuerpo –sus límites, sus capacidades, sus limitaciones– y la energía y los sentimientos que corren por él. Y su vida interior –su imaginación, ideas y procesos de pensamiento– también constituyeron una fuente de sentimientos de identidad. Pero su sentido de quién es usted lo conformaron primitivamente las personas más cercanas a usted durante sus primeros años de vida. Por ejemplo, respuestas como ésta le ayudarían a definirse a sí mismo:

Sé que estás enfadado (asustado, nervioso, etc.).

Dios mío, mira qué fuerte eres.

Hola, ojos azules.

Tienes una linda nariz respingona.

Te encanta comer.

Otros tipos de respuestas de los padres pueden tender a definirle, pero de acuerdo con las necesidades de sus padres, sentimientos y opiniones de valor:

Eres un niño bueno (malo).

Rompes todo lo que tocas.

Perderías la cabeza si no estuviera pegada a ti.

Si tiene la sensación de que su sentido de identidad es frágil, puede ser útil observar los tipos de imágenes que sus padres le devolvían de usted. Hay varios tipos de deterioros de la identidad que pueden estar provocados por poca observación en el espejo. Uno es si sus sentimientos sobre quién es usted son vagos y amorfos. Es lo que algunas personas quieren decir cuando dicen: «No tengo personalidad». Es un sentimiento de ser una no identidad o no entidad.

Si cree que esto es verdad, puede ser debido a que sus padres eran un débil y empañado espejo, y le daban una pobre visión de sí mismo, poca respuesta y un interés mínimo. Esto se manifestaría en el caso de que sus padres estuvieran especialmente deprimidos, introvertidos, preocupados, desvinculados o simplemente no aparecieran demasiado durante sus primeros años de vida.

Es posible que usted experimente un deterioro de la identidad de un segundo tipo. Quizás sienta que no es una persona íntegra, que no está *completo* a menos que sea parte de alguien más. Si es así, entonces probablemente sus padres no eran un espejo empañado sino un espejo distorsionado, un espejo que se ha desdoblado por su necesidad de verle como una extensión de ellos mismos o de cómo ellos querían verle más que de volver a reflejar su verdadero ser. Esto podría manifestarse con frases como:

Eres la niña de papá.

No debes tener miedo de la oscuridad. Mira, yo no tengo miedo.

Eres el pequeño ayudante de mamá.

Nunca aprenderás a nadar –me asusta el agua.

No puedes hacer nada sin mí.

Seguramente todo el mundo ha oído a sus padres decir cosas como ésta en algún momento, pero, si tiene problemas para sentirse una persona completa, a menos que sea un apéndice de otra persona o una extensión de sus deseos, entonces, hay muchas probabilidades de que sus padres no hubieran sabido reflejar su *individualidad*. Y podría haber utilizado toda la ayuda que pudiera conseguir porque, cuando era un niño, su intuición original de quién era usted incluía a su madre o a su sustituto. Usted, como el individuo que sabe que es, sólo era una parte de esa entidad mayor. Ahora, en el momento en que logre sentirse un individuo íntegro e independiente de esa matriz madre-niño, se sentirá completo dentro de sí mismo. Pero, si nunca lo consigue plenamente, su sentimiento de *integridad* dependerá de si se vincula a otra persona. Para la mayoría de adultos, esa otra persona ya no es una madre; quizás ya no sienta que ella y usted fueron uno hace mucho tiempo.[10] Pero, si existen sentimientos no reparados en estado incompleto, podría haber transferido su búsqueda de la integridad a otra persona. Y, entonces, cuando dicha persona no esté o piense en romper con él o ella, es posible que recree sentimientos terribles de vacío. Tal como lo expresa un hombre casado: «Solía llamarla mi mejor mitad. Ahora, no siento que ella sea la *mejor* parte. Pero, a pesar de que no hay nada entre nosotros más que silencio y odio, si pienso en dejarla de verdad, siento como si me estuvieran arrebatando la mitad de mi ser. No sé si sería la mitad derecha, la mitad izquierda, la mitad de arriba, la mitad de abajo o más probablemente mis interiores, pero algo se perdería».

Hay una enorme variación de una persona a otra respecto a su sentido del «yo». Como un caso extremo, pienso en un hombre al que examiné psicológicamente durante mi estancia como interino en un hospital psiquiátrico. Como parte de la serie de pruebas, le pedí que dibujara una persona. Cogió el lápiz y dibujó una nariz en la esquina inferior izquierda del papel. Entonces, concentrándose mucho, siguió con un ojo en la esquina superior derecha y entonces un pie en medio de la página. Me estaba diciendo, nunca sabré con qué grado de libertad consciente, lo horriblemente desunido y fragmentado que estaba su sentido del yo.

En el otro extremo están esas personas con un sentido tan agudo de quiénes son que pueden mantenerlo en muchas situaciones distintas, papeles y relaciones. La mayoría cae entre estos

---

10. A veces, un vínculo demasiado fuerte y restrictivo con los padres puede continuar en su Etapa adulta. Si éste es su caso, le sugiero que lea mi libro, *Cutting Loose: An Adult Guide to Coming to Terms with your Parents* (N.Y.: Simon & Schuster, 1977, tapa dura; Bantam, 1978, edición de bolsillo).

extremos y, a veces, puede sentirse insegura sobre de quién dependen en la situación. Y muchos, como Eileen, obtienen su identidad a través de otra persona que los define. Cuando Peter decía: «Tú eres mi mujer» o «Eres una chica lista» o «Eres sexy», Eileen se impregnaba de esta identidad. Cuando decía, «Eres una zorra y no permitiré que me trates así», sabía dónde estaban los límites. Y no se trataba solamente de lo que él decía. Ella se definía como su mujer. Se definía negativamente cuando él estaba enfadado y positivamente cuando él estaba contento. Se definía como atractiva cuando él tenía interés sexual y poco atractiva cuando él no tenía interés. Dependiendo de sus reacciones, se miraba al espejo y se veía claramente bonita o se miraba en el mismo espejo y solamente veía una nariz demasiado grande, pechos demasiado pequeños y muslos demasiado gruesos.

Ahora que la relación había acabado, se sentía informe y desorganizada. Y, aunque no era psicótica como el hombre que hizo el dibujo de la figura inconexa, a veces tenía miedo de «desmoronarse» o «tener un ataque de nervios» sin Peter en su vida.

Los sentimientos de informidad, amorfismo o desmoronamiento están profundamente arraigados, pero, aunque tienen orígenes lejanos, no están grabados en cemento. Usted puede cambiarlos. Pero le llevará mucho trabajo. Como es habitual, debe empezar con el reconocimiento de que el deterioro de su identidad proviene de ese nivel de Hambre de cariño y, como tal, es una distorsión de la realidad actual de la persona que usted es. Es una persona singular, íntegra y definitiva que siente, falsamente, que no lo es. Y tendrá que encontrar todos los tipos de maneras de decirse esto a sí mismo. Al principio, sus intentos pueden ser simplemente palabras vanas, pero, a través de la repetición, pueden convertirse en parte de quien usted es. Por ejemplo, en *I'm Dancing as Fast as I Can*, Barbara Gordon lucha por reclamar su identidad: «Empiezo mi letanía. Soy Barbara, hija de Sally y Lou. Soy, soy, soy. El catecismo no ayudó en nada. Pero creo que algún día caminaré y hablaré como todo el mundo, espontáneamente y sin ensayos previos. Hasta entonces, rezaré mis Ave Barbara. Con el tiempo, tiene que funcionar».

Cuando Eileen estaba luchando por romper su vínculo con Peter y estaba aterrorizada porque, cuando se sentía desconectada de él, notaba cómo se desvanecía su sentido del «yo», le di una lista de frases incompletas y le pedí que las completara. He aquí algunas de sus respuestas:

Soy
Margaret Eileen Simmons
una mujer
inteligente
editora
católica
bastante atractiva
simpática
demasiado gorda

Era
Meg
una chica mona con zapatos de charol
una estudiante modelo
tímida

Seré
¡¡¿editora jefe?!!
madre

Estaré
muerta

Lo que más me gusta es
dormir hasta tarde
esquiar
escribir reportajes especiales

Lo que más me gusta de mí es
que soy honesta
intento no herir a la gente
tengo un gran sentido del humor

Creo profundamente
en Dios
que algún día podré tener una buena relación sentimental
en las hadas

Si mi relación con Peter tuviera que acabar
Lloraría mucho y me emborracharía
Encontraría una relación mejor antes o después
Seguiría siendo yo misma

Eileen sabía la importancia de desarrollar y conservar el sentido de quién era, así que trabajó mucho en ejercicios como éste, a menudo inventando principios de frases y poniéndose como obligación acabarlas. Le ayudaron a ver que ella era una persona diferenciada de Peter, lo que era un paso importante en liberarse de su adicción a él. (Para una lista de frases incompletas que desearía completar como un ejercicio de encontrar y afirmar su identidad sin la persona con la que está intentando romper, véase el capítulo 17.)

Observar las reacciones de las personas que le conocen también puede ser útil.

Un hombre joven, Ben, afectado por la conclusión de una larga relación sentimental, confesó a su amigo: «Me siento como si no fuera nadie, como una especie de fantasma que vagabundea por las calles y no tiene forma clara o propósito. No veo que deje huella en nadie. Quizás sea porque no tengo ninguna huella que dejar. ¿Es así? ¿Me ves como alguien con personalidad?» Su amigo le respondió: «Por supuesto que sí». Habló de las muchas maneras en que Ben le había influido. «Siempre he admirado la forma en que tomas decisiones en los negocios sin mirar atrás, mientras que yo empiezo a pensar 'Quizás debería..., Si yo...' En momentos así, intento pensar en cómo lo solucionarías tú.» Y siguió poniendo ejemplos de cómo tanto él como su esposa veían a Ben como una persona con mucha personalidad hacia quien ellos tenían reacciones muy concretas. Ben dejó que esto le hiciera mella, intentó verse a través de sus ojos, dejó sentir lo que encajaba y lo que no.

Lo ideal sería que por esa Etapa de su vida su sentido de la identidad fuera claro y firme. Pero, si debe obtener alguna afirmación a partir de las apreciaciones reflejadas en los demás, y la mayoría de nosotros lo hacemos, es mucho mejor obtenerla de *mucha* gente que depender de una persona. Cualquier persona puede tener una visión distorsionada y un interés creado, y, sobre todo, puede convertir a esa persona en alguien demasiado importante para su sentido de la individualidad.

6

ERES
MI PROTECCIÓN

Eileen me dijo:

«Desde que Peter y yo rompimos, tengo estos horribles ataques de pánico. A veces me despierto aterrorizada. Otras veces, el miedo me ataca repentinamente, como cuando salgo de la oficina para ir a comer. O cuando voy de compras. Es como si todo el mundo se hubiera convertido en un lugar inseguro... Hay una especie de peligro sin nombre suspendido en el aire y fuera de mi visión... Con Peter, incluso cuando las cosas estaban en su peor momento, nunca sentí nada como eso. El hecho de que estuviera en mi vida me hacía sentir segura. Él era mi protección».

Su protección. La utilización de la palabra apunta a los orígenes de la infancia de una de las necesidades más urgentes de Eileen en esa relación. Es la niña en Eileen la que está sintiendo, «En la fusión con mi Madre estoy protegida, estoy unida a su fuerza, no tengo nada que temer. El mundo es seguro y amigable».[11] Pero, para Eileen, o para ti, si Mamá saliera de la habitación y apagara la luz, entonces los monstruos o cosas que se pasean por la

---

11. Y Peter hacía el papel de madre, del mismo modo que la manta protectora hace de una especie de madre portátil para el niño. Otras veces, Peter hacía de padre fuerte y protector.

noche podrían emerger. O si la perdiera en un almacén lleno de gente, el mundo se llenaría repentinamente de extraños indiferentes u hostiles. Si ha transferido esta situación pasada al presente, quizás se sienta tan abrumado por el terror como si usted fuera todavía el niño frágil e inseguro y la persona a la que se ha vinculado fuera como su padre protector.

He oído a otras personas, aparte de Eileen, llamar a la persona que está cerca de ellos su protección. Y he oído a personas, que están sufriendo cambios en una relación fundamental, hablar de perder su puerto, su refugio, su ancla, su defensa y la roca en la que se sostienen. Hay muchas formas realistas y apropiadas mediante las que una relación íntima puede darle un sentimiento de mayor seguridad. (No se trata de seguridad económica, aunque, en algunos casos, pueden estar relacionados.) Puede haber una protección y cuidado mutuos genuinos. La otra persona puede darle el apoyo que construya la confianza en sí mismo. Y en una vida compartida probablemente evitará muchas situaciones que provocan angustia, dado que la mayoría de relaciones importantes, incluso algunas muy liberales, en cierto modo son restrictivas y proporcionan una estructura que limita la toma de riesgo individual. Se trata de ventajas reales que refuerzan la seguridad que puede encontrar en una relación fundamental. Pero, cuando su sentido común le dice que debería acabar esa relación y su ansiedad aumenta drásticamente, si contempla el hecho de acabarla, entonces probablemente se trata de una resaca de inseguridad de la infancia que puede estar provocándole que permanezca en dicha relación.

Observemos con atención el estado de angustia en que estaba Eileen cuando finalmente acabó su relación con Peter. Tenía aprensión a salir y hacer cosas por sí misma, como ir a comprar ropa o ir a un museo e incluso se sentía nerviosa y asustada cuando estaba en casa. Después de romper con Peter, puso dos cerraduras suplementarias en la puerta, a pesar de que, cuando salía con Peter, nunca sintió la necesidad de protegerse con más cerraduras cuando estaba en casa sola. Aunque se encontraba sola a menudo, tenía miedo de quedar con otros hombres y evitaba oportunidades de salir con ellos. Ella, que era tan habladora, sintió de repente que no tenía nada que decir, que se sentiría insoportablemente incómoda en dicha situación. Ella, que era muy libre y aventurera en el sexo con Peter, de pronto se sintió terriblemente tímida y asustada de exponer su cuerpo, un cuerpo que ahora le parecía muy deficiente.

Eileen podía reconocer fácilmente estos sentimientos como un retorno de antiguas angustias y estados de incapacidad. Recordaba muchos miedos de niña –a la oscuridad, a los ladrones, y, el peor de todos, a que la llamaran en clase. Y recordaba muchos incidentes de dolorosa y mortificante timidez. Su madre no era una mujer especialmente sensible y que la apoyara. De hecho, uno de los recuerdos más tempranos de Eileen –cree que tenía tres o cuatro años– era cuando se escondía en las faldas de su madre, se apretaba contra sus piernas porque venían unos familiares que no conocía. Y recordaba cómo su madre le decía agriamente: «Deja de ser un bebé», y la despegaba de sí y la obligaba a besar a todos los visitantes. Eileen descubrió que su madre estaba más contenta con ella cuando era educada y se comportaba como sus padres deseaban. Las propias necesidades y sentimientos de Eileen contaban poco. Su padre, un oficial de la marina mercante, se ausentaba con frecuencia. Solía llegar a casa con alegría, entusiasmo y muchos regalos. Alzaba a Eileen y a sus dos hermanos y jugaba con ellos, pero, después de un par de días de esta sólida interacción, empezaba a contestar a Eileen y a sus hermanos como si se interpusieran en su camino, como si fueran obstáculos para su relajación. Cuando Eileen intentaba recuperar su atención, le contestaba enfadado. Ella se retiraba o, si sus hermanos la dejaban, jugaba con ellos. Recordaba este sentimiento con mucha angustia e inseguridad después de los incidentes. Y pronto su padre volvía a marcharse.

Recordando los sentimientos de su infancia y viendo la similitud con sus sentimientos actuales, Eileen podía dar otro importante paso en la comprensión de su problema. Podía ver que no era insegura *porque* estuviera con Peter, sino que la inseguridad era un sentimiento que llevaba muchos años arrastrando y simplemente había utilizado su relación con Peter para mantener su ansiedad enterrada. Por consiguiente, tuvo que dejar de dirigir sus energías hacia esperanzas y estrategias para recuperar el amor de Peter o hacia esfuerzos para sustituirlo por otro Peter que calmara sus angustias. En vez de esto, tenía que concentrarse en desarrollar mayores sentimientos de seguridad *dentro* de sí misma.

Y esto le condujo a un conocimiento interior más importante. Se dio cuenta de que, al escoger hombres como Peter, y lo había estado haciendo bastantes veces como para darse cuenta de que no se trataba de un accidente, estaba seleccionando a alguien que, a pesar de darle una ilusión de seguridad, intensificaba sus sentimientos de incertidumbre e inseguridad. En vez de escoger hombres que, a través de la ayuda emocional y el cuidado, colaboraran con ella en el trabajo de desarrollar sus propios sentimientos de confianza en sí misma y fuerza, estaba escogiendo hombres que estimulaban viejos y terribles sentimientos sobre ella misma.

Esto llevó a Eileen a preguntarse por qué repetía un patrón tan autodestructivo. Y esto le condujo al siguiente conocimiento interior –la comprensión de que estaba colgada a una vieja tarea, una tarea procedente de los niveles del Hambre de cariño y de la primera infancia. Esta tarea irresoluta iba a convertir a sus insensibles padres en más sensibles, a sus padres poco atentos en más atentos, a sus padres poco colaboradores en más colaboradores. Veía cómo estaba intentando resolver su deseo de la niñez de que sus padres fueran más de lo que ella quería que fueran, escogiendo a hombres que la trataran como ellos lo hicieron y después intentando cambiarlos. Puesto que pudo reconocer este modelo como uno que había creado y perpetuado, también pudo ver que estaba dentro de sus posibilidades cambiarlo. Todas sus relaciones con los hombres parecían menos arbitrarias y aterrorizadoras. Empezó a sentirse más animada.

Esto es un buen ejemplo de cómo comprender su propia historia puede alterar sus sentimientos y abrirle la posibilidad de manejar su vida desde una posición de más seguridad interna. Así que si uno de los motivos por los que permanece en una relación perjudicial es que se sentiría asustado sin ella, es importante que se pregunte a sí mismo: ¿Qué es este miedo? ¿De dónde viene? Estoy seguro de que encontrará, si se permite pensar en él, que está basado en los sentimientos infantiles de ser demasiado pequeño, desvalido e incapaz de arreglárselas con las demandas y peligros del mundo. Quizás se trate de una percepción exacta de su posición, especialmente si sus padres no fueron demasiado buenos en ayudarle a desarrollar la confianza en sus propias habilidades, pero ahora es poco realista. Tendrá que volver a orientarse para descubrir que ahora es muy capaz de controlar con independencia su vida. Pero no podrá hacerlo si sigue dependiendo de alguien que está repitiendo el mismo modelo de arruinar o fracasar en el apoyo de su fuerza y confianza en sí mismo. Así que es importante examinar sus modelos de relaciones para ver si se repite algún aspecto autodestructivo. (Véase el capítulo 15, la sección *Revisión de las relaciones*.) Si repasa los rasgos principales de la personalidad y el carácter de la gente con la que ha tenido relaciones sentimentales importantes, ¿hay similitudes? ¿Hay similitudes en los rasgos que encuentra más atractivos y más penosos? ¿Y qué hay de los *modelos* de interacción? ¿Quién tenía más control, quién determinaba cuándo y cómo pasaban su tiempo juntos, quién parecía más enamorado y comprometido? ¿Qué necesidades suyas se satisfacían o se frustraban? ¿Cómo acabaron estas relaciones pasadas? ¿Quién las terminó? ¿Por qué? ¿Con qué sentimientos se quedó? Los modelos de estas relaciones pasadas, ¿son similares a los lazos que ahora siente que debería acabar? Si es así, entonces, parecería que está presente un modelo autodestructivo y que se repite en la relación actual.

Si aparece dicho modelo, entonces, lo siguiente que debe mirar es sus primeras relaciones familiares porque hay probabilidades de que esté rememorando algún asunto pendiente de ese período. Eileen estaba intentando que sus padres se comprometieran más, y hacer que un padre elusivo se quedara. He visto a personas que tenían un padre deprimido cuando eran pequeños que se mezclaban con amantes deprimidos y después intentaban por todos los medios hacerlos sonreír. He visto a personas con un padre muy egocéntrico escoger a amantes narcisistas y reclamarles su atención desesperadamente. He visto a personas con un padre ruin escoger amantes crueles e intentar convertirlos en amables. Estos modelos garantizan la continuidad de los sentimientos de inseguridad que les engendraron. Por lo tanto, vale la pena examinar cuáles eran algunas de las interacciones básicas de su familia, mediante preguntas tales como:

¿Quién era el jefe?
¿Había un padre que quería más al otro?
¿Qué formas utilizaban sus padres para conseguir lo que querían de cada uno y de usted?
¿Sentía que cada uno de sus padres le quería?

¿Había alguno de sus padres que le quisiera más?
¿Quería más a alguno de sus padres?
¿Cuál de sus padres le hacía sentir bien consigo mismo?
¿Cuál de sus padres le hacía sentir mal consigo mismo?
¿Cómo intentaba conseguir amor, atención, apoyo emocional?
¿Cómo evitaba el enojo de cada uno de ellos?

Utilice estas preguntas para estimular su pensamiento y pregúntese a sí mismo cualquier otra pregunta que se le ocurra, para explorar lo más profundamente posible sus primeros modelos de interacción. Si hay personas a quienes les puede preguntar sobre su infancia, hágalo. A continuación, intente relacionar lo que haya aprendido con su último modelo de relación sentimental y con su relación actual. ¿Está repitiendo una interacción antigua que todavía le hace más inseguro y le provoca que esté atado a su amante debido a esta inseguridad? El conocimiento de esta conexión puede constituir una herramienta muy valiosa para romper una mala relación, pero, antes de que discutamos lo que puede hacer después, observemos el asunto más íntimamente relacionado con la inseguridad, el tema de su valía personal y de cómo se ve afectada por su relación.

Valioso o Inútil

Mucha gente tiende a sentir que tienen más valor cuando están unidos a otra persona. Para muchos, estar unido –aunque sea a alguien egoísta o destructivo para su autoestima– hace que sientan que tienen más valor que si no están unidos a nadie. Perder esa relación supone que valen menos o incluso que no tienen ningún valor. Tal como dijo una mujer: «Me hace enfadar que mi valía personal dependa de estar con cualquier desgraciado, pero así es». Y éste no es un sentimiento exclusivamente típico de las mujeres. Muchos hombres sienten lo mismo, sienten que tienen menos valor sin un vínculo con una mujer o una mujer especial. Si le parece que esto es cierto, es importante que vea que esta irracionalidad tiene sus orígenes en el nivel de Hambre de cariño. Cuando usted era un niño, su madre era la persona más poderosa del mundo y, a través de su fusión con ella, usted se sentía omnipotente. Este sentimiento de omnipotencia compartida puede transferirse a otra persona, en relaciones amorosas y a menudo tiene un efecto casi místico para reforzar sus sentimientos de valor y poder. Un abogado que llevaba muchos años muy enamorado de su mujer dijo: «Hace tiempo que empecé este ritual. Poco antes de interrogar a un testigo especialmente importante o hacer una recapitulación, me imagino abrazando muy fuerte a mi mujer. Sus brazos están alrededor de mi cuello y nos besamos. Es como si así cargara las pilas. Me levanto como si fuera Clarence Darrow». En ese caso, este abogado estaba muy satisfecho con su relación con su mujer y no pensaba acabarla, así que su fantasía tenía un efecto constructivo. Poniéndose en contacto con los sentimientos de amor entre él y su esposa, quizás también estaba en contacto con los sentimientos de la infancia de recibir amor y fuerza a través de la intimidad con su madre. Pero ver a otra persona como una fuente principal de su fuerza tiene grandes peligros, especialmente cuando le induce a permanecer en una relación estéril. Por ejemplo, otro hombre describió sus sentimientos de este modo:

«Nuestro matrimonio llevaba unos cuantos meses en crisis y parecía como si fuera a acabar. Los ataques de Louise hacia mí y su separación de mí hacían que me sintiera como un trapo, como si no tuviera ninguna cualidad favorable en absoluto. Empecé a creerme todas sus opiniones críticas. Sabía que tenía que acabar con esta situación. Entonces, tuvimos una de esas rupturas esporádicas y finalmente conectamos otra vez. Aquel domingo por la mañana hicimos el amor por primera vez en muchos meses... Aquella tarde, salí para hacer unos arreglos en el camino de la entrada. Lo había estado posponiendo durante largo tiempo. Me había sentido demasiado débil para manejar las bolsas de veintitrés kilos de grava que estaban en el garaje, pero ahora podía transportarlas como si fueran almohadas de pluma...».

Sabía que este hombre venía de una gran familia en la que sus dos agotados padres trabajaban mucho, siempre estaban preocupados por el dinero y parecían agobiados y resentidos por haber tenido muchos más hijos de los que habían previsto. Apenas se sentía apreciado o importante en su familia, así que apenas se sentía valioso o importante en sí mismo. Dijo: «Lo peor era que nunca sentí que *disfrutaran* de mí. Anhelaba que disfrutaran de mí. Y en esas ocasiones en las que Louise goza conmigo me olvido de cómo me está destruyendo la relación». Del mismo modo, una mujer joven que no se sentía especialmente valorada o disfrutada como niña (excepto por conseguir buenas notas) decía:

> «Sabía que Harry y yo teníamos que acabar. No había forma de que dejara a su mujer e hijos. Y ese lunes, que era el aniversario de nuestro encuentro, me sentía tan poco apreciada que incluso le dije 'Perdón' a un camarero que vertió café sobre mí. Entonces, me fui a casa y había una carta de Harry que decía que, aunque no podíamos vivir juntos, siempre me amaría más que a nadie. Y, aunque no había cambiado nada, objetivamente, mis sentimientos sobre mí misma cambiaron inmediatamente. Me miré en el espejo y vi a una mujer muy hermosa».

Estos ejemplos ilustran que los sentimientos de autoestima y falta de valor son caras distintas de la misma moneda del Hambre de cariño e indican lo rápidamente que las opiniones sobre nosotros mismos pueden cambiar en función de la presencia o ausencia de esa conexión básica. Pero es importante darse cuenta de que las tres personas tenían capacidad en sí mismas de sentir que eran fantásticos y que el acercamiento a la otra persona sólo activaba su capacidad de sentirlo. El abogado llevaba consigo la capacidad de sentirse como Clarence Darrow, la mujer tenía la capacidad de ver su propia belleza y el hombre casado, evidentemente, siempre tuvo dentro de sí la capacidad de cargar los sacos de grava. Cuando se reconoce esta verdad, esto puede ser el inicio de cambios importantes.

El hombre que se colgó tan alegremente de Louise por los momentos en que se sentía apreciado y fuerte cuando esporádicamente ella «disfrutaba» de él se dio cuenta de que estaba buscando la satisfacción de un deseo antiguo. Lo hacía intentando extraer este sentimiento de ser disfrutado de alguien que raramente se sentía así con él, y empezó a darse cuenta de que estaba inmerso en una tarea vana y agotadora de su propio pasado. En cierto momento dijo:

> «Si es importante para mí que disfruten de mí, entonces, esto es lo que necesito y deseo, así que es mejor que busque a alguien que

realmente disfrute de mí. Pero el tema es que estoy empezando a ver que tengo mucho talento, independientemente de que haya alguien así o no. Soy realmente fuerte. Louise no me daba la fuerza para levantar esa grava. O para dirigir un negocio con éxito. Tengo que intentar conservar esa verdad».

Y luchó con ahínco para conservar esa verdad, para profundizar en su compresión de cómo llegó a depender de ese vínculo para sentirse apreciado. Hizo esto escribiéndose, en forma de diario, sus descubrimientos acerca de su valía personal y forzándose a sí mismo a leer lo que había escrito cuando se sentía mal. A pesar de eso, pasaron unos cuantos meses hasta que se sintió lo suficientemente fuerte como para separarse de Louise. (En este caso, incluso antes de que pudiera anunciar su intento de separarse, Louise notó un cambio en él. Sintió que ya no dependía de ella para su autoestima y, ya sea por miedo a que él la dejara o porque su nueva visión de sí mismo le hacía más atractivo, empezó a cambiar su respuesta hacia él. Él decidió quedarse, disfrutando de ser más disfrutado, pero ya no sintiéndose atado a ella por su vieja necesidad. Este giro de los acontecimientos no es raro, pero llegó porque él ya no necesitaba de la aprobación de ella.)

Si usted obtiene los sentimientos de seguridad o valía acerca de sí mismo de una relación que le hace desgraciado, entonces, será útil que analice los orígenes de sus sentimientos subyacentes de inseguridad o de falta de autoestima. El objetivo de esto es (a) descubrir que estas experiencias transformadoras ya no forman parte de una definición actual y realista de sí mismo (Como dijo una mujer: «Simplemente porque mis padres no me tomaron seriamente, no significa que no tenga que ser tomada seriamente»), y (b) deacabar si está escogiendo relaciones y modelos de interacción que repiten un drama viejo e inútil. En otras palabras, *el objetivo de este autoanálisis sirve para ayudarle a poner el pasado en el pasado y el presente en el presente.* Esta conciencia quizás no sea suficiente para que usted dé el paso de romper una relación perjudicial. Todavía será necesario armarse de coraje, resolver, y, a menudo, la ayuda de los amigos como una fuente de ayuda, perspectiva y afirmación de sus valores mientras pasa del conocimiento interior a emprender la acción de romper su lazo adictivo.

7

TRISTEZAS
Y ALEGRÍAS

«Me gusta pensar que soy una persona estable», dijo Eileen, «pero cuando se trata de Peter, mis emociones son casi tan estables como un paseo en la montaña rusa. Puedo pasar del extremo de la máxima alegría a la más triste depresión y, entonces, si él toca los botones correctos, vuelvo a estar en las nubes. Y puedo descender de las alturas del sentimiento de amor a la ira –incluso al odio asesino. No soporto el modo en que mis sentimientos están en sus manos».

Esta clase de montaña rusa emocional es corriente en una relación amorosa difícil. Emociones positivas como la alegría, la confianza y el amor pueden alternarse, a veces, rápidamente, con emociones desagradables como la depresión, los celos y el odio.

Cuando estos sentimientos son tan extremos y tan mudables, es casi un claro indicio de que el nivel de Hambre de cariño está jugando un gran papel en su compromiso, lo que significa que su relación podría ser perfectamente una adicción. Veamos cómo funciona esto en tres dimensiones emocionales distintas: Amor contra Odio, Confianza contra Celos y Alegría contra Depresión.

Amor contra Odio

Hay dos razones principales por las que los sentimientos amorosos se pueden convertir instantáneamente en odio cuando el Hambre de cariño es un componente principal de la relación. Un motivo está ejemplificado en parte de un diálogo entre Bob y su amigo Jeff:

BOB: He decidido decirle a Phyllis que quiero que estemos juntos de nuevo y que intentemos solucionarlo.

JEFF: ¿Por qué?

BOB: La quiero mucho. Es una mujer realmente fantástica. Quizás le he dado malos momentos. Ahora creo que puedo ser cariñoso y que puedo hacerla feliz.

JEFF: ¿Y si ella no quiere volver contigo?

BOB: Entonces, querré matar a esa zorra.

En un momento, Bob pasó del amor al odio asesino, simplemente imaginando que no conseguiría lo que deseaba. El Hambre de cariño estaba funcionando y, como surge de una experiencia infantil, exige que se cumplan inmediatamente sus demandas. La frustración de estas demandas puede causar furia en el niño y en el adulto con Hambre de cariño. Bob no ve a Phyllis realmente como un ser independiente sino como una extensión de sus deseos, y la rabia de que no se cumplan forma parte de su relación con ella del mismo modo que sus sentimientos amorosos.

Un segundo motivo para que coexistan sentimientos amorosos y de enfado en el Hambre de cariño es que, cuando una persona se siente incapaz, incompleta, insegura e infeliz sin otra persona especial, se convierte en dependiente de ésta para que le haga sentirse capaz, completa, segura y feliz. Si esto es lo que le ocurre a usted, estará dejando demasiado poder en manos de la otra persona. Y tendrá resentimiento de este poder. Especialmente si siente que esta otra persona utiliza este poder para controlarle y explotarle. Además, desde el momento en que le parezca que la otra persona tiene atributos de los que usted carece, puede ser que, consciente o inconscientemente, sienta envidia de este ser idealizado y su envidia puede estallar como enfado en cualquier momento. Una mujer decía: «Mientras que yo soy tímida y tengo problemas para hablar, Ken es extravertido y elocuente. Éste es uno de los motivos por los que le quiero. Pero, cuando vamos a una fiesta, él parece sentirse tan a gusto y se convierte en el centro de atención que acabo odiándolo».

Hay un tercer motivo por el que sus sentimientos pueden pasar fácilmente del amor al odio cuando sus necesidades de cariño le dominan. A ese nivel temprano en el que habita su Hambre de cariño, el niño que hay en usted no tiene la capacidad de sentir que la madre sonriente y atenta que le hace sentir bien es la misma persona que la madre enfadada o preocupada o que se marcha y le hace sentir tan mal. Es como si hubiera dos personas distintas, la madre buena que usted quiere y la madre mala que usted odia. Cuando la persona con la que está íntimamente ligado le hiere o le decepciona y sus sentimientos pasan del amor al odio, usted está respondiendo como si el objeto de sus sentimientos fueran dos personas distintas. Recuerdo un paciente niño, de siete años, que percibía literalmente a su madre como una persona cuando sonreía y como otra persona –«una bruja ruin»– cuando sacaba todo su enfado. Deseaba fervientemente que la bruja muriera y le resultaba difícil captar que se trataba de un aspecto de la misma madre. En una sesión en el patio, cogí un cubo pintado de distintos colores por cada cara, un cubo con el que había jugado muchas veces. Volví la cara azul hacia él y le pregunté: «¿De qué color es este cubo?»

«Es de muchos colores.» «Pero ahora sólo ves el azul. ¿Por qué no dices que es un cubo azul?» «Porque sé que es rojo por el otro lado, amarillo y blanco.» «Así que se trata de un cubo de muchos colores y ahora mismo tienes frente a ti la cara azul.» «Sí.» «Y tu madre también tiene muchas caras y, a veces, ves su cara sonriente y otras veces ves la cara de enojo. Pero todas son parte de la misma madre.»

Cuanto más captaba esto, más se daba cuenta de que no podía matar a la bruja sin matar a la buena madre; en vez de esto, tendría que encontrar un modo de llevarse bien con su complejidad.

Cuando descubra esta volatilidad en sus sentimientos, es como si estuviera reaccionando a la otra persona a la que está vinculado desde ese lugar antiguo y no esté permitiéndose a sí mismo darse cuenta de que los aspectos que odia son parte de todo el cubo y que más que desperdiciar sus energías quejándose porque el cubo no sea diferente, tiene que aceptar o rechazar el cubo con sus distintas caras. Lorna es un buen ejemplo de una persona que tiene problemas con sus sentimientos duales. Dudaba de casarse con Dan, el hombre con el que había estado saliendo durante los dos últimos años y viviendo durante casi un año. Sus sentimientos estaban en una montaña rusa de amor y odio que convertía sus reacciones hacia Dan en inexplicablemente irracionales, de modo que Dan también estaba en una montaña rusa, sin saber exactamente qué esperar. A veces, se despertaba a media noche con pánico y sentía «Tengo que acabar con esto. No puedo soportar estar con él». Aquella mañana se comportaba fría y odiosamente con él. Pero, a menudo, cuando llegaba la tarde, empezaba a pensar en las muchas cosas de él que le gustaban —era amable y considerado, le ayudaba emocionalmente y compartían muchos intereses— y volvía a sentirse cálida y cariñosa. Cuando sus sentimientos volvían a ser negativos, cosa que sucedía inevitablemente, pensaba «Eres un cobarde. Realmente no tienes ninguna ambición. No hay nada que te entusiasme de verdad o en lo que creas. Eres un perdedor. No puedo soportarte». Y entonces se sentía culpable por tener estos sentimientos coléricos hacia un chico tan agradable.

Lorna estuvo luchando con su dilema durante un tiempo. En un momento dado, le sugerí que se escribiera una carta a sí misma desde «la sabia más sabia del mundo», una sabia que vivía dentro de sí (y de todo el mundo), y que dejara que dicha sabia le aconsejara. Lo fue retrasando durante un mes, seguramente asustada de escuchar lo que esta sabia le diría. Finalmente, escribió esta carta:

«Querida Lorna,

No hay duda de que quieres a Dan. No es cierto que no le ames sólo porque también te desagrada. Pero las cosas que no te gustan realmente te molestan y no se trata solamente de esto, además, te asusta el matrimonio. Dan es amable y cariñoso. Pero también es pasivo y pocas veces toma la iniciativa. Le asusta imponerse o conseguir algo. Cuando le conociste, necesitabas algo así. Tenías tan poca confianza en ti misma y te asustaba tanto el sexo que solamente podías dejarte comprometer por un hombre que fuera muy seguro y poco exigente... Sabías que sería dependiente y que no tendrías que competir con otras mujeres y arriesgarte a ser rechazada. Pero has cambiado. Tienes más confianza en ti misma, seguramente gracias a tu relación con Dan. Pero no puedes casarte con él para compensarle. Además, no solamente te casas con otra persona sino con una forma de vida. Y ahora, si eres honesta, admitirás que la vida con él sería mucho más limitada que la vida que quieres. Verás en estos momentos de odio y desprecio las semillas de lo que, con el tiempo, podría crecer en tu sentimiento predominante hacia Dan, extinguiendo el amor. No puedes casarte con él si te sientes así».

Lorna estaba segura de que tendría que acabarlo. (No todo el mundo llegaría a la misma conclusión. Cada persona tiene que sopesar sus propios factores. Pero su opinión honesta de cómo funcionará para las dos personas es una parte importante de la decisión.) Pero, a pesar de la conclusión de Lorna, sus miedos de sentirse a la deriva y sin una fuente de amor («Él ha sido mi mejor amigo. Me sentiré sola»), así como un enorme sentimiento de culpa («¿Cómo puedo herir a Dan de este modo? Me quiere tanto y siempre ha sido tan bueno conmigo») le impidieron hacer nada. Se volvió más irritable e inestable con él. En este punto, escribió otra carta desde la sabia que habita dentro de sí, en la que decía:

«... No sirve de nada hacer ver que él no se sentiría muy herido si acabara la relación. Sí lo hará. Pero esto no hace que la decisión de casarse con él sea correcta. Sólo provocará un dolor mayor para ambos. Y, en vez de una herida sin importancia, puede convertirse en un interminable dolor. Dan estará tan atrapado como tú, en vez de ser libre de encontrar a alguien que le ame con menos ambivalencia...

Te sentirías diferente si pudieras –haría las cosas más fáciles–, pero no puedes. Así que, ¿por qué sentirte culpable cuando sabes lo que es mejor?».

Esto lo escribió bastantes semanas antes de conseguir decirle a Dan que no podía casarse con él y que tendrían que romper. Pero el aspecto principal aquí es que Lorna tenía que enfrentarse a si podría aceptar a Dan tal como era, con lo que le gustaba de él y lo que no le gustaba. Sabía que no podría continuar la relación haciendo ver que las cosas que le molestaban no le molestaban o negando el impacto que esto tendría en su forma de vida o ignorando lo que podría prever que pasaría con sus sentimientos. Llamando a la sabia dentro de sí podría concretizar su propia opinión y esto le permitiría evitar colgarse de Dan cuando sintiera las subidas de amor u odio del nivel de Hambre de cariño de amor u odio o insistir en que él fuera alguien distinto de quien era.

Así que, si está en una relación en la que percibe muchos altibajos en los sentimientos del amor al odio y al enojo, puede estar seguro de que su nivel de Hambre de cariño está activado, puesto que está intentando mantener una relación sin haber aceptado la complejidad de la otra persona. Probablemente espera cambiar a la otra persona, lo que podría ser, de raíz, una forma de perseguir la vieja tarea de intentar convertir a sus insatisfechos padres en padres que satisfagan sus necesidades. La intensidad de esta tarea y la rabia que la acompaña puede formar parte tanto del lazo adictivo como de los sentimientos amorosos. Quizás usted, como Lorna, pueda aprovechar para llamar a la sabia que hay en usted para que le dé su opinión de lo que sus altibajos en los sentimientos significan para el futuro de la relación y de lo que es lo mejor que debe hacer para resolverlo.

Confianza contra Celos

Cuando una relación funciona, suele caracterizarse por una confianza básica, una confianza que quizás tenga precursores en el período simbiótico de la infancia, y que puede hacer que sienta alegría, relajación, satisfacción consigo mismo, incluso suficiencia. Se basa en el sentimiento de que la otra persona está realmente allí para usted, que se puede contar con ella y que no actuará para herirle o traicionarle. Lo contrario, la desconfianza, puede tomar forma de celos en su relación actual. Si está celoso, no es necesario que le expliquen la atormentadora obsesión que puede ser. Se basa en el miedo de que la persona con la que está se involucre tanto con otra persona que esto podrá provocar cualquier cosa, desde tener que compartir su tiempo y cariño hasta que le abandone por otra persona.

Hay pocas personas que puedan tener una relación fundamental e importante, incluso una relación basada enormemente en el cariño y en compartir como un adulto, que no se vean afectadas por la amenaza de sustitución y pérdida. Después de todo, la vida no da garantías y la posibilidad de perder a una persona valiosa es real, sucede y, cuando sucede, es una de las experiencias más dolorosas por las que puede pasar una persona. Así que tener algo de celos entra dentro del espectro normal de preocupaciones humanas adultas. Pero, cuando las emociones de este nivel temprano de Hambre de cariño en su vida entran en escena, todos estos sentimientos pueden alcanzar un nivel elevadísimo. Pueden surgir sentimientos insoportables de humillación como si no solamente se hayan tenido en cuenta sus carencias sino que se le haya descalificado como compañero deseable. (Esto es más a menudo verdadero y más intenso para los hombres que para las mujeres, quizás por el doble criterio y el terror culturalmente transmitido de «que te pongan los cuernos». Los hombres son especialmente vulnerables al sentimiento de que su compañero y su rival imaginario o real esté cuestionando o ridiculizando su hombría.) La sospecha puede empezar a bordear la paranoia y la ira puede incluso alcanzar proporciones de asesinato, aunque sea sólo en la fantasía. Y sus celos pueden conducirle a sobrevalorar a su compañero y confundirle sobre lo que realmente siente sobre la relación y lo que desea de ella.

El tema de los celos se introdujo en la relación de Lorna con Dan cuando por fin decidió acabar la relación. Dan se quedó aturdido y hundido. Le acusó de «soltárselo» injustamente. «Tú me hiciste creer que todo iba bien… sé que a veces estabas irritable, pero a todo el mundo le sucede.» Se quedó con ella para darle más tiempo y le dijo que estaba seguro de que podía darle lo que quería si le decía lo que le molestaba. Su petición de más tiempo le pareció razonable a Lorna y decidió quedarse un poco más de tiempo con él. Pero cada vez pensaba más que la relación no funcionaría. Cuanto peor se sentía, más contento parecía. Empezó a llegar a casa más tarde de lo habitual, y entonces una noche llegó a las 4 a.m. con una pretendida coartada de hockey. Lorna se sorprendió al darse cuenta de que estaba muy celosa. Empezó a sospechar de sus entradas y salidas y se concentró emocionalmente más en él. Comenzó a responder mejor sexualmente de lo que lo había hecho durante mucho tiempo. Empezó a tener miedo de perderle y a preguntarse con sorpresa: «¿Cómo puedo estar celosa de alguien a quien estaba a punto de dejar?». Así que Lorna mantuvo más tiempo la relación, aunque sabía objetivamente que las cosas de Dan que no le gustaban y que eran incompatibles con sus necesidades seguían estando ahí en su mayor parte. Tuvo que admitir que si él tuviera algún lío, por lo menos, mostraría algo de la iniciativa que ella siempre había esperado que él tuviera. Después de un tiempo, a medida que Lorna se daba cuenta de que sus celos estaban basados en el miedo de perderle y en las rivalidades de la niñez del nivel de Hambre de cariño que estaban haciendo que ensalzara a Dan, empezó a recuperar una visión más realista de él y, desde este punto de vista ventajoso, casi dio la bienvenida a la posibilidad de que él tuviera un lío como una forma de poder acabar la relación más fácilmente y sin sentirse culpable. A medida que se alejaba de nuevo de él, el miedo de Dan de perderla volvió a intensificarse y *él* se volvió celoso, suspicaz y necesitado.

Puede verse por los cambios mercurianos de los sentimientos de Lorna (y Dan) que los celos son especialmente importantes en el contexto de la adicción interpersonal porque pueden conducirle a *sobrevalorar, y por lo tanto, permanecer con una persona perjudicial para usted.* Y uno de los pasos más importantes que puede dar para desatarse de la adicción es concienciarse de que los celos pueden llevarle a ensalzar a su compañero y reconocer que *es posible sentir celos hacia alguien a quien no ama, que no le gusta e incluso hacia alguien que le desagrada profundamente si se trata de Hambre de cariño y de otros sentimientos pasados.*

Su visión inflada por los celos de la otra persona, como la visión de Lorna de Dan, se basa en dos Creencias falsas:

1. Si otra persona le quiere, debe ser mejor de lo que creo.

2. Si quiere a otra persona, dicha persona debe ser mejor que yo y a mí me dejan porque soy indeseable.

En cuanto a la primera Creencia, puede ser que simplemente la otra persona tenga necesidades y preferencias distintas de las suyas. Y, en cuanto a la segunda, su deseabilidad no puede medirse por las reacciones de sólo una persona; sus atracciones y gustos son un asunto muy individual y tendrá más que ver con dónde él o ella está en ese momento de su vida más que con su propia deseabilidad. Las personas cambian de reacciones con los celos. La intensidad de los celos que sienta dependerá de varios factores de su historia.[12]

Los orígenes de los Celos. Hay dos formas por las que los celos pueden aumentar debido a sentimientos del nivel de Hambre de cariño. Primero de todo, estos sentimientos proceden de una Etapa en la que su madre lo era *todo* –su supervivencia, identidad, valor, felicidad y bienestar. Y, segundo, era una Etapa en la que ella era la *única* –no había nadie más y era inconcebible que pudiera haber otra persona además de ella. Lógicamente, si estos sentimientos básicos ahora se dirigen hacia otra persona, esto la hace importante y la amenaza de que él la rechace supone la desesperación total.

Hay otros factores posteriores de desarrollo que también juegan su papel. Por ejemplo, en el período de la infancia conocido como la fase edípica, la mayoría de niños sienten una rivalidad hacia su padre con el sexo opuesto. Se trata de una fase normal y no constituirá un problema permanente si los padres dejan dos cosas claras al niño: (1) que no le amenazarán o humillarán por sus deseos normales de rivalidad y, (2) que, puesto que el amor que se profesan mutuamente es fuerte y es un amor distinto del amor que sienten por él, no hace falta que tema que sus deseos de rivalidad provoquen que la situación se les vaya de las manos. En el caso de Lorna, su padre solía ser muy coqueto con ella, a veces parecía disfrutar más con ella que con su madre. Esto mantuvo vivos sus deseos infantiles de vencer a su madre. Tenía tanto miedo de estos deseos que había reaccionado tardando en desarrollar el interés en la relación con los hombres. Eligió a Dan

---

12. También dependerá de dos factores de la otra persona. Uno de ellos, el punto hasta el cual la otra persona es de un tipo que tiene un magnetismo especial para usted, su "fetiche de cariño," se discutirá en el capítulo 8. El segundo, la utilización de maniobras deliberadamente provocadoras de celos por parte de la otra persona se tratará en el capítulo 10.

principalmente porque no le consideraba como un premio lo bastante valioso para despertar envidia o rivalidad. Más tarde, cuando sospechó que estaba teniendo una aventura, sus sentimientos de celos y competitividad surgieron con toda su fuerza. La conciencia de Lorna de estos orígenes le ayudó a disipar sus celos.

Si hay en usted muchos vestigios no resueltos de un conflicto edípico, sus celos aumentarán por su terror inconsciente de que se repita una vieja derrota por parte de un oponente más poderoso y deseable. Y, como Lorna, podrá lidiar con estos celos mejor si se toma tiempo para pensar en los posibles orígenes de estos sentimientos.

Es posible que existan restos de antiguas rivalidades entre hermanos que intensifiquen sus celos. Si ha luchado con uno o más hermanos por la atención y afecto de sus padres, quizás arrastre los emotivos recuerdos de esta lucha a la situación presente, como si la persona real o fantaseada con la que luchara fuera su adversario hermano y la persona actual de su vida fuera el padre cuyo favor usted y su hermano lucharan por obtener. De nuevo, piense en sus relaciones infantiles con sus hermanos o hermanas. ¿Había competitividad? ¿Se repite en unos celos actuales?

¿Cómo puede ser menos vulnerable a las reacciones de celos, especialmente si éstos están provocando que se aferre a alguien a quien, en realidad, debería dejar marchar? Quizás el paso más importante es ser consciente de que cualquier sentimiento que tenga de que su compañero es el *único* surge del Hambre de cariño (solamente había una única madre) y de contrastar este sentimiento con la realidad de que esto no es cierto en el mundo adulto. No existe un único hombre o mujer para usted, una única persona por la cual pueda sentirse atraído o con la que pueda sentirse cómodo o que le quiera. Hay muchas personas con las que puede tener una relación buena y excitante. Encontrar otra relación es algo que depende de usted. Recuerdo a una mujer que me dijo: «He descubierto no solamente que quiero a Donald y que él me quiere, sino también que soy capaz de tener dicha relación. Tanto como quiero a Donald sé que, si en algún momento le perdiera, en un par de años podría tener una buena relación con otra persona porque *este deseo y esta capacidad de amar están en mí*». Lo importante es desarrollar la confianza, no sólo en otra persona sino en su propia capacidad de formar una relación nueva si se termina la actual.

Alegría contra Depresión

Quizás no hay una dimensión de emociones más sujeta al «paseo en la montaña rusa» de que hablaba Eileen que el que pasa de la alegría a la depresión. Cuando se satisface su Hambre de cariño en una relación, es probable que se sienta extremadamente feliz, incluso eufórico. Si no está satisfecho, puede hundirse en la desesperación y la depresión. Estos sentimientos se originan desde muchos niveles. En el nivel más maduro, una relación íntima y atenta satisface las necesidades de compañía, de compartir y de sexualidad que la hacen realmente un tesoro. Cuando va bien, es muy probable que se sienta bien y, cuando haya decepciones, es muy probable que le hagan sentir mal.

Además de este nivel de madurez, en el nivel de Hambre de cariño, el hecho de que su madre le sonriera, le abrazara y disfrutara con usted le hicieron sentir un profundo placer. En su actual relación amorosa, este placer puede surgir intensamente de un pequeño gesto de afecto, una mirada cariñosa, un abrazo, un regalo especialmente pensado.

Y, del mismo modo que una interrupción del flujo de la atención del cariño de su madre le causaba desesperación, igual puede hacerlo una interrupción del flujo de sentimientos positivos de su compañero que actualmente le hacen sentir deprimido. Puesto que este estado de Hambre de cariño puede desencadenarse por los más pequeños actos por parte de su pareja –un tono rudo, una mirada momentánea de enfado o desinterés, olvidarse de una ocasión especial–, su paso de la alegría a la depresión puede ser abrupto y devastador.

Angustia contra Depresión

Por muy grandes que sean los altibajos emocionales *dentro de la relación en curso*, pueden ser incluso más intensos cuando se baraja la posibilidad o realidad de que la relación *acabe*. Los sentimientos desagradables que pueda experimentar cuando una relación sentimental se amarga son de dos tipos, y los dos provienen de la pérdida de algo que alguna vez fue extremadamente satisfactorio. El primero es un estado crónico de depresión que puede provenir del hecho de *permanecer* en una relación mucho después de que la ilusión e incluso el amor se hayan esfumado. Aunque esto pueda parecer como una muerte en vida, puede estar proporcionándole ciertas gratificaciones, como un sentido de continuidad o incluso la esperanza de volver a lo que era.

El segundo tipo de sentimientos de infelicidad puede resultar de *acabar* o pensar en acabar una relación en la que la ilusión y el amor se han desvanecido. Llevan consigo una dolorosa sensación de soledad, pérdida y terrible desesperanza acerca de la posibilidad de reavivar alguna vez la relación. Lorna expresó sus sentimientos de este modo:

«Me estaba desmoronando. Sabía que ya no estaba enamorada de Dan. Con frecuencia temía el momento de llegar a casa por la noche. En la mesa hablábamos de temas superficiales del tipo «¿qué tal te ha ido el día?». Evitaba irme a la cama hasta que él estaba dormido. Sufría una depresión crónica. E incluso el hecho de recoger mis cosas y marcharme se me hacía una montaña y parecía mucho más deprimente que quedarme».

Este dilema es cierto incluso cuando, de alguna forma, han sobrevivido los sentimientos de enamoramiento en una terrible relación. Por ejemplo, estoy pensando en una mujer cuyo marido era tan terriblemente cruel y hostil que ella se dio cuenta de que, para salvar su integridad mental y su vida, tendría que dejarle. Sin embargo, en esos raros momentos en que él la abrazaba con afecto, o incluso cuando ella fantaseaba de que lo haría, se llenaba de alegría y excitación y se olvidaba de todos sus sentimientos negativos. «Le quiero más que a nadie o nada, aunque sé que no puedo vivir con él. Con todo lo infeliz que me siento, el pensamiento de estar sin él para siempre me hace sentir que no tengo ningún motivo para vivir.»

Si su relación actual le hace más infeliz que feliz y si ha hecho todo lo que piensa que puede hacer para mejorarla, entonces, tendrá que escoger entre la depresión crónica de quedarse o la depresión temible de marcharse. (Hay personas que deciden quedarse, pero no se deprimen mucho porque bajan sus expectativas de la relación y buscan otras formas de llenarse.) En realidad, usted no sabe con seguridad si se sentirá deprimido si se marcha, ni siquiera cómo se sentirá. Solamente sabe que *tiene miedo* de marcharse o quizás tiene miedo de sentirse deprimido si se marcha. Por este motivo, es más preciso decir que *las alternativas desagradables entre las que tendrá que elegir serán la depresión continua o la angustia.* ¿En base a qué puede hacerse una elección tan poco atractiva?

Quedarse bloqueado en una relación perjudicial intensifica su depresión o la sume en una continua desolación. La depresión suele ser el estado emocional que acompaña a la no ayuda y a la desesperanza. Es una rendición de la energía personal, una espera pasiva de que alguien más cambie las cosas o una resignación de que las cosas se mantengan como están. Hacer algo para acabar la relación, asumiendo que siente que ha agotado las posibilidades de mejorarla, le hará sentir tenso, agitado y terriblemente asustado –todos los síntomas de la angustia. Pero, a diferencia de la depresión prolongada, la angustia es el estado que suele acompañar al cambio, actividad, movimiento y riesgo. Normalmente dura poco y desaparece cuando se ha tomado y llevado a cabo la decisión de acabar con la relación. En otras palabras, aunque la angustia es horrible, a menudo es un dolor creciente. Si su opinión le lleva a una elección que despierta la angustia, con todo lo desagradable que este sentimiento es, es preferible que lo escoja a la depresión.

Si no se siente capaz de acabar la relación, un buen paso intermedio es *separarse temporalmente,* ya sea unos meses o unas semanas, de modo que pueda ver los sentimientos terribles que teme y captar algún modo de controlarlos. Puede aprender mucho de esta separación temporal. Recuerde, por ejemplo, a la mujer que se pasó aquel terrible fin de semana sola y escribió sobre el pavor de sentir que estaba flotando en el espacio, desarraigada, descuidada y sola. Pero descubrió que podía sobrevivir y controlar su ansiedad.

Clark es otra persona que intentó separarse temporalmente. Es profesor de antropología, tiene treinta y seis años y estaba muy enamorado de Paula, una diseñadora de interiores de treinta años. Paula también quería a Clark, pero ambos esperaban cosas distintas de la vida. A Clark le gustaba pasar las tardes tranquilamente en casa o salir juntos o con buenos amigos. Quería establecerse y tener hijos. A Paula le gustaba llevar mucha actividad, quería salir casi todas las noches con mucha gente e ir a lugares con mucho bullicio. Valoraba la libertad sobre todas las cosas y sentía que la fidelidad sexual era opresiva y que «el mayor error que cometió mi madre fue tener hijos y yo no voy a repetirlo». Después de casi un año de intentar convencer a Paula de los placeres de su enfoque de la vida, Clark decidió que tendría que dejar de verla a pesar de su fuerte atracción por ella y de lo bien que se lo pasaban juntos. Se daba cuenta de que cada vez se divertían menos y las frustraciones eran mayores. Pero no lograba decir «Se acabó todo». El dolor anticipado y la angustia parecían demasiado fuertes. Sin embargo, pudo decir: «No nos veamos durante un mes y veamos si esto cambia algo».

Al principio, la separación fue una tortura para Clark. Se pasó la mayor parte del primer fin de semana solo y llorando mucho. Se sentía avergonzado por llorar pero más tarde dijo: «Empecé a darme cuenta de que era valiente llorar, porque era como me sentía realmente. Y lloraba porque estaba perdiendo algo realmente precioso para mí». Escribió muchos de sus sentimientos en una libreta o un diario. He aquí algunos extractos de los primeros días de la separación:

«La odio tanto que, si estuviera aquí, creo que la mataría. ¿Cómo puede preferir sus discotecas y su estúpida y vacía libertad a mí?».

«Paula, Paula, Paula. Por favor, llámame y dime que me quieres, que quieres lo que yo quiero».

«No soy rico, no soy guapo, y me estoy quedando calvo. ¿Hay alguna otra mujer que querría abrazar este cuerpo escuálido?».

«¿Con quién estará ahora? Estoy completamente solo, pero apuesto a que ella no. Me siento con ganas de matarme cuando me la imagino haciendo con otro hombre las cosas que hacíamos juntos».

«Acabo de marcar su teléfono, pero he colgado después del primer tono».

«Me he empezado a vestir para ir a un bar de solteros, pero el solo pensamiento me ha hecho sentir más deprimido. Así que beberé hasta el olvido aquí en casa».

«Paula, Paula, Paula. Por favor».

En los días sucesivos, empezó a verse un cambio en su diario:

«¡Uf! Acabo de darme cuenta de que no he pensado en Paula en todo el día en el trabajo. ¿Me estaré liberando?».

«Siento que estoy intentando forzarme a que me guste esta nueva mujer que he conocido en el gimnasio más de lo que me gusta en realidad. Hay que cortar con esto».

«Estoy empezando de nuevo a echar mucho de menos a Paula. Pero puedo tolerarlo... También veo lo perjudicial que es para mí».

«Estoy empezando a comprender lo que significa estar solo. No me gusta, pero, ¿por qué si se trata de algo nuevo? Y estoy aprendiendo que desear algo muchísimo no lo atraerá hacia mí... Tendré que llenar los espacios vacíos yo mismo. Estaba deseando que Paula trajera el entusiasmo a mi vida, pero tendré que encontrar mi propio entusiasmo».

«Estar solo es digno. Está bien. Y no significa que esté solo. Stan y mi hermano han estado allí cuando los he necesitado».

Pasado un mes, Clark y Paula se reunieron tal como habían acordado. Seguía habiendo la antigua atracción y durante unas cuantas semanas se vieron casi con tanta frecuencia como antes. Pero, como dijo Clark posteriormente:

«No había cambiado nada esencial. Paula es Paula y yo soy yo. Así que decidimos acabar y fue triste, pero bonito de alguna manera. Hicimos el amor esa noche y nos fuimos a tomar un desayuno-comida a nuestro lugar favorito y le compré una bolsa de las nueces cubiertas de chocolate que tanto le gustan como regalo de despedida. Si hubiéramos intentando permanecer juntos más tiempo, hubiera acabado en odio y amargura. Sigue siendo triste, pero también está bien. Es como si, durante ese mes de separación, hubiera descendido mi fiebre. Y ahora puedo dejarla marchar».

Así que, de nuevo, si se permite controlar las emociones extremas involucradas en la ruptura de una relación adictiva, si no se siente preparado para soportar plenamente el síndrome de abstinencia, podría serle de utilidad separarse temporalmente y permitirse experimentar cómo son los sentimientos sin esta persona. Si desea sacar el máximo rendimiento de ello, no llene todos los minutos de la separación con distracciones, gente y tareas. Permítase experimentar sus sentimientos. Deje que la fiebre suba y baje. No lleve la separación hasta el final tan pronto como sienta malestar. Es importante enfrentarse a su Hambre de cariño y descubrir que puede soportar el síndrome de abstinencia para poder recuperar las riendas de su vida y gobernarla por el verdadero interés propio más que por la adicción.

II
EL FUNCIONAMIENTO DE LA ADICCIÓN

8

EL OBJETO
DE MI AFECTO

Para la mayoría de la gente, el Hambre de cariño no conduce a adherirse a nadie. Es más selectiva que esto. Quizás nos sintamos amigables con algunas personas y atraídos hacia otras, pero no se convierten necesariamente en el objeto de nuestra Hambre de cariño. Normalmente, hay alguna cualidad especial que una persona debe tener para atraer y retener nuestra Hambre de cariño. Para cada uno de nosotros, esta cualidad es distinta, pero una persona que la tenga se convierte en lo que llamamos la Persona fetiche del cariño.

He tomado prestado el término «fetiche» de la literatura acerca de los desórdenes sexuales, en la que se habla de un objeto, como una pieza de ropa o una pieza especial del cuerpo que el fetichista utiliza de algún modo para despertar el deseo sexual y la satisfacción. Cuando utilizo el término Persona fetiche del cariño, no me estoy refiriendo necesariamente a alguien con quien tenga que sentir excitación sexual. Quiero decir que hay alguna cualidad que la persona debe tener para que su Hambre de cariño seleccione a dicha persona para la gratificación de sus necesidades simbióticas. A veces, la atracción sexual es parte de ello. Pero no es necesario que haya una atracción sexual o enamoramiento por una persona especial para convertirse en el imán de su Hambre de cariño y, por lo tanto, en el objeto de su adicción.

ATRIBUTOS DE LA PERSONA FETICHE DEL CARIÑO

Las cualidades especiales que una persona debe tener para convertirse en el objeto de las necesidades de su cariño se pueden clasificar en tres categorías generales:

1. Atributos físicos

2. Rasgos de personalidad

3. La forma en que se comporta con usted

Atributos físicos

La mayoría de la gente suele sentirse más atraída por un tipo físico que otro, y puede que no se trate solamente de una simple atracción sexual. Para cada uno de nosotros, algunos atributos físicos pueden atraer directamente nuestras necesidades de cariño. Por ejemplo, un hombre de treinta y un años dijo:

«Sólo me atraen las mujeres bajas –las delgadas y pequeñas. Es curioso, yo mido un metro noventa y, cuando voy a una fiesta de solteros, tan pronto como entro obtengo esas sonrisas reconfortantes de bienvenida de todas las mujeres altas y empiezo a buscar mujeres que midan un metro cincuenta y tres... Quizás me siento seguro con alguien más bajito o quizás me gusta el modo en que me miran o el sentimiento de ser tan grande y poderoso cuando las abrazo. No lo sé, simplemente me siento más cómodo con ellas y me encienden».

Claramente, la atracción física está ahí, pero parece descansar en un sentimiento de seguridad y comodidad que está más íntimamente relacionado con las necesidades de cariño que únicamente con el apetito sexual. Este aspecto se refleja en los ejemplos siguientes:

«Ken tiene unos ojos cálidos y tupidos que me hacen sentir que puedo acurrucarme en ellos y estar caliente y segura».

«Me gustan las mujeres voluptuosas con grandes pechos –o sea, el tipo de mujer tierra».

«Hay algo en los ojos azul glacial que me hace sentir que un hombre no dejará que le dé órdenes y esto me hace sentir muy segura y muy, muy interesada».

«Cuando la miro, con esta piel tan perfecta y los pómulos tan alzados y, sobre todo, cuando oigo su voz, tan suave y melódica, me derrito. Es como si me derritiera dentro de ella... Quiero abrazarla tan fuerte que seamos uno».

«Mel tiene una apariencia tan frágil y sensible, parecida a la de Woody Allen. Quiero cuidarle y esto hace que me sienta muy cerca...».

«Siempre me han atraído los deportistas... No se trata simplemente de que tengan cuerpos sexys, pero me siento protegida cuando estoy con un hombre hecho así».

En todas estas afirmaciones, la atracción sexual está presente, pero se hace más hincapié en la gratificación de las necesidades del nivel de Hambre de cariño que del nivel genital. Satisfacer estas necesidades puede ser muy enriquecedor para una buena relación o, en el más pesimista de los casos, puede atar a alguien a una horrible relación.

Rasgos de personalidad

Si piensa en las personas con las que se ha sentido íntimamente unido en una relación amorosa, las posibilidades son que tengan mucho en común. Además del hecho de que muchas pueden compartir atributos físicos similares, también pueden tener rasgos de personalidad característicos. Eve dijo: «Todos los hombres por los que me siento atraída han sido, de algún modo, brillantes. O, lo que es más, tienen que gustarles las ideas, ser capaces de jugar con ellas y utilizarlas con inteligencia. Esto me excita. Me convierto en una niña pequeña aplaudiendo con respeto a un malabarista o a un mago». Y, como veremos posteriormente con más detalle, Eve tendía a caer en relaciones esclavas y anuladoras con dichos hombres y se convertía en su ayudante y enfermera, siempre para su desventaja.

He aquí algunos otros ejemplos del impacto de los rasgos de personalidad en el cariño:

«Todas las mujeres con las que he tenido una relación seria han sido muy emocionales, muy intensas. Su intensidad me hace sentir muy vivo. El único problema es que normalmente tienen estos altibajos extremos y, al cabo de un tiempo, me vuelvo loco o simplemente me exaspero».

«Bernard es tan callado y reservado que hay veces que me siento como si me estuviera muriendo de hambre. Pero esto me ha ocurrido con todos los hombres que me han gustado desde el Instituto. Siempre pienso que puedo ayudarles a adquirir confianza».

«Tengo esta atracción por las mujeres egocéntricas. Ya sabe, las típicas mujeres sexys que todo hombre desea, pero que, en realidad, son criaturas egoístas y víboras. Me digo a mí mismo que conmigo ella será distinta. ¿Cuándo aprenderé?».

«Siempre me he sentido atraída por hombres con un ala rota o algún defecto trágico –ya sabe, que si un problema con el alcohol, una mujer que odia pero que no puede abandonar porque está indefensa, un rebelde que no soporta ningún trabajo. Quizás hay algo que saca la parte maternal de mí».

Estos hombres y mujeres hablan de los rasgos de personalidad de las Personas fetiches del cariño, las características que el otro debe tener para involucrarse en una relación sentimental. En algunos ejemplos, los rasgos que atraen realmente son los que condenan la relación a la infelicidad. Enseguida pasaremos a analizar por qué esto es así.

La forma en que él se comporta con usted

Algunas personas son afortunadas –se sienten atraídas por personas que las tratan bien, como Sharon que, cuando tenía quince años dijo: «Los chicos que me gustan son los chicos a quien les gusto y lo demuestran con su actitud. Me hacen sentir bien. No entiendo a algunas de mis amigas a quienes les gustan los chicos que las tratan mal. Yo enviaría a estos chicos a hacer puñetas».

Pero otras son como Barbara, que me dijo: «Póngame en cualquier fiesta o bar de solteros –o simplemente en una habitación llena de hombres– e indudablemente me dirigiré hacia el más mezquino, el capullo más narcisista que haya allí. Siempre lo he hecho y sigo haciéndolo. Y, una vez me siento atraída por él, es como si fuera mi dueño... Tengo lo que me merezco».

Hay otros matices acerca del comportamiento de una persona con usted más allá de si le trata bien o mal:

«Me hace reír mucho y esto me encanta».

«Se puede confiar en ella. Si dice que hará algo, seguro que lo hará».

«Actúa como un niño pequeño conmigo –de manera irresponsable y poco de fiar. Pero debe de gustarme porque siempre he escogido hombres así».

«Ella es como todas las mujeres con las que he salido –egocéntrica, egoísta y fría como una estatua».

«Ella me acepta como soy y me deja el espacio que necesito. Nunca me involucro con mujeres que me cargan de exigencias».

Cuando las cualidades que le acercan a una persona están presentes, ya sea en rasgos físicos o de personalidad, o en la forma que la persona se relaciona con usted, ello puede conducirle a un vínculo tan fuerte, tan adictivo que, incluso si la relación es restrictiva y destructiva, puede encontrarla inmensamente difícil de romper o cambiar. ¿De dónde procede el poder de esta Persona fetiche del cariño? ¿Cuáles son las raíces de esta atracción en usted?

ORÍGENES DEL FETICHE DE CARIÑO

Hay un chiste sobre lo que le ocurrió a Myron cuando estaba en el ejército. Nunca había comido alimentos preparados por otra persona que no fuera su madre. A ella no le gustaba que él cenara en casa de los amigos («¿Cómo sabes si la cocina está suficientemente limpia?») o en restaurantes («¿Cómo sabes lo que ponen en la comida?»), así que sólo había conocido la comida de su madre. Y durante toda su vida había tenido acidez de estómago. Después de unos días de comer en el ejército, vieron a Myron precipitarse a la enfermería, con la mano agarrada al pecho y los ojos sumidos en el terror. «Rápido», gritó, «consíganme un médico. Me estoy muriendo. El fuego se ha extinguido».

Como muchos chistes, éste pone de manifiesto una profunda sabiduría. Si hemos conocido un cierto tipo de relaciones solícitas en nuestros primeros años, independientemente de si dicha relación fue fundamentalmente buena o mala para nosotros, este tipo de conexión atenta es profundamente familiar, el tipo con el que nos encontramos en casa, el tipo que solemos creer que necesitamos para continuar vivos –para que el fuego siga. Esto pone de manifiesto lo que podría denominarse el origen de la *transferencia* de nuestra elección de cualidades especiales del Fetiche de cariño.

Veremos más claramente esta transferencia si tendemos a escoger a alguien que posee atributos físicos de personajes importantes pasados. Previamente me he referido a un hombre alto que se sentía atraído por mujeres bajas. Hablaba de la comodidad y la seguridad que sentía con ellas, y lo atribuía exclusivamente al hecho de que era lo suficientemente grande para sentirse poderoso y confiado. Pero tanto su madre como su hermana mayor eran mujeres muy pequeñas, así que quizás sea más complicado de lo que él pensaba. Quizás haya un nivel de transferencia hacia esta atracción, un nivel en el que las mujeres bajas que escoge ahora desencadenan recuerdos emocionales antiguos de los sentimientos cómodos y afectuosos que experimentó como niño a partir de estas mujeres pequeñas. Cuando le sugerí esto, también pudo reconocerlo de otras formas, las mujeres por las que ahora se sentía atraído tenían un parecido entre ellas. «Encontré algunas fotografías de mi madre y yo juntos cuando yo era un bebé y ella tenía más o menos la edad de las mujeres con las que salgo ahora; se parece tanto a las mujeres que me atraen más –no solamente por el tamaño, sino también el color del pelo, la longitud del cabello, la forma de la cara. Es increíble.»

Cuando piensas en ello, no es tan sorprendente como todo esto. Las primeras personas que amamos en nuestras vidas seguro que dejaron su sello en nuestros sentimientos y deseos, incluso si después perdemos la visión de lo que dio forma previamente a la dirección de estos deseos. A menudo he descubierto que las personas con fuertes vínculos de tipo fetichista hacia personas de ciertos rasgos físicos o de personalidad han tenido experiencias infantiles poderosas con personas con los mismos atributos. Normalmente, los prototipos son sus padres, pero no siempre. Había una mujer que se sentía atraída siempre por hombres altos, escuálidos y desgarbados, hombres que, según se dio cuenta más tarde, se parecían a su hermano mayor, que era un protector y cariñoso adolescente cuando ella era pequeña. Y un hombre, cuya madre era fría, más bien delgada y vestía a la moda, posteriormente se sentía atraído por mujeres que solían ser regordetas, entradas en carnes y cariñosas como la hermana de su madre que vivía en la puerta contigua y que le adoraba durante los primeros años de su vida. A veces, si nos sentimos vinculados a personas con determinados atributos físicos o tipos de personalidad, puede ser difícil encontrar el modelo que responde a esas personas, pero a menudo, si pensamos en ello, podremos.

A veces, sin embargo, incluso si nos sentimos colgados por ciertos tipos, el origen de las cualidades que nos enganchan es más complicado que una simple transferencia en un sentido. El hombre que acabo de nombrar, por ejemplo, que siempre se estaba relacionando con mujeres obesas, puede verse no sólo como atado a mujeres como su regordeta tía sino también como atraído por mujeres distintas de su madre delgada y egoísta. En realidad, muchas personas coherentemente se involucran de manera profunda con personas lo más opuestas posible a sus figuras paternas. Para algunos, significa escoger personas de aspecto distinto o acentos o actitudes hacia la vida. Otros irán tan lejos como para formar sus relaciones más íntimas de orígenes religiosos, étnicos, socioeconómicos o raciales distintos de los propios. Por ejemplo, hay hombres y mujeres blancos que parecen incapaces de vincularse solamente con parejas negras y negros que solamente establecen relaciones con blancos. Y hay judíos y judías que persistentemente se involucran con parejas que no sean judías y judíos y judías que se sienten atraídos por parejas judías. Estas personas tienden a formar Fetiches de cariño antitransferencia. En algunos casos, como el hombre que prefiere mujeres antitéticas a su madre fría y enjuta, es trasladar los atributos asociados con el rechazo, abuso, decepción, constricción u otras experiencias anteriores negativas. Pero, de nuevo, todavía puede ser más complicado. Por ejemplo, los vínculos de antitransferencias pueden atraer a un hombre que, como niño, se sintió demasiado atraído o vinculado a su madre, o a una mujer que, de pequeña, se sintió demasiado atraída o vinculada a su padre. Estas personas quizás hagan estas elecciones, no como un rechazo de un comportamiento inductor del dolor por parte de sus padres, sino como un rechazo o negación de sus primeros impulsos y seguramente inconscientes. No se pueden permitir a sí mismos acercarse demasiado a personas que estimulen estos viejos sentimientos, sentimientos que son inaceptables porque conllevan un significado sexual (edípico) prohibido o porque despiertan un deseo demasiado fuerte para convertirse en tan pasivos y dependientes como lo eran cuando eran jóvenes. Para ellos, las personas de un origen distinto al suyo les parecen más exóticas y seguras.

Los patrones más irresistibles y autodestructivos se ponen en evidencia en las personas que insisten en vincularse a otras que son claramente perjudiciales para ellas. Anteriormente he hablado de Eve, la mujer que se implicaba con una serie de hombres brillantes y verbales que proyectaban ideas «como burbujas». Aunque Eve era una mujer muy brillante, competente y bien educada, se ponía en situación de servilismo, no solamente siendo su ayudante de investigación, mecanógrafa, cocinera y confesora, sino también con su postura infantil y humilde en las pequeñas interacciones cotidianas de la relación. Además de ser «brillantes», los hombres también tendían a ser bastante autocráticos, exigentes y dominantes, de modo que se estaba anulando por alguien que consideraba que sus atenciones eran su obligación, que la trataba con desprecio y sentía muy poca necesidad de corresponder con lo mismo. Después de un tiempo, o bien él terminaba la relación porque se liaba con otra persona o Eve la terminaba deprimida y desesperada.

No es difícil ver los orígenes del Fetiche de cariño de Eve en su historia. Su padre era un inteligente profesor de bioquímica, muy elocuente, a quien Eve admiraba y adoraba. Desde su más tierna infancia, Eve descubrió que a su padre le gustaba practicar juegos del lenguaje con ella y que se divertía cuando ella participaba con agudeza e ingenio, pero también se dio cuenta enseguida de que se sentía ofendido y apartado si ella le «ganaba». Eve le «ayudaba» a hacer crucigramas cuando era muy joven y editaba y mecanografiaba sus artículos cuando estaba en el Instituto. La madre de Eve estaba más interesada en las compras y la decoración que en las palabras y las ideas y, a menudo, era un espectador mudo de sus juegos interactivos. Sin embargo, el padre de Eve quería a su madre de forma tolerante y protectora.

Los mensajes que Eve recibió de su padre en esta situación fueron: (1) que ser brillante y verbal podía hacer brillar los ojos de ciertos hombres y esto era lo más excitante del mundo, (2) que ayudarle de cualquier manera era correcto porque él era un ser superior, (3) que sería mejor que se limitara a este papel de ayudante con logros que no ensombrecieran los suyos y (4) que seguramente él escogería a otra persona para su relación fundamental. Estos aprendizajes pasaron de su padre a los demás y provocaron que sobrevalorara a ciertos hombres, que se infravalorara y que iniciara una serie de relaciones malditas. (Su conciencia de este patrón y sus orígenes marcaron, como veremos, el primer paso para cambiarlo.)

Otro ejemplo de Fetiche de cariño autodestructivo queda ilustrado con Ben, el hombre que dijo: «Ella es igual que todas las mujeres con las que me relaciono –egocéntrica, egoísta y fría como una estatua». ¿Qué hacía que este hombre razonable de treinta y cinco años se sintiera atraído por mujeres que no le daban nada? Probablemente es un tópico el hecho de que todos tengamos necesidades de atención y afecto, entonces, ¿por qué Ben, o cualquier persona, se ven implicados repetidamente con personas que, de ningún modo, satisfacen estas necesidades? Queda más claro cuando sabemos que la madre de Ben era una mujer autoindulgente, distante e insensible que se preocupaba más de vestirse a la moda, de tener la casa limpia y de colores que combinaran que de Ben. Éste describía las cenas en casa como «pesadillas de elegancia» y decía: «Solía vestirme como un complemento». El hecho de carecer de afecto, preocupación verdadera y compromiso multiplicó enormemente el Hambre de cariño de Ben. Se podría pensar que más tarde se sentiría poderosamente atraído por cuidar a mujeres que pudieran satisfacer algunas de estas necesidades insatisfechas. Algunas personas hacen esta elección de verdad y forman relaciones con otros que les dan mucho más de lo que su Madre nunca les haya dado. Pero Ben, y muchos otros, en vez de esto, se cuelgan en la tarea de intentar hacer que mujeres como su madre finalmente le den lo que necesita. Es como si estuviera decidido a conseguir leche caliente de una bonita pero fría estatua. La literatura «romántica», los mitos y los clásicos están repletos de cuentos de hombres decentes y expertos que escalan montañas de cristal, matan dragones, se postran y arruinan sus vidas en un intento obsesivo de obtener alguna mujer de hielo. Es una tarea fútil y que destruye la vida y puede convertirse en una adicción fatal.

Jeanne es otro ejemplo de alguien insistentemente atraído por hombres que son perjudiciales para ella. Es la que dijo: «Siempre me he sentido atraída por hombres con un ala rota o algún defecto trágico...». Su padre era un intelectual encantador, pero terriblemente pasivo, que era capaz de disimular su desamparo debajo de su riqueza heredada y encanto en batín. De niña, Jeanne lo adoraba y, cuando creció, luchó mucho para no ver su debilidad. Pero su padre seguía decepcionándola, constantemente ausente para ella. Cuando la realidad de quien era se desveló, ella se sintió traicionada. «Había estado idealizándolo, creando una ilusión y entonces, de repente, no pude más. Súbitamente le vi como un perdedor patético. Todavía me duele. Todos estos años perdidos apoyándole. ¡Qué desperdicio más triste y tonto!»

Aunque Jeanne vio este aspecto de la relación con su padre claramente, no fue hasta mucho más tarde que dejó de transferir esta interacción hacia otros hombres. Tenía en mente a Jeanne y a gente como ella cuando escribí:

> «He visto a mujeres con padres débiles infalible y repetidamente seleccionar, entre un gran número de hombres que se cruzan en su espacio vital, hombres que son como niños pequeños –quizás alcohólicos, adictos a las drogas, adictos al amor, fracasados en su profesión, ineptos para ganarse la vida e incapaces de afirmarse a sí mismos, excepto quizás en exigencias de niño pequeño, rabietas y mal humor...».[13]

---

13. Howard Halpern, *Cutting Loose* (N.Y.: Simon & Schuster, 1977; Edición de bolsillo, Bantam, 1978). Los siguientes extractos son del capítulo 4, "The Little Man Who Isn't There".

Desde una edad muy temprana, si eres como Jeanne, aprendes cuál debe ser tu papel en la relación con dicho hombre:

Al principio, al menos, tratarás de negar las debilidades fundamentales de tu hombre, ya sea encegándote completamente o viéndolas como un rasgo bonito o poco molesto. Entonces, cuando tu rostro o tu trasero tengan suficientes moratones de caer cada vez que has pensado que tu hombre era lo suficientemente fuerte para contar con su ocasional apoyo emocional, moral o práctico, empezarás a comprender que hay algún defecto básico ahí. Éste sería un buen momento para volver a analizar toda la relación, pero, si estuviste colgada en una fantasía de rescate y rehabilitación con tu padre, te pondrás velozmente y sin pensarlo el uniforme de cualquier misión de rescate para la que te llamen —enfermera, asistente social, asesor vocacional, madre benevolente, policía— y empezarás el proceso opresivo para el alma de levantarte, activarte, apoyarte, sostenerte y después, tras descansar brevemente, volver a levantarte, etc.

Este tipo de operación de rescate (ya sea una mujer rescatando a un desvalido e inútil hombre o un hombre rescatando a una desvalida e inútil mujer) normalmente se basa en un intento de resolver una vieja frustración con dicho progenitor. Si se encuentra en esta situación, ya sabe lo adictiva que puede ser esta tarea.

Lo que estos ejemplos de Fetiches de cariño autodestructivos tienen en común es que son un reflejo de baja autoestima. Si se trata de Eve y de su atracción a deslumbrar a espadachines verbales, la implicación de Ben con mujeres que son frías estatuas, la propensión de Jeanne a rescatar hombres con el ala rota o una atracción insistente hacia personas inasequibles, crueles o deprimidas o cualquier otro tipo fetiche que esté construido sobre la futilidad, la asunción de la transferencia es que puede hacer que esta otra persona sea fuerte y cariñosa, él o ella le hará sentir completo, capaz, seguro y feliz. Lo que es otra forma de decir que, sin esta persona, se siente incompleto, incapaz, inseguro e infeliz. Si sigue pensando esto, siempre será vulnerable a su tipo especial de vínculos autodestructivos.

Probablemente, todo el mundo tiene tendencia a tener Fetiches de cariño porque todo lo que significa es que cada uno, probablemente, nos vemos atraídos de forma lógica por personas con determinadas cualidades más que con otras cuando buscamos la gratificación de nuestras necesidades de cariño. Estas cualidades están impresas en nuestras propias historias, a pesar de que la gente, incidentes y emociones que las han acuñado pueden haberse olvidado del todo. La existencia de estos fetiches no es, en sí misma, una causa de preocupación. La mayoría de los Fetiches de cariño son bastante inofensivos, salvo que pueden tender a descartar relaciones íntimas con otras personas perfectamente adecuadas. Puede haber un valor positivo en estos fetiches si le conducen a una relación buena y creciente, porque pueden crear una interacción de especial belleza y profundidad de compromiso. De hecho, donde hay un componente fuerte de Fetiche de cariño con una relación razonablemente compatible, el poder de dicha atracción puede formar un vínculo que puede mantener a la pareja junta en las tormentas y tensiones a las que se enfrenta cualquier pareja de humanos que intenten pasar por la vida juntos. Los Fetiches de cariño se convierten en perjudiciales cuando hay un fracaso inevitable y una derrota (como verse atraído por la avaricia de alguien o la no disponibilidad de alguien), o cuando las cualidades del fetiche tienen tanto poder magnético que le atan a una relación que, debido a otros aspectos, es perjudicial para usted. Y, cuando ocurra esto, tendrá que trabajar en la reducción del poder de estas cualidades fetichistas para que pueda ser libre de formar una relación con un abanico de personas más amplio y más satisfactorio.

Se trata de una tarea difícil, pero no imposible. Para Eve, empezó con una serie de revelaciones. Primero, vio que el problema no estaba meramente en su atracción por hombres brillantes y verbales —conocía de largo su predilección y siempre había hablado de ella con orgullo. Pero ahora sabía que también debían tener dos otras cualidades esenciales —arrogancia e inaccesibilidad— y que estas dos cualidades, por definición, excluían una relación de éxito y duradera. Vio la similitud de estos hombres con su padre —la brillantez, elocuencia, arrogancia e inaccesibilidad (jugaba con ella, pero pertenecía a su madre). Y, en suma, Eve vio que estaba volviendo a encarnar un viejo drama familiar —ser la ayudante y la compañera de juegos de su Padre, pero nunca su mujer. Nunca se permitía tener un hombre de su propiedad —éste era el territorio de su Madre.

Después de estas revelaciones, se iniciaron unos pequeños cambios. Eve estaba profundamente enamorada de un hombre que era jefe de investigación de una gran empresa de ordenadores. Era astuto, agudo, autoritario y estaba casado. Pero ahora, en vez de convencerse de que esta vez sería distinto, podía ver el rechazo esencial en que se construía la relación. Empezó a lamentar estar al servicio de este hombre mientras veía, no solamente que no le llevaría a ninguna parte sino también lo que se estaba limitando e hiriendo en este acuerdo servil. Este patrón empezó a perder su entusiasmo y a parecerle indigno y sofocante. Finalmente, un día antes del fin de semana que iban a pasar juntos, cuando llegó un mensajero con una conferencia que había escrito que quería que ella le corrigiera, devolvió la conferencia con el mensajero y una nota que decía: «Era divertido, pero ya no lo es. Gracias por todo y adiós».

Eve siguió encontrando hombres inicialmente atractivos, pero dijo: «Tan pronto como huelo su arrogancia o su inaccesibilidad o que yo me voy a convertir en 'la pequeña ayuda de Papá', se dispara la alarma. Al principio, tuve que forzarme para utilizar lo que sabía para alejarme de estos hombres. Pero más recientemente ya se me dispara automáticamente. Me siguen gustando los hombres brillantes y verbales, pero hay muchos de éstos que son tipos decentes y, al menos, están teóricamente disponibles». Sus relaciones tomaron un claro giro para mejor.

9

AUTOENGAÑO Y ADICCIÓN

No es fácil mantener una relación adictiva frente a su propia infelicidad, dolor y decepción. Para mantenerse en ésta, quizás haya aprendido a engañarse a sí mismo con la creencia de que es feliz, anestesiar el dolor, disculpar la decepción.[14] Es comprensible que queramos engañarnos sobre las realidades que no nos gustan cuando nuestra Hambre de cariño nos está obligando a mantenernos allí, pero es tan peligroso como tomar calmantes para bloquear los síntomas de una enfermedad grave. Echemos una mirada analítica a las maniobras de autoengaño que usted puede estar utilizando para mantenerse en una situación destructiva.

Racionalización

Su Hambre de cariño busca desesperadamente mantener el vínculo sin importar que se haya debilitado, y sus procesos mentales a menudo pueden confabularse con ello, y de este modo despe-

---

14. A veces, sustancias químicas que alteran la mente, como el alcohol, los tranquilizantes, los antidepresivos, los barbitúricos, las anfetaminas, los narcóticos, etc. se utilizan como opiáceos y modificadores del humor para poder seguir eludiendo las realidades de la relación.

jar el camino para que el Hambre de cariño controle sus acciones. En el primer capítulo, indiqué cómo la racionalización, la técnica de darse a sí mismo buenas razones para ocultar las razones subyacentes, puede utilizarse al servicio de la prolongación de su adicción. Una mujer dijo: «No es que no me quiera. Simplemente le asusta el compromiso».

En esta situación en concreto, se hizo evidente que a este hombre no le importaba mucho ella y que, ciertamente, no la amaba. Toda la evidencia de esto estaba presente para que ella la viera, pero ella se las arreglaba para distorsionar el significado de la evidencia (la frialdad de él y su distanciamiento) antes que enfrentarse a una dolorosa verdad que pudiera conducirle a acabar la relación. Hay casos en los que la misma racionalización puede ser verdad: la persona sobre la que se realiza puede preocuparse por ello, pero asustarle el compromiso. En dichos casos, la racionalización puede utilizarse para evitar enfrentarse a la cuestión «¿Importa mucho que a él le importe, pero no sea capaz de comprometerse, si lo que yo quiero es un compromiso?». Si es mejor que se quede o se marche, sólo puede decidirlo usted. Pero usted se encontraría en una situación más favorable para tomar una decisión acertada si, al menos, desafiara a la racionalización y mirara las realidades, quizás con la ayuda de personas más objetivas. Una buena regla empírica es tomar el comportamiento frustrante de la otra persona *tal como es* antes que idear escaramuzas mentales para explicarla. Entonces, podrá ver si esta visión real de éste es aceptable para usted. Si no lo es, se enfrentará a la elección de vivir con ello, trabajar en ello o dejarlo –pero, al menos no estará engañándose a sí mismo.

Idealización

Cuando alguien es su Persona fetiche de cariño (especialmente cuando hay enamoramiento), es muy sencillo distorsionar quién es, de forma que se exageren sus puntos positivos y se minimicen u oculten sus puntos negativos. Puede tratarse de una distorsión inofensiva o incluso algo útil que puede servir para engrasar las ruedas de la relación por encima de los inevitables puntos débiles. Pero, cuando idealiza rasgos que le están causando muchos problemas o si su idealización le está encegando hasta el extremo que la relación está resultando perjudicial, entonces esta idealización se convierte en un maligno autoengaño.

Una de las formas más frecuentes de esta idealización maligna y una maniobra mental que pueden realizar con igual destreza tanto hombres como mujeres es tergiversar la incapacidad de la otra persona para ser cariñosa, generosa y colaboradora como evidencia de su fuerza más que como una debilidad muy severa. Por ejemplo, Liz estaba muy encariñada con Jim, un hombre que podía mantener una postura de inmovilidad de granito frente a los deseos de ella de una respuesta más personal, emocional y comprometida. Su frase más repetida era: «No voy a cuidarte como a un bebé». Su respuesta habitual a la pregunta de si la quería era: «Si no lo sabes, no seré yo quien te lo diga». Ella veía a Jim como una figura fuerte e independiente y, en contraste, se veía como necesitada y llorona. «Admiro su fuerza. Es como una roca. Él no está necesitado. Veo dónde mi necesidad de cariño podría dejarle frío.» El dolor de sentirse excluida y privada continuaba, pero intentó con vehemencia soportarlo ya que era producto de su propia «dependencia inmadura».

Con el tiempo, Liz se concienció de que, aunque muchas cosas de la vida de Jim iban mal y, de hecho, estaban haciéndose pedazos, él parecía incapaz de abrirse a ella hablando de su dolor y cobardía. Se convirtió en un ser más apartado, taciturno e inaccesible.

Ella empezó a darse cuenta de que lo que ella pensaba que era una gran fortaleza era, en realidad, una defensa desesperada y frágil contra su propia enorme, pero negada, necesidad. Se dio cuenta de que su dureza era una forma de ocultar y despreciar su propia vulnerabilidad. Las necesidades de ella eran una gran amenaza para Jim porque había borrado sus propias necesidades y no quería nada que se las recordara. Y ella había estado inventando excusas de lo que ahora veía como un problema psicológico grave al convertirlo en una fuerza independiente.

Liz recordó que sus dos progenitores eran bastante fríos, prácticos y reservados, y que se protegían terriblemente contra los sentimientos y la dependencia. «Yo no creía en todas estas 'tonterías' de mi madre» le había dicho la madre de Liz recientemente al discutir sobre su propia infancia. Liz se dio cuenta de lo parecido que esto era a la frase de Jim «No voy a cuidarte como un bebé». Liz no recordaba ni una sola conversación con su padre sobre sus sentimientos, necesidades u objetivos. Durante la mayor parte de su vida, Liz se refirió a sus padres como personas que no mostraban sus sentimientos, pero que eran pilares fiables de fortaleza, y ella siempre había sentido que sus propias necesidades emocionales eran debilidades vergonzosas.

En el transcurso de los últimos años, Liz se había dado cuenta de lo que sus padres se habían limitado con este enfoque de la vida, pero solamente ahora, cuando podía ver la defensa acorazada de Jim contra los sentimientos de necesidad y vulnerabilidad, se había dado cuenta de que sus padres se defendían de un modo parecido. Se dio cuenta de que, cuando era pequeña y no podía acaparar la atención emocional que requería de ellos, asumía que éstos, en contraste con ella, eran fuertes y no demostraban tener necesidades.

Como no era capaz de ver el egoísmo de sus padres como una limitación, llegó a la conclusión de que debía haber alguna cosa que no funcionaba en ella. Recapitulando la historia de sus relaciones a la luz de estas revelaciones, vio que siempre había convertido a hombres profundamente inseguros y muy deteriorados en algo que no eran porque interpretaba mal su apariencia de no tener necesidades, como si se tratara de una fortaleza madura. Ahora, tenía que enfrentarse a lo que sentía por Jim y lo que quería hacer respecto a la relación, una vez superada la fase de idealización.

De forma parecida, hay hombres que idealizan a mujeres frívolas, llamativas, seductoras, erráticas y poco fiables como «mujeres reales», y nunca se permiten ver la infantilidad que a menudo reposa detrás de este comportamiento.

Estos hombres siempre se sorprenden de por qué todas esas promesas de conseguir tanto de la relación nunca se ven satisfechas. Pueden sentirse frustrados y desesperados, pero enseguida sentirán que el problema es que no son lo suficientemente hombres para esta mujer antes que enfrentarse al hecho de que están encerrados en una relación con una niña pequeña limitada. Casi cualquier rasgo o característica puede idealizarse para el autoengaño.

Igual que el niño de la fábula optimista que, al recibir como regalo un paquete de estiércol, coge una pala y dice: «Debe de haber
un pony en alguna parte», hay mucha gente que, cuando se
encuentra con una relación desagradable y ofensiva, busca con
esperanza los indicios de que haya algo mejor. Y a veces lo hay. A
veces, el hecho de aceptar la relación *tal como es* la transforma en
algo mucho más positivo. A veces, debajo de las defensas exaspe-
radas y de los frustrantes juegos, puede haber una relación de
más valor de lo que puede encontrar a través de una combinación
de aceptación y de una fuerte, honesta y cuidadosa confronta-
ción. A veces, en realidad, vale la pena coger una pala y empezar
a cavar. Pero también tiene que saber cuándo dejar de cavar,
cuándo reconocer que hay mucho estiércol y ningún pony.
Puesto que la esperanza y el optimismo nunca son de mayor valor
que construir algo tan inestable como una buena relación, las
esperanzas infundadas se convierten en una forma de engaño que
puede utilizarse para permanecer en una relación castigadora.

Estoy pensando en una mujer que era paciente mía y que estuvo casada durante diez años con un hombre que tenía ataques
periódicos de ira en los que rompía los muebles, aterrorizaba a
los niños y, en varias ocasiones, la pegaba. Tras estos episodios, se
arrepentía y varias veces empezó una terapia, con ella o solo, para
trabajar en el problema. Pero hacía el tratamiento durante un
tiempo, se convencía de que ya estaba bien e, impulsivamente, lo
finalizaba, hasta el siguiente ataque de ira. En una sesión, un par
de semanas después de comportarse de forma especialmente
abusiva y de haber vuelto a la terapia, ella dijo, hablando de él:
«Cuando Tom mejore». Le interrumpí para decir: «¿Y si nunca
mejora?». Se quedó estupefacta. «Pero, tiene que hacerlo. Ha
vuelto al médico.» Repasamos su historial juntos y llegó a la conclusión de que, en el transcurso de los años, sus ataques de ira se
habían convertido en más frecuentes y violentos. Admitió que él
no parecía tener deseos de resolver sus problemas, pero empezó
la terapia después de un episodio negativo de culpabilidad transitoria y como una concesión hacia ella para evitar que le dejara.
En general, si había cambios, eran para peor. «No quiero aceptarlo, aunque sé que es verdad… La habitación da vueltas… Si

siento que no se va a poner mejor, sé lo que tendré que hacer y me temo que no podré.»

La mayoría de los casos de falsa esperanza no son tan dramáticos como éste frente a un abuso físico real, pero es una forma de autoengaño muy común que la gente utiliza para permanecer en una relación perjudicial:

«Si no me quisiera de verdad, no seguiría saliendo conmigo».

«Dice que no quiere casarse nunca, pero muchos hombres que ahora están casados han dicho lo mismo».

«Hay veces que ella admite que me lo pone difícil y esto siempre me da la esperanza de que parará».

«Dice que dejará de beber (de jugar, las drogas, de ser cruel, de desaparecer, de ser irresponsable, de trabajar demasiado, de no hacerme caso, de criticarme, de ser promiscuo, de no colaborar, etc.) y, aunque lo ha dicho muchas veces antes, creo que esta vez va en serio».

¿Cómo se diferencia la esperanza legítima de la esperanza infundada? Mirando atenta y fríamente los hechos. ¿Dice la otra persona que quiere que las cosas sean distintas de lo que son? ¿Hace algo al respecto? ¿Quieren ambos lo mismo o puede ser que usted lo esté distorsionando? ¿Hay cambios reales significativos en la dirección que desea que tome la relación? ¿Ha hecho esfuerzos reales para mejorarla? ¿Cuál ha sido el resultado de estos esfuerzos? ¿Durante cuánto tiempo han sido insatisfactorios? ¿Hay alguna evidencia de que dándole más tiempo probablemente mejorará?

Un análisis objetivo de estas preguntas puede darle una idea de si está engañándose a sí mismo con falsas esperanzas o luchando por superar un período difícil con un optimismo legítimo basado en una valoración realista de los hechos y potenciales. Pero, dado que es difícil hacerlo solo, escuchar los puntos de vista de otras personas, a menos que tengan prejuicios fuertes contra su relación, puede ser muy útil.

Mantener una ilusión

Con frecuencia, la racionalización e idealización que hemos estado examinando son por sí mismas parte de una red de técnicas para mantener una ilusión. Y la ilusión básica, que es, en sí misma, una distorsión de la realidad, es «Si puedo estar conectado a esta única persona y hacer que funcione, mi vida será fantástica y, si no puedo, mi vida será horrible, vacía e infeliz». Está basada, como hemos visto en el deseo inconsciente de recuperar la experiencia de una conexión feliz con Mamá en los primeros años y/o una conexión especial y excitante con Papá un poco más tarde. El padre de una mujer joven actuó literalmente como un «genio mágico» prometiendo y regalándole todo lo que pedía y, por lo tanto, haciendo que ella creyera que podía tenerlo realmente. Ella repetiría esta relación involucrándose con hombres inalcanzables que, mediante una terrible muestra ocasional de entrega, le permitían mantener la ilusión de que eran completamente accesibles. El proceso de desengaño era largo y difícil. En un punto en el que soñaba con que se cumpliera la ilusión depositada en un hombre casado, que esperaba, contra toda evidencia, que dejara a su mujer por ella, soñó que su novio había muerto, pero que, justo antes de hacerlo, le había regalado un gran palacio, «como sacado de las mil y una noches». En el sueño, ella asistía a su funeral. Su esposa y sus hijos estaban ahí y se convirtió en dolorosamente consciente del papel secundario que jugaba en su vida. No le resultó difícil dilucidar el mensaje del sueño –que la relación con el hombre sustituía a la de su padre «genio mágico», pero que la relación principal de este hombre (y la de su padre) era con otra persona. El sueño ocurrió en un momento en el que ella estaba en proceso de acabar esta relación con el hombre (simbolizada por la muerte de él) y, lo que era más importante, enfrentándose al hecho de que su búsqueda de una relación que transformara su mundo en un jardín encantado era, en sí mismo, una ilusión.

Si quiere detener esta forma especial de autoengaño, debe procurar ser consciente de cada vez que se sorprende pensando que ésta es la «única» persona que puede hacerle feliz, a la que puede amar realmente, que puede encenderle sexualmente, etc. Tan pronto como lleve el «único» a su relación, no está tratando con la realidad sino que está intentando recuperar viejos sentimientos conocidos con su único padre o madre. Eran su mundo en un tiempo en el que el mundo y su capacidad de funcionar con él independientemente eran muy limitadas. Ahora su mundo es mayor y tiene la capacidad de crear y generar su propia felicidad; y, mientras que una relación satisfactoria pueda ser una parte grande de esta felicidad, aferrarse a la Creencia de que solamente un vínculo con esta persona le puede hacer feliz es aferrarse a una ilusión que probablemente le llevará a la infelicidad. Y hay Creencias que también pueden ayudar a que usted viva una ilusión, Creencias como «Debe funcionar» o «Él (ella) debe quererme porque yo le amo tanto». Se haría un favor a sí mismo si se cuestionara algunas de sus nociones básicas sobre las relaciones en general y sobre la que le preocupa actualmente en especial, con el objetivo de desengañarse a sí mismo. Sin duda, algunas ilusiones se añaden a la vida, pero no las que le incitan a quedarse estancado en una relación insatisfactoria.

10

EL ARTE
DE QUEDARSE
COLGADO

Puesto que mantener la conexión con la otra persona es el único objetivo de su Hambre de cariño, probablemente ya haya desarrollado técnicas para conseguir este objetivo. Los métodos que utilice pueden ser muy inconscientes y pueden jugar un papel muy pequeño o muy grande de su interacción con dicha persona, pero, si mira honestamente la interacción, será capaz de descubrir cómo intenta controlar la relación de modo que sus necesidades de cariño puedan satisfacerse independientemente.

Hay cinco técnicas de control muy frecuentes:

1. Control a través del poder

2. Control a través de la debilidad

3. Control a través del servilismo

4. Control a través de la culpabilidad

5. Control a través de los celos

Una exploración de estas técnicas puede ayudarle a reconocer los métodos que usted (o su compañero) pueden utilizar para retenerle.

Control a través del poder

En cierto modo, ésta es la técnica más directa para controlar una relación al servicio de sus propias necesidades. En sus formas extremas, es la postura del hombre macho o de la hembra maliciosa cuya frase fundamental es: «O lo hacemos a mi manera o nada». Y el ultimátum, «Te dejaré». Lo juegan más efectivamente los que creen que su pareja les necesita más que ellos necesitan a su pareja. Uno de los ejemplos más estrepitosos que recuerdo es el de un hombre a quien su esposa le pidió durante las primeras semanas de su matrimonio que le ayudara con los platos. Rápida y metódicamente tiró uno por uno al suelo todos los platos de su porcelana china, regalo de bodas. Entonces, dijo «Si me vuelves a pedir que haga esto, saldré por la puerta y no volverás a verme». Funcionó. Nunca jamás volvió a pedirle que la ayudara con las «tareas del hogar». Pero había un vacío y una inercia que parecían cernerse sobre la relación.

Es importante tener en cuenta que la utilización de su energía adulta no significaba que las necesidades intensas de dependencia no funcionaran en él. Es probable que si su mujer hubiera mantenido que su posición no era aceptable, que insistiera en que ayudara con las tareas domésticas y que si él volviera a intentar intimidarla, ella se iría, entonces quizás afloraría su temor de perderla. Entonces, los dos podrían haber descubierto que sus necesidades de cariño y sus deseos de mantener el matrimonio eran tan grandes como los de ella. Pero, debido a que las estratagemas de alguien que controla una relación de este modo no se cuestionan, ninguna parte llega a saber lo grande que es la necesidad de la persona más autoritaria. De hecho, los observadores externos a menudo sienten que el cónyuge que ostenta el mando no se preocupa por el compañero más dependiente. Y, a veces, esto es verdad. Pero trabajando con parejas he visto al cónyuge dominante literalmente caer de rodillas suplicándole al otro que no le deje cuando esta pareja, normalmente más sumisa, ha dicho «Basta».

Suponga que usted es la persona que utiliza esta técnica para controlar a su pareja. ¿Qué haría que usted (o cualquier persona) necesitara controlar a otra persona bajo la amenaza de «o nada»? Seguro que no es la parte más madura de usted. Se trata, o bien de la parte infantil más caprichosa de usted, la parte que usted como un niño exigente gritó, chilló y tiranizó cuando no se salía con la suya o cuando no veía satisfecha su Hambre de cariño. Quizás estas maniobras de poder se fortalecieron porque funcionaron demasiado bien durante demasiado tiempo con sus padres o porque se modeló a sí mismo según la forma en que uno de sus padres trataba al otro o le trataba a usted. Quizás estas maniobras de poder sirvan para ocultar su propia e inaceptable dependencia, sus temores de que su propia Hambre de cariño le hagan débil y vulnerable.

Pienso en una mujer joven cuya relación se caracterizaba por su necesidad de dominar y de tener siempre razón. Muy comprensiblemente, la historia de sus relaciones amorosas era como un catálogo de desastres y empezó a hacer psicoterapia, consternada por este modelo. En una sesión habló de una gran discusión que tuvo con su novio sobre una película que a él le había gustado y a ella no. «No te puede haber gustado», le dijo ella. Y, como la discusión continuaba, ella añadió: «La película era de poco gusto y tú también lo eres», lo que le puso furioso. Ella se dio cuenta de que había sido demasiado agresiva y destructiva. A medida que analizábamos su reacción, ella dijo: «Si le gustó realmente esa película, entonces es que somos diferentes». Yo dije: «Entonces sois, en realidad, dos personas independientes y no una». Ella estuvo de acuerdo y empezó a hablar de lo incómodo que era para ella aceptar el hecho de que alguien que estuviera con ella pudiera tener sentimientos distintos a los suyos, puntos de vista y preferencias porque ella veía estas diferencias como evidencia de la intolerable separación. Llegados a cierto punto, dijo: «Si me imagino a mí misma como un individuo, lo que veo es alguien muy pequeño, diminuto, en un oscuro túnel y estoy mojada y el viento sopla a través del túnel. Tengo frío y estoy sola y siempre lo estaré». Al poner de manifiesto este terror primario que surgía del Hambre de cariño, ella estaba en contacto con la desoladora soledad eterna que el niño experimenta cuando se rompe el estado de fusión con la madre. En otro momento dijo: «Supongo que si él es otra persona, significa que puede dejarme». Dicha mujer estaba ordenando a su madre, en la forma de su novio, a que hiciera lo que ella decía, viera las cosas del mismo modo que ella lo hacía y admitiera que tenía razón con el fin de mantener la ilusión de la unicidad y evitar el terror de la separación.

Si usted se encuentra en una relación en la que domina, pero con la que se siente lo bastante infeliz como para querer acabarla, quizás le ayude el hecho de valorar ciertas cuestiones:

¿Podría haber una conexión entre su dominación y su deseo de acabarla? ¿Puede saber realmente, admirar, respetar y sacar lo mejor de alguien a quien está intimidando? ¿Puede ayudar usted pero, a la vez, tener desprecio por alguien que le permite hacerlo? ¿Y, si realmente no respeta a su compañero, puede albergar sentimientos amorosos hacia él o ella?

¿Qué necesidades profundas de Hambre de cariño pueden ocultarse bajo su tendencia a dominar la situación? Si tiene que controlarlo, ¿acaso indica eso que quizás le asusta que se independice de usted? ¿Le asusta?

Bajo la dominación, ¿tiene miedo de ser vulnerable? ¿De ser débil? ¿De revelar su dependencia? ¿De que le conozcan? Y, sobre todo, ¿le asusta que le dejen?

¿Se siente tan culpable de dominar a su pareja que se siente demasiado responsable de él para atreverse a dejarle?

¿Qué cree que sucedería si abandonara su posición de poder? ¿Vale la pena intentar ver lo que sucedería antes de que diera el paso de dejar la relación?

Además de analizar estas preguntas, podría pensar en un viejo dicho para ver si se aplica a usted. Dice así: «No te hagas tan grande; no eres realmente tan pequeño».

Suponga que no es usted quien está intentando siempre dominar la situación sino que es su pareja. Muy probablemente esta dominación tiene mucho que ver con por qué podría estar pensando en dejar la relación. Pero quizás primero sería útil analizar si el problema no solamente es la necesidad de la otra persona de dominar, sino la forma en que ha estado respondiendo. Si se ha sometido, bien podría estar experimentando el ahogo, depresión, enfado y rabia que a menudo acompañan a un papel tan abnegado. Y la única solución que vea quizás sea acabar la relación. Si ha estado compitiendo con su pareja por el control de la relación, puede que esté tenso, agotado por la lucha y que se sienta acosado por los recuerdos amargos y dolorosos de sentimientos amorosos destrozados por la incesante rivalidad. Aquí también, la única solución que puede que quede es acabar la relación. Si su respuesta ha sido sumisa o combativa, ha estado contribuyendo a la caída terrible de la reciprocidad del cariño. Sería muy útil para usted que considerara por qué. ¿Es porque no conoce otra forma de tratar con la altivez de su pareja? Es posible. Pero, si mira más profundamente, verá que su respuesta puede ser su forma de mantener una conexión al servicio de su propia Hambre de cariño. Si se somete, puede que sea por el miedo de que, si no lo hace, ya no le querrán o le abandonarán, una perspectiva horrible para el niño en usted. Si se convierte en combativo, puede que no lo sea simplemente para evitar la sumisión, pero puede provenir de sus propias necesidades de dominar y puede reflejar su intento de mantener una fusión con la otra persona en sus propios términos. Y el propio combate –los argumentos, la violencia, el vitriolo– pueden formar una intensa conexión emocional con la otra persona que el niño con Hambre de cariño en usted puede valorar mucho más que formas más plácidas pero menos estimulantes de relacionarse.

Así que, antes de llegar a la conclusión de que la única solución posible es dejar a la otra persona, quizás valga la pena que se arriesgue a relacionarse con él de una forma nueva. No se someta a una dominación poco razonable ni luche por la supremacía. Tome la postura que dice: «No, no seguiré con esta exigencia porque esto no sería verdadero para mí ni sería respetuoso. Estoy dispuesto a negociar para intentar encontrar algo mutuamente adecuado. Pero solamente porque no cedo en lo que quieres no significa que no te quiera». Una mujer insistió tanto en hacerlo a su manera que su matrimonio se vio amenazado. Un motivo frecuente de conflicto era que su marido le pedía repetidamente que durante un día y una noche del fin de semana no contrajera compromisos sociales para que pudieran pasar un rato tranquilo juntos. Pero a ella le gustaba la vorágine de la actividad social y constantemente llenaba sus fines de semana con citas. Durante un tiempo él la seguía, pero estallaba de ira. A menudo explotaba e insistía para que llamara y anulara las citas o la castigaba con malhumores y silencio durante días. Pero, tras un tiempo, su necesidad de mantener una conexión a través de la sumisión o la lucha disminuyó y tomó una postura que fundamentalmente decía a su mujer: «Tener tiempo para relajarme es crucial para mí. Estar en el meollo social es muy importante para ti. Respecto a mis propias necesidades, sólo reclamo un día y una noche de cada fin de semana para mí o para nosotros. Si contraes demasiados compromisos, no asistiré a algunas de las cosas que hayas previsto y te daré a elegir las actividades a las que te gustaría más que acudiera contigo. Ojalá me sintiera igual que tú sobre la forma de pasar los fines de semana porque me divierto haciendo cosas que te hagan feliz, pero seguir con esto iría contra algunas necesidades mías muy importantes». Persistió en su postura, a menudo soportando una gran presión y finalmente pudieron solventarlo satisfactoriamente. También trataron otros asuntos de esta manera y pronto halló que sus pensamientos obsesivos y terribles de querer el divorcio empezaron a esfumarse. Si su mujer hubiera insistido en hacerlo a su manera, a pesar de su postura, y hubiera seguido actuando punitivamente respecto a él, podría haber llegado a la conclusión de que dejarla era la mejor solución.

Algunas maniobras de poder pueden asustar mucho. La amenaza de que «Si intentas dejarme, te pegaré, te traeré problemas, destrozaré la casa, heriré a los niños o te mataré» ha mantenido a personas en muchas relaciones que ya no querían. Con frecuencia, los periódicos narran historias de personas que hicieron realidad la advertencia de que «Si me dejas, será la última cosa que hagas». Si ésta es su situación, es importante evaluar lo más cuidadosamente que sea posible si la amenaza es vana o seria y, si es seria, planear formas realistas de capearla antes que permitirse esclavizarse por ella. Quizás necesite ayuda de sus amigos y quizás de abogados, agencias sociales, agencias de cumplimiento de la ley o cualquier apoyo que necesite para que su pareja deje de tiranizar su vida y controlar su destino. Porque, aunque «el resto de cosas» son grandes y peligrosas o menores e irritantes, es esencial que reconozca que el juego de poder de su pareja no es solitario –usted lo está jugando con él. Su intimidación podría tocar una parte vulnerable del niño en usted y su pareja puede parecer más asustada de lo que debería porque se ha convertido en una figura terrorífica de su pasado. Y puede que no sea miedo solamente lo que hace que juegue este terrible juego sino que el miedo se puede combinar con su propia Hambre de cariño para mante-

114

nerlo paralizado y encerrado. Para realizar algún cambio, tendrá que ser honesto con usted mismo sobre el asunto «¿Me quedo solamente porque estoy asustado o mi miedo enmascara la resistencia del niño con Hambre de cariño a romper este vínculo?».

Control a través de la debilidad

Algunas personas utilizan sus debilidades de forma tan imperativa como otras personas sostienen un palo. Su manifiesto básico es «Soy débil, desvalido, dependiente y me desmoronaré sin ti. Por lo tanto, tienes que cuidarme, hacer lo que yo quiero que hagas, ser mi pilar de confianza y no dejarme nunca». ¡La debilidad! Es una posición dominante que puede manipular a alguien tan efectivamente que podemos preguntarnos por qué alguien que manda a través de la debilidad querría acabar la relación. Pero, si usted está utilizando la incapacidad y la inefectividad para mantener a la otra persona conectada a usted, entonces, conocerá algunas de las razones para romper esta atadura. Primero de todo, quizás no esté funcionando. Su pareja puede haberse cansado del papel protector y puede haber tergiversado sus sentimientos hacia usted. E, incluso si no lo ha hecho, usted estará pagando un alto precio por esta maniobra –tiene que seguir siendo débil y no mostrarse como una persona completa. Estoy pensando en una pareja que vino a mí en busca de consejo en un momento en que su matrimonio estaba en un punto desesperado. La mujer, Jenny, era una ama de casa de condición humilde que no había querido aprender a conducir y, por lo tanto, dependía de su marido, amigos y vecinos para que le llevaran la compra, recogieran a los niños, etc. Cuando los niños se ponían enfermos, se hacían daño o se portaban mal, solía llamar a su marido al trabajo en un impotente frenesí. Evitaba aprender nada sobre la economía familiar e incluso a cambiar las bombillas. Su aislado mundo se desmoronó cuando descubrió que su marido tenía un lío. Recuerdo la primera sesión vívidamente. Estaba sentada con los ojos rojos y con aspecto tímido y su marido parecía cansado y desdeñoso. En determinado momento, cuando ella preguntó, en efecto, lo que tenía la otra mujer que ella no tuviera, él dijo: «Eres mucho más guapa que ella, eres más dulce que ella, incluso eres más joven que ella. Pero, maldita sea, ella es independiente». A medida que fui trabajando con ellos, ella empezó a descubrir ciertas cosas sobre sí misma. Primero, comprendió la carga que suponía para su marido y otras personas y lo impropia que era esta indefensión en una mujer adulta. Se dio cuenta de que era muy parecida a su madre en este aspecto. Jenny también vio que su madre no sólo era un modelo de inefectividad sino que, al crecer, cuando Jenny era competente e independiente, amenazó con romper un vínculo con su madre que se basaba en su incapacidad compartida. Su padre, con hosco desdén, se hizo cargo de todo, excepto de los asuntos más triviales de la familia. Jenny reconoció que, asumiendo el papel indefenso, simbólicamente estaba permaneciendo atada a su madre y estaba recreando el matrimonio de sus padres en el suyo propio. Vio que estaba intentando aferrarse a su marido siendo más una niña pequeña que una igual. Esto la obligó a empezar a enfrentarse a sus miedos eternos e inhibiciones acerca de ser fuerte y capaz. Le dijo a su marido: «No soy tan desvalida. Después de todo, fui yo quien tomó la iniciativa de encontrar un terapeuta y hacer que vinieras aquí».

Ser desvalido y dependiente, incluso cuando parece satisfacer su necesidad de Hambre de cariño para atar a la otra persona a usted, es un precio muy caro a pagar para su autoestima. Puede caer en el círculo vicioso de llegar a odiar al compañero del que depende y al que se siente incapaz de dejar debido a esta dependencia. En el control a través de la debilidad, igual que con todas las maniobras adictivas, el asunto principal no es romper con su pareja sino detener la maniobra destructiva. Si puede hacer esto, no se encontrará tanto bajo la inestabilidad de su Hambre de cariño y, o bien podrá mejorar la relación o acabarla, si es lo que le parece mejor.

Si su compañero le está controlando a través de la debilidad, sabrá lo fácil que es que caiga en creer que la autoestima de la otra persona, el sentido de la existencia e incluso su supervivencia dependen de usted. Así que, aunque esta autoestima le ahogue, ¿cómo puede atreverse a dejarlo? Una mujer, refiriéndose a la aparente fragilidad de su marido, dijo: «Siento como si fuera una de esas figuras animales de *La jaula de cristal*. Tengo que ir con cuidado o se romperá... y, si le dejo, temo que se rompa en pedazos». Pero su compañero no es tan frágil ni desvalido. Se las arregló en este mundo antes de que usted estuviera en su vida y podrá hacerlo si usted sale de ella. Si no deja que su dependencia le controle, quizás no desee dejarle. Pero es necesario que no permanezca ahí simplemente porque cree en el mito de que él solamente puede funcionar con su ayuda y apoyo.

Control a través del servilismo

En el ejemplo que he dado de la pareja que vino para pedir consejo, hemos visto cómo esta esposa, mediante su intento de control a través de la debilidad, se dio cuenta de cómo contribuyó al lío en que estaba su matrimonio. Pero su marido también tenía mucho que aprender. Al principio, él adoptaba el semblante lleno de responsabilidad de un hombre que se había desgastado debido a la tarea ingrata, pero inevitable, de cuidar de su esposa inútil. Pero, cuando hice hincapié en por qué seguía con este papel, pudo ver a tiempo que esta postura también satisfacía muchas de sus necesidades. Tenía dudas profundas acerca de si alguien podía amarle continuamente y adoptó el papel de servilismo fiable para evitar el rechazo que temía. Pudimos ver que, a pesar de sus quejas sobre la indefensión de su mujer, tenía un gran interés en mantenerla dependiente. También llegó a entender cómo sus propias dudas provenían de una relación con unos padres que trabajaban mucho, personas dedicadas pero emocionalmente contenidas. Era difícil obtener respuestas afectuosas, pero pronto aprendió que valoraban el trabajo duro y el servicio y que podía sentirse querido y aceptado siendo útil. Transfiriendo este patrón a su matrimonio, escogiendo a una mujer que se sintiera dependiente y después cargándosela a las espaldas, se sentía seguro de que la indefensión de su mujer impediría que nunca le dejara. Pero cada vez se sentía más irritado y resentido de cargar con ella y se encontraba más atraído por mujeres que parecían tener más recursos.

Si su juego es el servilismo, es importante reconocer cómo sirve a su Hambre de cariño proclamando: «Me convertiré en tan útil, tan indispensable que estarás atado a mí y no podrás dejarme». Y, entonces, tendrá que preguntarse a sí mismo: «¿Todo lo que tengo para ofrecer es 'servir'? ¿De dónde he sacado esta idea?

¿Qué necesidades mías me estoy negando, qué aspectos de mí estoy atacando jugando este papel embaucador?». Y la pregunta más importante de todas: «¿Me atrevo a dejar de ser la amiga siempre dispuesta, sirviente, secretaria, animadora, etc., y, por consiguiente, arriesgarme a descubrir si puedo ser valorada, amada y no abandonada aunque no sea 'útil'?».

Si usted es el *objeto* del servilismo de su compañero, también tiene que enfrentarse a algunas preguntas. Podría preguntarse si el hecho de que sea útil tiene algo que ver con su insatisfacción con la relación. Recuerdo a un hombre que dijo: «Es confuso. Me encanta (que su mujer satisfaga con eficacia y constancia sus necesidades), pero odio que lo haga». Éste suele ser el sentimiento extendido –está bien que le cuiden a uno, es conveniente, útil y seguro–, pero si siente que la otra persona lo está haciendo con indiferencia y negando sus propias necesidades, autonomía y crecimiento, es fácil desarrollar un desdén que apague los sentimientos de respeto y romanticismo. Es posible que participe en esta interacción destructora del amor no solamente porque estar bien servido tiene algunas atractivas ventajas, sino también porque recuerda ese feliz tiempo «olvidado» de su infancia en el que le adoraban y era el centro de los esfuerzos y energías de alguien, y porque es posible que necesite la seguridad de sentir que alguien que se erige como una extensión de sus deseos probablemente le necesita tanto que nunca le dejará. Pero el hecho de que *le* guste puede estar provocando que *le* odie tanto que desee marcharse. Quizás debería detener el final de este juego de amo-sirviente antes de marcharse para que primero pueda ver cómo funciona la relación entre ustedes como iguales que se respetan mutuamente.

Control a través de la culpa

De buen seguro, la mente humana no ha ideado una técnica más efectiva para que una persona manipule a otra (aparte de amenazar a alguien con violencia) que provocando sentimiento de culpa. Si sus padres han utilizado la provocación de culpa para controlar su comportamiento, es muy probable que lo utilice (a través de la imitación) y que sea vulnerable a ella (a través de la exposición). En un libro anterior, escribí sobre el impacto de la «madre mar-

118

tirizada» cuyos esfuerzos por controlar a su hijo hacían que él se sintiera como la causa de toda su infelicidad, ansiedad, enfermedad e incluso de la muerte inminente. La efectividad de esta actitud reside en que la madre empieza a actuar pronto cuando el niño exige toda su atención, su propia seguridad depende de ello. Si éste fue su caso, entonces se creó un punto débil en usted, una parcela privada de culpabilidad que se llena con todas las cosas que hizo, pensó y sintió que estaban mal. Contiene algunos de sus secretos más vergonzosos. Pero, sobre todo, contiene el aprendizaje de que desear, hacer o ser algo que Mamá no aprobará le hará enfadar y que usted, como causa de dicho enfado, se convertirá en malo. No solamente ha recibido el mensaje «Haz lo que yo quiero y te querré; no hagas lo que quiero y no te querré» –una frase de gran poder para el niño dependiente–, sino que la Madre martirizada ha añadido otro mensaje: «Si no haces lo que yo quiero, me haces sufrir y eres egoísta e hiriente». Estos mensajes afectan la dependencia y culpabilidad del niño interior en usted y contaminan los fundamentos de su ego.[15]

En una relación amorosa, la provocación de culpa puede tomar muchas formas. A menudo es sutil y velada –una mirada de dolor, un suspiro, lágrimas rebasando el párpado, silencio. Otras veces es hablada, con palabras tan gastadas que suena como una sátira contarlas, pero dichas palabras pueden ser fatales en la situación real. Veamos si algunas de ellas le resultan familiares:

«¿Estabas demasiado ocupado como para acordarte de mi cumpleaños?».

«Podría haber triunfado en mi carrera profesional si tú no hubieras insistido en tener hijos enseguida».

«Por supuesto, siempre me encuentro mal, pero seguro que no sería así si hiciéramos el amor más a menudo».

«Sabías que tenía una entrevista de trabajo, pero no me has llamado para desearme suerte».

«Si fueras más agradable conmigo quizás no tendría que beber».

---

15. Howard Halpern, *Cutting Loose: An Adult Guide to Coming to Terms with Your Parents* (N.Y.: Simon & Schuster, 1977, p. 53; Bantam edición de bolsillo, 1978, p. 40).

«Trabajo mucho durante todo el día y ni siquiera eres capaz de tener la cena preparada a tiempo».

«Deja de gritarme. Vuelvo a tener dolores en el pecho».

«Que te diviertas. De todas formas, nunca hacemos nada juntos».

«Si hubieras estado dispuesta a mudarte, ahora sería vicepresidente».

«Si te importara, no me hubieras tenido esperando bajo la lluvia. Seguramente cogeré una neumonía».

«Me alegra que, al menos uno de nosotros, esté contento con los planes de las vacaciones».

«Claro que los niños tienen problemas. Nunca pasas tiempo con ellos».

«Todo el mundo ha llamado para saber cómo había ido la operación de mi padre».

«El doctor ha dicho que me estás provocando un ataque de nervios».

Casi todo el mundo alguna vez ha enviado o recibido dichos mensajes, pero, cuando son un tema constante en la relación, expresan lo siguiente: «Soy bueno y tú eres malo. Yo soy la víctima y tú eres el perseguidor. Y, puesto que me hieres, debes ser amable conmigo». Cuando este tema se convierte en parte del conflicto entre sus deseos para mantener o romper la relación, la provocación de culpa puede ser un arma de megatón en el arsenal del Hambre de cariño. El provocador de la culpa está diciendo o dando a entender: «Si me dejas, me destrozarás (no tendré nada por lo que vivir, estaré eternamente solo e infeliz, me acurrucaré y moriré, me suicidaré, etc.) y todo será culpa tuya. Después de todo lo que he hecho por ti, después de todo lo que hemos compartido y planeado, después de haber dependido de ti —¿cómo puedes hacerme esto?». E incluso cuando se dice esto en el contexto de una relación terrible, infeliz y destructiva, dicha acusación puede hacer que el cónyuge acusado se quede bloqueado en ese punto. De hecho, puede quedarse bloqueado a causa de sus propias necesidades de Hambre de cariño, de sus propios miedos de abandonar la relación y, por lo tanto, puede inventar razones para quedarse. En otras palabras, la afirmación «No puedo ser tan ruin como para hacerle daño y traicionar su confianza» a veces puede ocultar el sentimiento del Hambre de cariño: «Me aterroriza romper».

A menudo, las dos partes utilizan la provocación de la culpa –«¿Crees que abuso de ti? Mira lo que me has hecho». Se convierte en una especie de escalada de acusaciones, una batalla en la que, para ganar, debe estar seguro de tener heridas más sangrientas que su pareja. Las personas pueden permanecer juntas indefinidamente en este juego vicioso de culpabilidades, pero el precio es la desesperación cada vez más profunda. Si usted es el martirizado provocador de culpa, debería centrarse en cómo está utilizando la culpa para controlar a su pareja y ser consciente del efecto destructivo de esta técnica en cada uno de ustedes. Sería útil que se preguntara a sí mismo por qué está utilizando esta mezquina manipulación. Una mujer, enfrentada con esta pregunta, finalmente llegó a la conclusión: «El primer motivo por lo que lo hago es que mis padres lo hicieron conmigo –ya sabes, 'Serás mi perdición'. El segundo motivo por el que utilizo la culpa es que me aferro a Bill y a veces creo que es todo lo que tengo para aferrarme».

Quizás su propia provocación de culpa haya servido para agriar la relación tanto para usted como para su pareja porque, para utilizarla, tiene que mantenerse en el poderoso pero infeliz papel de víctima. No puede ser mejor hasta que deje de utilizar las armas de acusar, culpar, hacerse daño, mostrar sus heridas, utilizar frases como «todo es culpa tuya», «si no fuera por ti», «mira lo que me has hecho», y otras técnicas varias de hacer que su pareja se sienta fatal. Reconocer que está haciendo esto para controlar a la otra persona y que está envenenando la relación puede darle el incentivo de dejar de hacerlo. Pero no será fácil parar porque lo aprendió muy pronto, porque puede ser efectivo hasta cierto punto y porque significa correr el riesgo de que la otra persona quiera estar con usted, cuidar de usted y satisfacer suficientes de sus necesidades, aunque usted no le haga sentir culpable. Cesar sus acusaciones puede mejorar la relación hasta un punto en el que no deseará dejarla, pero, incluso si no lo hace, se sentiría más libre si escogiera hacerlo porque no se verá atrapado en este intercambio recíproco de malos sentimientos que pueden estar haciendo que se sienta tan culpable como su compañero.

Si es su compañero el que está jugando el papel de «víctima» y acusándole de ser el perseguidor, compruebe lo más objetivamente posible si está siendo realmente tan terrible y dañino. Si es posible, pregunte a amigos cuya opinión le merezca un respeto. Si le señalan cosas que usted hace que comprensiblemente provocan estas acusaciones, puede trabajar para cambiar este comportamiento. Esto será mucho mejor que entrar en el juego de acusaciones haciendo recriminaciones o arrepintiéndose hasta el extremo de la sumisión. Y hay muchas posibilidades de que no esté siendo tan «malo» como su compañero provocador de la culpa hará que se sienta. Reconocer esto puede ayudarle a darse cuenta de que no tiene que permanecer en la relación si no lo desea, debido a un sentido de la culpabilidad manipulado. Y, sobre todo, es importante darse cuenta de que su pareja no tiene que desmoronarse, ser infeliz para siempre, suicidarse o lo que sea. Hasta cierto punto, dichas consecuencias serían su elección, no una inevitable consecuencia de que usted se marche. Incluso podría ser, y con frecuencia lo es, una oportunidad para una nueva y mejor vida para su pareja. Así que, mientras haya buenas razones para que se quede en la relación, el chantaje por la culpabilidad no es una de ellas.

Control a través de los celos

Es rara la persona que no siente celos. Nuestra vulnerabilidad hacia los celos se basa en dos miedos. Uno es el miedo de perder a la otra persona y esto puede ser una amenaza terrible para muchas de nuestras necesidades, incluyendo las del Hambre de cariño en las que las posibilidades de esta pérdida pueden resultar catastróficas. El segundo miedo es que si nuestra pareja tiene relaciones con otra persona significará que no somos buenos. Podemos creer fácilmente que nuestro rival es mejor que nosotros –más atractivo, seductor y digno– cuando, realmente, si no sufriéramos con las comparaciones, ¿por qué debería nuestra pareja estar interesada en esta otra persona? Los viejos sentimientos de incapacidad y de tempranas e infelices rivalidades pueden anteponerse. (Véase el capítulo 7 para una discusión más extensa sobre los celos.)

Este punto vulnerable hace posible que su compañero provoque sus celos para intensificar su compromiso con él y como una forma de hacer que usted lo valore más porque el resurgimiento de los celos cumple ambas cosas. Y su conciencia de la vulnerabilidad de su pareja posibilita que usted despierte los celos en ella como forma de intensificar su compromiso con usted y valorarle más. En consecuencia, estimular los celos puede constituir una manipulación poderosa pero peligrosa en una relación amorosa. Es peligrosa porque despierta sentimientos directamente opuestos a los que hacen una buena relación sentimental: en vez de confianza, hay desconfianza; en vez de ternura, hay rabia; en vez de amistad, hay rencor; en vez de serenidad, hay confusión. Pero, ¡Dios mío, qué efectivo puede llegar a ser! Una mujer dijo: «Cuando veo que Joe pierde interés, lo único que tengo que hacer es coquetear con cualquier otro hombre en una fiesta –o simplemente mencionar a algún antiguo novio». Y un hombre dijo: «Cuando Bea se pone de mal genio y egoísta, me las arreglo para 'trabajar hasta tarde' unas cuantas noches. Ni siquiera veo a otra mujer. Ella me hace preguntas con suspicacia, pero seguro que se pone alerta. ¿Y sabes lo que es una combinación bomba? 'Trabajar hasta tarde' y después llevar a casa regalitos».

Los juegos menores de celos pueden ser bastante inofensivos e incluso pueden enriquecer la sexualidad en la situación debido a los resultados estimulantes de lo que los sexólogos llaman el «efecto barrera». Pero puede haber consecuencias desastrosas cuando esta maniobra despierta más sentimientos negativos de los que la gente implicada puede manejar (incluso llevando a «crímenes pasionales») o cuando se utiliza para aferrarse a alguien que quiere marcharse. Una mujer de unos treinta años que se encontraba en una relación tormentosa desde hacía tres años decía:

«Sé que Ira quiere marcharse. Me lo dice muchas veces. Y, racionalmente, sé que si quiere marcharse debería dejarle. Pero no soporto pensar que se ha acabado y ser rechazada. Así que a veces no contesto al teléfono en toda la noche o dejo cajas de cerillas por ahí de restaurantes o moteles a los que nunca hemos ido y enseguida está declarándome su amor eterno. Si todo lo demás falla, sacaré el diafragma del estuche de mi botiquín».

E Ira me dijo:

«Debería haber terminado con Kate hace mucho tiempo. Nos hacemos daño el uno al otro. Y realmente no la quiero. Ya ni siquiera me gusta. Pero, cuando capto estas indirectas de que está saliendo con otro hombre, me vuelvo loco de celos. Me los imagino juntos, haciendo las cosas que hacemos, preguntándome si se lo está pasando mejor, si él es mejor sexualmente hablando y pronto siento que ella es la mujer más bella y maravillosa del mundo y que puedo perder este tesoro único y perfecto si no me espabilo rápidamente para evitar que se escape. Y, una vez siento que la tengo de nuevo, es la misma mierda de siempre».

Las palabras de Ira señalan algunas verdades muy importantes:

No tienes que amar a nadie ni siquiera tiene que gustarte alguien para estar celoso. (De hecho, puedes estar celoso de alguien que no soportas.)

Cuando estás a expensas de los celos, puede parecer que amas profundamente a la otra persona, pero puede tratarse de un engaño.

Cuando estás a expensas de los celos, idealizas a la otra persona y degradas tu propio valor y atractivo.

Los sentimientos «únicos» que suelen acompañar a los celos provienen del Hambre de cariño de la infancia en la que su Madre era la persona gratificadora más bella, maravillosa y 'única' de sus necesidades más profundas.

Los celos son una guía poco fiable de si permanecer en una relación o no.

Permanecer en una relación principalmente debido a sus propios celos o a través de la manipulación de los celos de la otra persona es una garantía de no acabar nunca con la tensión y el tormento.

El primer paso para evitar verse atrapado por sus propios celos es reconocer las verdades anteriores. Entonces puede utilizar dicho reconocimiento para ayudarse de diversas formas: dejar de engañarse y pensar que porque está celoso debe de estar enamorado, dejar de sobrevalorar a su compañero e infravalorarse a usted mismo cuando piensa que otra persona puede estar en la historia y dejar de permitir que el niño interior de su Hambre de cariño caiga en el pánico de creer que su pareja es la única persona para usted. Y también tendrá que desafiar algunas Creencias asimiladas culturalmente que pueda albergar de que es una desgracia y una humillación *para usted* si su compañero tiene relaciones con otra persona. Dichas relaciones pueden decir mucho sobre él y sobre su relación mutua, pero no son una medida de su valor o atractivo.

Si está utilizando los celos para aferrarse a una persona hacia la cual usted mismo siente muchos recelos, tiene que enfrentarse a sus razones. ¿Es una necesidad de controlar a su pareja? ¿De torturarle? ¿De ajustar cuentas? ¿De extorsionar indicios artificiales de su amor o de su vínculo? ¿Se trata del niño del Hambre de cariño en usted que está asustado de acabar la relación y, por lo tanto, está induciendo a su compañero a los celos para mantenerlo pendiente de un hilo? Ya sea usted el titiritero que provoca los celos o el títere celoso, se encuentra decepcionado en el extremo de éste u otro hilo. Si se permite ver las distorsiones del Hambre de cariño y las falsas Creencias detrás de estas manipulaciones, quizás sea capaz de soltar el hilo y darse la libertad de decidir cómo usted, como adulto capaz de decidir, se siente acerca de la relación y acerca de lo que quiere hacer con ella.

Cómo acabar con la falsedad

Una cosa que todas estas Maniobras que mantienen el vínculo tienen en común es su falsedad. Ya se ejerza el control a través del poder, la debilidad, el servilismo, la culpa o los celos, se excluyen de la relación la autenticidad y la honestidad. Si usted está utilizando dichos elementos, podría estar manteniendo a alguien en la relación con usted que no quiere estarlo y que no le ama. ¿Es esto realmente lo que quiere? Si alguien está utilizando estas maniobras con usted, sus propios puntos vulnerables están siendo explotados para evitar que sea usted mismo y que sepa lo que quiere de la relación. Hay muchos motivos para que usted recupere el control del niño hambriento de cariño dentro de usted que, a través de dichas manipulaciones o continuando con las manipulaciones de su pareja, conserve su vínculo adictivo intacto.

DSf

Somos
del Señor

archgh.org/dsf

Queridos amigos en Cristo,

Como Católicos, estamos llamados a través de Jesucristo a estar en comunión unos con otros. En este mundo dominado por el aislamiento y el individualismo, estamos destinados a unirnos como Pueblo de Fe para vivir el mensaje del Evangelio tanto cerca como lejos. Respondemos a esta llamada porque, como nos recuerda San Pablo en su Carta a los Romanos, *Somos del Señor*!

El Fondo de Servicios Diocesanos les permite a ustedes, los fieles, habilitar los 64 ministerios de la Arquidiócesis de Galveston-Houston que se realizan en su nombre. Estos ministerios, que ninguna parroquia puede lograr por sí sola, con la intencion de llevar a Cristo a aquellos que están en medio de nosotros.

Permites que los olvidados sean recordados; los hambrientos de ser alimentados; los enfermos, los encarcelados y los itinerantes sean ministrados. Ustedes proporcionan los medios para educar a nuestros jóvenes, para preparar y formar nuevos Católicos, para mantener disponible el alimento espiritual de los Sacramentos y para formar familias buenas y santas. Nos ayudas a defender la vida, a promover las vocaciones, a preparar a nuestros seminaristas y a cuidar a nuestro clero ancianos y enfermos.

Te invito a unirte a mí para apoyar a DSF y ayudar a esta Iglesia local a continuar viviendo nuestra Fe. Tenga la seguridad de mis oraciones por las abundantes bendiciones de Dios sobre usted y sus seres queridos. Me mantengo,

Sinceramente suyo en Cristo,

Daniel Cardinal DiNardo

Daniel Cardinal DiNardo
Arzobispo de Galveston-Houston

SOCIEDAD DE NUESTRA SEÑORA

La Arquidiócesis de Galveston-Houston, La Sociedad de Nuestra Señora celebra a los fieles Católicos que responden al llamado para ayudar a quienes los rodean, y generosamente donan $1,000 o más anualmente al Fondo de Servicios Diocesanos (DSF).

Como miembro, usted puede tener un tremendo impacto en quienes lo rodean, ayudar a proporcionar programas y servicios que no pueden ser logrados por una sola parroquia e inspirar a otros a hacer lo mismo.

$1,000 - $4,999	CÍRCULO DE FE
$5,000 - $9,999	CÍRCULO DE ESPERANZA
10,000 - $24,999	CÍRCULO DE CARIDAD
25,000 - $99,999	CÍRCULO DE PASTORES
$100,000 +	CÍRCULO DE MITRA

Para aprender más sobre la Sociedad de Nuestra Señora, visite ols.archgh.org

MANERAS
DE DONAR

 Dona en línea en <u>dar.archgh.org</u> o escanee aquí para donar:

 LA ARQUIDIÓCESIS DE GALVESTON-HOUSTON

1700 San Jacinto | Houston, TX 77002

11

EL HAMBRE DE CARIÑO: ¿ES BUENA O MALA?

Cuando el Hambre de cariño rige sus sentimientos y sus acciones, puede provocar poderosas reacciones corporales y emocionales que pueden superar su juicio, distorsionar sus percepciones del tiempo y de las personas y modelar sus sentimientos sobre usted mismo. Está en la base de sus vínculos adictivos con las demás personas. Esto hace que el Hambre de cariño parezca una fuerza claramente destructiva que sería mejor que intentara eliminar. Pero, ¿siempre es destructiva el Hambre de cariño? ¿Debe arrancarla de raíz? ¿Acaso no tiene un lugar válido en una relación?

En el capítulo 2, he indicado que el Hambre de cariño puede tener efectos positivos en nuestras emociones y en nuestro comportamiento. Me he referido a un experimento de Lloyd Silverman en el que la gente con fobias a los insectos reducía notablemente su miedo mirando por un taquistocopio en el que se mostraban, a intervalos y de forma subliminal, las palabras *Mamá y yo somos uno*. En otro estudio, «dos grupos de estudiantes universitarios, agrupados en función de los resultados académicos recibieron estimulación mediante un taquistocopio al principio de una clase de derecho cuatro veces por semana durante un período del curso estival de seis semanas. A un grupo se le pasó el mensaje subliminal *Mamá y yo somos uno*, mientras que al otro se le pasó el mensaje neutral *Las personas caminan*. Los estudiantes del primer grupo obtuvieron en su examen final (corregidos anónimamente) notas significativamente más altas que las de los controles (media de notas de un 90'4% y un 82'7% respectivamente)».[16] En otros estudios reflejados en el mismo artículo, el parpadeo subliminal de las palabras *Mamá y yo somos uno* tuvo efectos terapéuticos y relajantes en las fobias, obesidad, sintomatología esquizofrénica y otros desórdenes emocionales. La hipótesis del Dr. Silverman es que esta frase tiene un efecto destacable en dichas patologías por muchos motivos, entre ellos: «el cumplimiento mágico de... los deseos que brotan del primer nivel de desarrollo, especialmente deseos de gratificación oral y calor maternal»; seguridad de que Mamá no les dejará ni abandonará y una reducción en la amenaza que experimentan en las separaciones temporales porque, después de todo, *Mamá y yo somos uno*; y una fusión con la fuerza de Mamá que puede remediar mágicamente todos los defectos y daños.

Evidentemente, el Hambre de cariño puede influirnos de formas muy complejas e incluso contradictorias. Se halla en la raíz de las adicciones interpersonales que provocan que nos colguemos de relaciones autodestructivas e infelices y, sin embargo, hay evidencia de los efectos beneficiosos de satisfacer nuestra Hambre de cariño. O bien podemos obtener mucho de perseguir la gratificación de nuestro deseo primal (y posiblemente universal) de reexperimentar nuestro estado «olvidado» de temprana fusión con nuestra madre o podemos acabar destruidos por la búsqueda. No se trata realmente de una contradicción. Igual que en muchas situaciones humanas, es un problema de cómo nos tomemos las cosas. Y, sobre todo, se trata del precio que paguemos por esta gratificación que determina si, sobre todo, sus efectos serán sanos o ruinosos.

El lugar más común en el que la gente busca la gratificación

---

16. Esta cita procede de un artículo del Dr. en Filosofía Lloyd Silverman, titulado "Unconscious Symbiotic Fantasy: A Ubiquitous Therapeutic Agent", publicado en el *International Journal of Psychoanalytic Psychotherapy,* 1978-79, Volumen 7, p. 568. Informa sobre un estudio de K. Parker llamado: "The Effects of Subliminal Merging Stimuli on the Academic Performance of College Students", 1977, disertación doctoral inédita, New York University.

del Hambre de cariño es en una relación amorosa, pero no es el único. La satisfacción simbiótica también es una parte profunda de la atracción de la mayoría de las religiones. Ser «uno con Dios», o coger la sangre y el cuerpo de Jesús en su propio cuerpo, o sentir la certeza segura de que el Poder Más Alto te ama, son todo factores que satisfacen simbólicamente aspectos de este deseo simbiótico.[17] Las religiones que hacen énfasis en la idea de estar fusionadas con el universo y en estimular los estados trascendentales activan un sentimiento de vínculo con algo mayor que uno mismo. Igual hacen los rituales con grandes tradiciones, cantando y orando al unísono y la conciencia alterada que puede surgir del canto, la meditación, el ayuno, los viajes astrales y las experiencias de trance. En su capítulo de «The Search of Oneness in the Real World»,[18] Silverman y sus coautores discuten con detalle la persecución de este sentimiento de fusión en la meditación tanto religiosa como en la no religiosa, drogas que alteran el estado de la mente, vivir para el culto y el *jogging*. (Citan a un corredor que decía: «Sentí... un sentimiento intenso... Tomo el universo conmigo, me envuelvo en él y me convierto en uno»).[19]

Claramente, todas estas búsquedas proporcionan algunos efectos beneficiosos para los que participan en ellas, seguramente a través de la satisfacción del amplio e inconsciente deseo simbiótico. Estas experiencias abren camino a los sentimientos de soledad, pérdida, pequeñez y vulnerabilidad y pueden crear sentimientos de conexión, significado, serenidad y fuerza, sentimientos que pueden traducirse en un enfoque sólido y armónico de la vida. Pero todos estos campos, en función de cómo se per-

---

17. El hecho de que algunos de estos ejemplos impliquen a figuras masculinas sugiere que la persecución de la experiencia de la fusión puede ser a menudo un deseo de fusión con el Padre y que su objeto no siempre es la Madre o no simplemente se transfiere de la Madre a las figuras masculinas. Es evidente que las observaciones psicodinámicas, tanto de hombres y mujeres, en psicoterapia apoyan la presencia de un deseo frecuente y poderoso de fusión con el padre.

18. Silverman, et al.,*op. cit.*, capítulo 6.

19. Sheenan, *Running and Being* (N.Y.: Simon & Schuster, 1978), págs. 227, 229.

siguen y el precio que se paga, también pueden llevar a un agobio emocional. Por ejemplo, una persona puede obtener gran consuelo y seguridad en su religión sintiéndose uno con Dios, sus correligionarios y una antigua tradición. Pero, si dicho consuelo es el precio a pagar por una visión muy estrecha, una reducción de su capacidad de pensar por sí mismo o un desprecio y odio hacia las personas con distintas creencias o comportamiento, entonces el coste es muy elevado y los efectos destructivos podrían superar a los constructivos. Cada persona debe sopesar la compensación para sí mismo. Vemos esto en el caso extremo de los grupos religiosos que se convierten en cultos. No hay duda de que Jim Jones satisfizo las necesidades de Hambre de cariño de sus seguidores, permitiéndoles someterse y *unirse* a su poder y recibir la fuerza, alegría y armonía de dicha unión. Pero esta misma conexión del Hambre de cariño, al destruir su creencia en la opinión y sabiduría de sus seres individuales, les condujo a rendirse a su mandato de morir, quizás en búsqueda de una fusión todavía más completa a través de la muerte.

Podríamos señalar un punto similar sobre las experiencias con drogas que alteran el estado de la mente. Muchas personas hablan de experiencias cósmicas, sentimientos de la disolución de los lazos de su cuerpo y un sentido de fusión con el universo en estados inducidos por las drogas, especialmente con drogas alucinógenas. Otros disfrutan de un sentido de felicidad, facilidad y serenidad que puede recuperar sentimientos del primer estado simbiótico. Muchos consideran sus experiencias con las drogas como acontecimientos beneficiosos y transformadores de sus vidas. Algunos participantes en un programa experimental de terapia con LSD lo consideran como la terapia más efectiva de varios tipos que nunca hayan experimentado. Pero, evidentemente, cuando el uso incontrolado o el abuso de dichas sustancias conduce a la dependencia, al deterioro físico, a daños en la mente y a disminución de la motivación para tratar de forma efectiva la propia vida, el coste decanta peligrosamente la gratificación del Hambre de cariño obtenida.

Incluso correr, que posee muchos beneficios emocionales y físicos, tiene sus peligros, especialmente cuando se emprende con imprudencia o se abusa de ello. Puede llevar a serios problemas ortopédicos e incluso puede precipitar el ataque de corazón que se supone que previene. Y puede convertirse en algo adictivo por sí mismo. He visto a gente obsesionarse tanto con correr y sentirse tan incómodos y ansiosos si pierden una sesión que habían planificado que la actividad empieza a interferir con otros aspectos importantes de la vida. Quizás por el estado mental de alteración que produce, el movimiento rítmico, la armonía espiritual con todo lo que hay alrededor de ellos, algunos corredores dicen que puede proporcionar un alivio tan grande de los sentimientos de euforia (sentimientos que son parecidos a la simbiosis original) que la búsqueda de esta experiencia gratificante puede convertirse en una obsesión.

Del mismo modo, una relación importante e íntima con otra persona, puesto que aproxima de cercanía individual de la interacción de la madre y el niño (a menudo implica intimidad física y suele haber conexiones emocionales intensas), puede ser la forma más profunda y preciosa de gratificar la necesidad de fusión que conocen la mayoría de personas. Ya se le llame relación amorosa, compromiso principal, enamoramiento o familiaridad afectiva, tiene el potencial de satisfacer deseos que surgen de muchos niveles distintos: las necesidades prácticas que se satisfacen mejor cuando las personas colaboran, las alegrías especiales de las experiencias compartidas, los placeres del amor maduro, el crecimiento personal que conceden el cuidado y la atención y *la gratificación del Hambre de cariño*. Cuando dichas necesidades del Hambre de cariño se satisfacen, normalmente uno se siente bien y la mayoría de las personas experimentan una gran felicidad, fuerza, confianza y salud siempre que el precio emocional que paguen no sobrepase los beneficios obtenidos.

Si se pregunta si acabar determinada relación es lo mejor que puede hacer, uno de los factores más importantes que debe considerar es si el coste en términos de respeto por sí mismo, crecimiento personal y satisfacción general vale la gratificación de las necesidades de cariño tempranas que proporciona. ¿Cómo se determina este equilibrio a menudo frágil? ¿Cuándo es demasiado elevado el coste? ¿Cómo se sabe cuándo el coste es tan elevado y tan inmutable que lo mejor que puede hacer es romper con la relación? Aunque esta decisión es un asunto complejo e individual, hay, como veremos, algunas directrices.

12

¿*Debería Acabar con la Relación*?

«A veces estoy completamente seguro de que debería acabar la relación. De hecho, a veces parece ser la única cosa razonable que puedo hacer. Y otras veces siento que acabarla sería una locura –que me da mucho y que no quiero echarla a perder. Lo peor es no ser capaz de decidirme».

Decidir si romper o no la relación implica factores que son emocionalmente poderosos, muy complejos y totalmente subjetivos. Normalmente no hay nada «mejor» que pueda hacerse y que se defina claramente o se identifique con facilidad. Mientras trata de decidirse, es posible que se sienta atrapado entre dos peligros opuestos pero igualmente destructivos. Uno es el peligro inherente al escoger permanecer en una relación infeliz, poco saludable y restrictiva. Ya hemos discutido este peligro con más detalle. Pero también debe reconocerse que puede provocar mucho daño tanto a su compañero como a usted mismo eligiendo acabar una relación impulsiva o prematuramente porque ha encontrado fallos decepcionantes en la relación que no satisfacen sus expectativas, expectativas que pueden haber sido poco realistas al principio.

Estos peligros opuestos convierten el proceso de decisión de si acabar una relación en algo que debe hacerse con mucha paciencia, búsqueda espiritual y honestidad –y sopesando juiciosamente todos los aspectos prácticos y emocionales involucrados.

Hay dos cuestiones especialmente importantes que debe tener en cuenta para analizar lo más objetivamente posible antes de decidir cómo continuar con la relación:

1. ¿Los beneficios que derivan de esta relación superan los costes o viceversa?

2. ¿Mis necesidades narcisistas e infantiles y expectativas me empujan a romper la relación por los motivos negativos?

Estas cuestiones son tan cruciales para su proceso de tomar decisiones que será útil aproximarse uno al otro sistemáticamente.

UN ANÁLISIS DE LOS BENEFICIOS/COSTES

No importa lo buena que sea una relación, siempre supone unos costes –incluso si el coste sólo es la pérdida de algunos grados de libertad que siempre deben acompañar a una relación. Y no importa lo mala que sea una relación, siempre se derivan algunos beneficios. Básicamente, la cuestión de si es mejor que usted permanezca en la relación o deje a su compañero depende de su evaluación de si los beneficios de estar con él desequilibran enormemente los costes o si el precio que paga es demasiado alto por los aspectos positivos que se derivan. Pero, cuando usted está en un estado de confusión en una relación amorosa, es probable que sus pensamientos y sentimientos se mezclen y hagan difícil evaluar claramente simplemente lo que la relación le proporciona, dónde falla y dónde puede herirle. Estaría bien que pudiera hacer un balance en el que añadir los más y los menos y llegar a una respuesta tan definitiva como la última línea de un libro de contabilidad, pero no es posible en la compleja área de las emociones humanas. Así que, mientras el siguiente inventario de autoevaluación de las satisfacciones de su relación no esté diseñado para darle una respuesta cuantificable en referencia a las acciones que debería llevar a cabo, será de ayuda pensar más claramente sobre la relación y valorar dónde está satisfecho y dónde no lo está. Está diseñado para ayudarle a realizar un análisis más objetivo de los beneficios y los costes de la relación. Quizás sea

134

útil comprobar, al menos mentalmente, lo que es su evaluación de las siguientes e importantes dimensiones:

SATISFACCIONES DE LA RELACIÓN

MUY ALTO	ALTO	REGULAR	BAJO	MUY BAJO

1. Satisfacción emocional general
2. Comunicación
3. Compañerismo
4. Compartir intereses
5. Apoyo práctico
6. Apoyo emocional
7. Apoyo de crecimiento
8. Sentirme querido por mi pareja
9. Sentir amor hacia mi pareja
10. Sentirme respetado por mi pareja
11. Sentir respeto por mi pareja
12. Sentir confianza en mi pareja
13. Ofrecer confianza a mi pareja
14. Sentirme cuidado por mi pareja
15. Sentir ganas de cuidar a mi pareja
16. Diversión
17. Calor
18. Satisfacción sexual
19. Sentimiento de autoestima en la relación
20. Deseo de pasar tiempo con mi pareja

Cuando haya realizado estas estadísticas, revíselas. ¿Ha sido totalmente honesto? Si no, haga los cambios que reflejen con más precisión sus sentimientos. Después observe las áreas de más satisfacción. ¿Hay más que áreas de insatisfacción? ¿O al contrario? El *número* de áreas de satisfacción o insatisfacción puede no ser tan importante como lo importante que un área en concreto sea para usted. Por ejemplo, asumamos que el área sexual *no* es de mucha importancia para usted; entonces, el hecho de que valore su satisfacción de forma baja le dará poco peso a la parte del «coste» contra otras satisfacciones derivadas, o el hecho de que valore su satisfacción sexual con su compañero de forma tan alta puede ser insignificante cuando se sopese contra la insatisfacción en áreas

135

considera más cruciales. Pero, si la satisfacción sexual es un
a que valora altamente, ser sexualmente infeliz con su pareja
iede sobrepasar muchos otros aspectos positivos, y estar muy
satisfecho sexualmente puede sobrepasar muchos aspectos negativos. El hecho de sopesar estas áreas es único para cada persona,
y mientras que sólo usted puede deacabar la importancia de cualquier área para su propia felicidad, la observación del cuadro
total desde una perspectiva más objetiva puede llevarle a cuestionar si sobrevalora algunas áreas y subvalora otras, quizás de forma
que se oponga a sus mejores intereses.

Para redondear este resumen de sus satisfacciones e insatisfacciones, considere si hay algunas áreas importantes no incluidas
en el Inventario de satisfacciones de la relación. Pregúntese a sí
mismo: «¿Qué me gusta más y de qué disfruto más y valoro de mi
compañero? ¿Qué me desagrada más? ¿Qué me hace más feliz y
satisfecho de la relación? ¿Qué me hace más infeliz? ¿Cómo me
ayuda la relación a crecer y cómo me aleja?».

Utilice todo esto –las estadísticas, la valoración subjetiva de
dichas estadísticas, su respuesta a dichas preguntas– para darle un
sentido agudizado de las satisfacciones e insatisfacciones que
tiene en la relación. Imagine estas satisfacciones e insatisfacciones
como si estuvieran en una balanza y observe hacia qué lado se
decanta dicha balanza. Si se inclina claramente hacia las insatisfacciones, entonces tiene que tratar los motivos que le hacen
quedarse (¿Consideraciones prácticas? ¿Creencias? ¿El enamoramiento? ¿El Hambre de cariño?). Si se inclina claramente hacia
las satisfacciones, entonces debe preguntarse a sí mismo por qué
desea marcharse (más adelante, proporcionaremos más informa-
ción sobre este último punto). Para analizar estas preguntas más
profusamente, observemos cómo sus análisis de beneficios/costes
se verán influidos por si la relación es un vínculo de cariño con
enamoramiento o no.

Vínculo con enamoramiento

Cuando el enamoramiento es parte del vínculo con otra persona,
añade enorme intensidad al Hambre de cariño. Cuando se encuentra «en período de enamoramiento», está agradable o dolo-

rosamente encantado por pensamientos hacia la otra persona, y es probable que sus emociones oscilen del éxtasis a la desesperación, y la espera de una unión con el objeto de su encaprichamiento puede convertirse en el centro de su vida. ¿Es un estado de la mente bueno o malo? ¿Añade algo a su vida o le resta valor? Las personas que han pasado por dichos sentimientos difieren enormemente en sus puntos de vista de estas cuestiones. Un hombre de treinta y cinco años dijo:

> «El dolor es insoportable… Llevo semanas sin dormir ni una noche y en este momento podría decir que daría cualquier cosa para que el dolor desapareciera, sólo por olvidarla. Pero sé que si me dieran una poción mágica y me dijeran: 'Bebe esto y el deseo desaparecerá, la terrible tortura, la depresión y el odio hacia uno mismo, esa asquerosa necesidad, pero no volverás a experimentar el delirio, el sentimiento de entusiasmo, la sensación de estar absolutamente vivo que tienes cuando estás felizmente enamorado', no bebería la poción. No querría vivir sin eso».

Otras personas, en la posición de este hombre, dirían todo lo contrario –que de buena gana detendrían la alegría intensa para librarse del dolor y del ansia. Una mujer de cuarenta y pico dijo:

> «No creo que nunca más pueda necesitar a nadie de esta forma 'No puedo vivir sin ti'. Había muchos buenos momentos, pero los malos eran horribles. Nunca tuve la sensación de controlar mi vida. Quizás ahora sea más aburrido y menos excitante, pero mis relaciones son amigables y sanas y no son el centro de todo… ¡Qué alivio!».

Seguramente tiene su propia opinión respecto al efecto del enamoramiento. Los profesionales del campo mental también se debaten entre si es un estado saludable o no. Pero, si usted es ambivalente acerca de permanecer en una relación en la que pasa por el período de enamoramiento pero que le perturba, la cuestión, como siempre, es: ¿Cuáles son los costes respecto a las gratificaciones que obtiene? Algunos ejemplos ilustrarán las complejidades que implica realizar dicho juicio.

Donna se casó cuando tenía veintidós años. Tres años más tarde, mientras se encontraba en unos grandes almacenes, un hombre le preguntó si por favor le aconsejaría para un regalo que estaba comprando para su mujer. Le excitaba todo de él: la frialdad de sus ojos azules, el hoyuelo de la barbilla, las ropas que llevaba, su forma de caminar, su risa, todo. Ella y Mark empezaron una relación poco después de su primer encuentro y el entusiasmo y alegría de estar con él, los pensamientos constantes sobre él cuando no estaban juntos le llevaron a la conclusión de que su matrimonio había sido una equivocación. Después de todo, nunca había estado tan eufóricamente obsesionada por su marido. Mark se convirtió en el interés central –casi el único– de su vida. Salían irregularmente, según un horario totalmente establecido por él. Mark era muy cariñoso, muy atento y muy apasionado cuando estaban juntos, pero le dijo clara y directamente que no tenía intención de dejar a su mujer e hijo ni ahora ni en el futuro. También encontró que prefería que mantuviera las cosas superficiales, que nunca estaba allí cuando ella estaba enferma o le necesitaba y que, si ella parecía deprimida o enfadada por el estado de su relación, para terror de ella, él sugería galantemente que acabaran la relación. A pesar de las claras limitaciones de ésta, Donna se concentraba en los pequeños detalles, como en que él la llamaba cuando estaba fuera de viaje para alimentar sus esperanzas de una relación más completa.

La vida de Donna se reducía a su preocupación por Mark. Su matrimonio estaba muerto, sus amigos estaban hartos de oír hablar de sus esfuerzos penosos con Mark y empezaron a evitarla, su trabajo se resentía y siempre estaba cansada y enferma de un dolor u otro. Sin embargo, dentro de toda su infelicidad, dentro de toda su conciencia racional de la desesperanza de su situación, seguía sintiéndose atraída y excitada por los ojos azules, el hoyuelo de su barbilla, la forma en que caminaba, su risa, su cuerpo y la forma en que le hacía el amor. Estaba convencida de que no habría ningún otro hombre en el mundo que pudiera hacer que se sintiera del mismo modo. Así que se colgó de la relación, aunque ésta estaba devorando otros aspectos de su vida. Claramente, el coste de este vínculo basado en el enamoramiento era, según cualquier estándar, demasiado alto. Incluso Donna estaba de acuerdo con esto. Deseaba poder desarrollar la fuerza y el coraje de romperlo.

Por otra parte, tenemos la relación de Carole con Jack. «La inclinación de sus hombros y la curva de su espalda puede ocupar mis fantasías y atraer mis sentimientos hacia él como un imán.

Cuando pienso en dejarle, viene a mi mente la sensibilidad de su rostro y la vulnerabilidad de mis sentimientos.» Las frustraciones que a menudo hacen que Carole considere la idea de dejar a Jack tenían que ver con el hecho de estar tan implicado consigo mismo que se encerraba y no tendría lugar para ella, que se desapegaría emocionalmente y desaparecería de su vida por un largo período de tiempo. En unas cuantas ocasiones, Carole se separó breve-mente de él, pero, cuando sopesó que obtenía de Jack el precio que estaba pagando, decidió que la relación, globalmente, valía el coste emocional.

«No soporto cuando él se encierra en su caparazón, pero no soy tan masoquista como para permanecer en la relación sin obtener nada a cambio. Por un motivo, estoy profundamente enamorada de él y es fantástico sentirse así hacia alguien. Pero ni siquiera esto es suficiente para mantenerme en la relación. Lo más importante es que, cuando le necesito de verdad, está ahí: es amable y decidido. Así que, en vez de dejarle, estoy intentando buscar formas para no sufrir cuando tenga accesos de encierro y concentrarme exclusiva-mente en mis asuntos hasta que él salga de su encierro».

He aquí el caso de dos mujeres, ambas sufriendo enamora-miento hacia sus hombres, las dos infelices sobre algunos aspectos de la relación, aunque llegan a conclusiones distintas. Donna sabía que el coste de su relación con Mark era demasiado alto con res-pecto a las gratificaciones que obtenía, a pesar de que le llevó varios años de sufrimiento llegar a abandonarle. Carole también experi-mentó dolor en su vínculo con Jack, pero decidió que, globalmen-te, se trataba de una relación valiosa y resolvió mantenerla. Sólo usted puede decidir, si está unido de este modo a otra persona, si lo que obtiene vale el coste emocional y práctico. Puesto que el ena-moramiento puede ser cegador, puede ser útil tener en cuenta el punto de vista de los amigos que ven la escena global. Además de hacer balance, de los aspectos positivos y placeres de una parte y los efectos negativos en sus emociones y su vida de la otra, también debería considerar estas cuestiones lo más honestamente posible:

¿Qué me da esta relación que me hace sentir tan bien? ¿Por qué tiene tanto valor para mí?

¿Qué efecto tiene la relación en la confianza en mí mismo? ¿En mi felicidad cotidiana?

¿Esta relación tiende a hacerme sentir deprimido? ¿Preocupado? ¿Tenso? ¿Afecta a mi salud? ¿A mi sueño?

¿Esta relación fortalece o desvirtúa mi habilidad de trabajar con efectividad? ¿De concentrarme? ¿De ser efectivo?

¿Hace mi vida y mi visión de ella más amplia o la reduce? ¿Interfiere en las relaciones con mis amigos? ¿Con que yo desarrolle nuevas amistades? ¿Con que yo persiga mis intereses y mis objetivos?

Aunque el balance indique un coste altamente elevado por los beneficios emocionales que los sentimientos de enamoramiento le dan, puede que siga encontrando difícil decidir si debe acabar la relación, intentar mejorarla o dejarla como es. Pero, incluso si decidió acabarla, puede ser extremadamente difícil ir contra estos sentimientos. Así que es importante reconocer que, aunque el enamoramiento puede ser uno de los placeres emocionales más grandes, hay algunos peligros considerables:

1. Hasta el punto que el enamoramiento le hace idealizar a la otra persona y le impide ver sus defectos, le puede hacer sentir poco digno de él y, por consiguiente, puede atraer gran infelicidad dentro de la relación y llevarle a resignarse a una relación que no se merece.

2. Su temor de ahuyentar a esta persona maravillosa puede conducirle a evitar el tipo de confrontaciones y compromisos que suelen ser necesarios para el desarrollo de una relación mutua y verdadera.

3. Quizás tienda a olvidar, si alguna vez lo supo, que, para construir y mantener una relación positiva y satisfactoria, no es suficiente con el *enamoramiento*.

Vínculo sin enamoramiento

Lillian y Andrew llevaban 7 años «saliendo juntos». Esto significaba que pasaban los fines de semana y, al menos una noche a la semana, en casa de él o de ella y que ninguno de ellos salía con nadie más. «Me gusta mucho Andy y yo le gusto a él. Es cómodo para los dos… No puedo decir que haya sentido una gran pasión por él, o que desee enormemente tocarle o piense en acostarme con él, pero decididamente le echo de menos si sucede algo y no podemos estar juntos…» Lillian se estaba planteando acabar su relación con Andy. «Quiero que nos casemos. Quiero vivir con él y que construyamos una vida juntos. Y quiero tener hijos, al menos un hijo. No me quedan muchos años para tener hijos y me he pasado siete con Andy, que no cesa de decirme que le gustan las cosas como están y que no ve el matrimonio y los hijos dentro de su vida…»

El deseo de Lillian de casarse era bastante real, aunque ella admitió alguna ambivalencia. Y estaba claro, durante las muchas discusiones y peleas con Andy, él se mantenía firme en su posición. Durante seis de los siete años con Andy estuvo seriamente pensando en dejarle. Hacía y deshacía esta decisión, le decía que habían acabado y volvía con él. A pesar de su frustración debido a sus diferencias básicas y a pesar de su ausencia de enamoramiento, Lillian estaba tan colgada de Andy como cualquier romántica locamente enamorada.

Cuando Lillian expresaba las razones por las que permanecía en la relación eran afirmaciones del tipo:

«Andy se ha convertido como en alguien de la familia. Aguardo con ansia la noche para hablarle de todos esos pequeños detalles cotidianos en los que nadie más estaría interesado».

«Nos conocemos tan bien. A menudo sabe cómo me siento y lo que quiero sin preguntarme».

«Está allí. Con todos los cambios que se han sucedido en mi vida en los últimos siete años, él es la única constante».

«Me acepta como soy. ¿Cómo puedo saber si otra persona lo hará?».

«A veces, estoy deseando estar enamorada. Pero sé que solamente me enamoro de hombres que no me quieren y se convierte en un infierno».

«No hay garantía de que pueda encontrar a alguien con quien quiera casarme y tener un hijo. No me quedan tantos años para tener un hijo».

«Me horroriza volver a quedar con alguien. Ha pasado tanto tiempo. Y odio la simple escena... Tengo fantasías sexuales con otros hombres, pero la realidad me asusta. Me hago consciente de sentimientos de odio hacia mi cuerpo y de que siento vergüenza de éste».

«No podría soportar volver a estar sola, sin nadie que se preocupe de lo que me ocurre. Y quizás nunca nadie vuelva a hacerlo».

«Si dentro de cinco años estoy en la misma situación y he perdido la oportunidad de tener un hijo, me odiaré. Pero, ¿y si le dejo y dentro de cinco años no tengo marido, ni hijo ni Andy?».

¿Cuáles son las recompensas emocionales que Lillian obtiene de su profundo vínculo sin enamoramiento con Andy? Hay familiaridad, continuidad, cuidado, comodidad y ambos comparten aspectos de su vida. No hay beneficios pequeños. ¿Y el coste? Hay ausencia de excitación (lo que no parece muy importante para Lillian) y sus deseos de matrimonio y maternidad no se ven satisfechos (lo que ella dice que le resulta muy importante). ¿Quién más que Lillian puede evaluar su propio sistema de Creencias hasta el valor y significado del matrimonio para ella? ¿Quién puede sopesar los beneficios y costes de permanecer con Andy o dejarle? Sólo Lillian puede sopesar cuidadosamente estos factores emocionales intangibles.

Pero sería de ayuda para Lillian, con el fin de que tomara la mejor decisión, que sus pensamientos y sentimientos estuvieran ambos libres de las presiones de un sistema de Creencias no analizado (una mujer debe casarse, debe tener un hijo para sentirse realizada) y de las distorsiones que el Hambre de cariño conlleva. Hay una posibilidad muy real de que ella no encuentre a nadie más para casarse y tener un hijo, especialmente con su reloj biológico corriendo fuera de tiempo. Y probablemente encontrará algún rechazo y quizás esté muy sola. Pero no hay nada en el aspecto o personalidad de Lillian que sea tan poco atractivo como para que sea posible que *siempre* la rechacen o esté sola para *siempre*. No hay ninguna buena razón para que ella crea que Andy es la única persona en este mundo que puede aceptarla tal como es, que quiere estar con ella, que quiere conocer los acontecimientos diarios de su vida o que se preocupa por ella. Estas nociones y la terrible inseguridad, vergüenza y ansiedad que las acompañan, surgen en gran parte del Hambre de cariño y pueden interferir para que Lillian tome la decisión más constructiva que pueda tomar.

Para Lillian, sopesar los beneficios y los costes de permanecer con Andy era especialmente difícil porque obtenía muchas cosas positivas de la relación y le gustaba y disfrutaba con Andy. Pero conozco gente que experimenta fuertes vínculos sin enamoramiento con compañeros de los que obtienen muy poco, compañeros que los tratan mal, que no les gustan o con los que no se divierten. A veces, se observa esto notablemente en personas mayores que llevan muchos años juntas y conviven con un odio desmesurado, riñendo por todo, criticándolo todo, incansablemente amargados. A pesar de los años de familiaridad, de costumbre y de historia compartida, las necesidades crecientes de seguridad y el miedo de estar solo que normalmente acompaña a la edad, y un permanente sentido de compromiso suelen evitar que nunca barajen la posibilidad seria de abandonar al otro. Pero se observa la misma parálisis en gente más joven, que, en realidad, pueden ser bastante autosuficientes y activas y que cuentan con suficiente tiempo por delante para construir nuevas relaciones y crear una vida nueva. Es como si las necesidades del Hambre de cariño de fusión y de seguridad tomaran el control. Su supervivencia, identidad, integridad y autoestima se cubren con una venda al mantener esta conexión sin enamoramiento. Y esto suele verse reforzado por Creencias tanto en el ámbito personal (Soy feo, No soy deseable, etc.) como en el ámbito social (uno siempre debería tener una relación íntima, cualquier relación puede mejorarse, vale más pájaro en mano que ciento volando, acabar una relación es signo de debilidad, no tener ninguna relación es ser un perdedor, uno no debería herir nunca los sentimientos de otra persona, etc.).

Igual que con personas que están colgadas por el enamoramiento, si se encuentra atrapado en un vínculo sin enamoramiento, también tendrá que efectuar un análisis de costes y beneficios si tiene que determinar si lo que obtiene de la relación vale su precio. Y tendrá que ser implacablemente honesto consigo mismo. Tendrá que ser honesto acerca de lo que obtiene y no obtiene de la relación en todos sus aspectos: emocionalmente, materialmente, sexualmente. Sería útil enfrentarse a preguntas como: ¿Cuáles son sus gratificaciones? ¿Obtengo cuidados? ¿Apoyo? ¿Comparto? ¿Me divierto? ¿Me ayuda a crecer y a sentirme bien conmigo mismo? ¿Es frustrante? ¿Deprimente? ¿Dolorosa? Y después, tras el balance, cuando evalúe las pérdidas y los riesgos con los que se enfrentará si decide dejarlo, tenga presente que normalmente la naturaleza de los vínculos sin enamoramiento es lo que le hacen subestimar su capacidad de triunfar en la vida. Puesto que el Hambre de cariño es un estado engendrado en la infancia, es posible que distorsione la visión de la realidad y se sienta como un niño inadaptado en un mundo demasiado difícil para que usted se las apañe sin una persona especial. Y ello puede causarle que distorsione el balance de costes y beneficios de la relación y evite que rompa con una atadura destructiva.

ANÁLISIS CENTRADO EN UNO MISMO

Un análisis de costes y beneficios de algo tan complejo y humano como una relación amorosa sólo puede servir como una directriz, como una estructura para ayudarle a examinar la relación y los grados variables y niveles de gratificación e insatisfacción. Complicar más el proceso de toma de decisiones, incluso si dicho análisis muestra un fuerte peso hacia la infelicidad, no significa necesariamente que acabarla sería lo mejor que se podría hacer. También tendrá que determinar si dicha infelicidad es el resultado del fracaso de la relación hacia satisfacer sus expectativas *legítimas* de una relación amorosa o si su baremo de las *frustraciones comunes* de una interacción íntima es demasiado bajo. Y tendrá que cuestionarse si sus expectativas de que la otra persona siempre satisfaga sus necesidades son demasiado altas o su tendencia a acabar algo cuando se convierte en difícil o inconveniente es demasiado alta. No es una determinación fácil de tomar, no sólo porque implica una honesta autovaloración, sino debido a la opinión general de nuestros tiempos.

Estamos viviendo en lo que se ha llamado la era del narcisismo. Como reacción a generaciones de subordinación sofocante de inclinaciones personales a estructuras prescritas, tales como expectativas de papeles maritales y de familia, ha habido una tormenta de justa autoafirmación. Gran parte de ésta ha sido un saludable contrapunto a las viejas y a menudo irracionales y destructivas limitaciones. Nos ha permitido disfrutar de más libertad y nos ha permitido ver un horizonte más amplio.

Pero también ha originado sus propios problemas. El significado de la autorrealización,[20] un concepto valioso que nos incita a perseguir el cumplimiento de nuestras capacidades de ser personas creativas, conscientes y cariñosas, a menudo se ha transformado en un egoísmo limitado y egocéntrico. El hombre ha distorsionado lo que Althea Horner ha llamado el *culto del yo*. «Su máxima, 'si te apetece, hazlo', sugiere un rechazo de asuntos legítimos de conciencia y preocupación por los demás. Los valores humanos que tienen que ver con lo que es moral o ético o incluso simplemente decente se consideran irrelevantes y representativos de fuerzas tempranas represivas en la vida de un individuo… En realidad, 'hacer la suya', otra máxima de los que predican y practican el *culto del yo*, a veces implica que la otra persona no cuenta. No hay ningún título de libro que exprese éste y otros dogmas del culto del yo más sucintamente que *Looking Out for Number One*.»[21]

En esta era narcisista, se da demasiada licencia para acabar con impunidad, incluso con felicitaciones, un compromiso íntimo e importante tan pronto como «uno deja de sentirse bien». Esta aceptación social creciente ha sido un desarrollo muy liberador para los que se encontraban atrapados en una relación verdaderamente destructiva. Puesto que hemos visto que muchas veces estamos gobernados y controlados por sentimientos poderosos del Hambre de cariño, es importante que observemos que hay otro aspecto de esos sentimientos infantiles tras el simple deseo de vincularse y colgarse. El niño quiere vincularse a la persona maternal *perfecta* que le *hace sentir bien todo el tiempo* y se enfada cuando dicha persona no es perfecta y no satisface perfectamente sus necesidades. La aceptación actual social creciente de la ruptura de las relaciones puede proporcionar a ese niño pequeño dentro de nosotros permiso para salir, hacer peticiones, dominar y, como un niño excéntrico, destrozar un juguete o relación que momentáneamente nos desagrada.

---

20. A. Maslow, *The Farther Reaches of Human Nature* (N.Y.: Viking, 1971).

21. Althea Horner, *Being and Loving* (N.Y.: Schocken, 1978), p. 27.

Dane es un buen ejemplo de ello. Llevaba once de sus treinta y cuatro años casado con Lois y tenían tres hijos. El negocio de contenedores plásticos que había empezado con un amigo del Instituto había funcionado muy bien y vivía cómodamente con su familia en una casa solariega de las cercanías. Durante los últimos años de su matrimonio había empezado a atacar a Lois, a quejarse y a criticar –los niños estaban todo el tiempo encima de él cuando se encontraba en casa, no los hacía mantener en silencio lo suficiente, por las noches se la veía preocupada y mustia. Nunca se lo había dicho a Lois, pero las estrías de sus embarazos y la cicatriz de una cesárea se habían convertido en casi lo único que veía cuando miraba su cuerpo. En los primeros años de su matrimonio, las diferencias de algunos de sus intereses no le molestaban, pero ahora hacían que la despreciara. A él le encantaba ser activo –esquiar, montar a caballo, hacer submarinismo y bailar en discotecas. Lois era más sedentaria, le gustaban los teatros, los museos, las cenas con los amigos y, sobre todo, los momentos de relajación en casa con los niños y Dane. Solían capear estas diferencias yendo juntos a veces y, otras, yendo separados según sus preferencias. Pero ahora las exigencias de Lois de que pasaran el tiempo tranquilamente cada vez irritaban más a Dane casi hasta el punto de la ira. Y, en un incidente que nunca olvidarían, la lentitud de ella en dominar un movimiento de esquí desencadenó tal abuso y ridículo por parte de él que Lois se quitó los esquís y se negó a ir más con él. Dane se dio cuenta de que la mayor parte del tiempo odiaba a Lois.

Entonces Dane conoció a Sandy un fin de semana de esquí y ella parecía personificar todo lo que Lois no era, todo lo que él quería ahora. Sandy no había tenido hijos y su cuerpo no estaba dado ni tenía marcas. No quería tener hijos y no entendía a la gente que sí quería. Valoraba su libertad. Trabajaba para una importante empresa de cosméticos y siempre estaba perfectamente arreglada. Y le encantaban las actividades al aire libre. Dane tenía un caballo muy fogoso que era difícil de domar. Después de un día de montar juntos, exclamó entusiasmado: «Ella es la única persona aparte de mí que puede montar mi caballo». Al cabo de tres meses de conocer a Sandy, Dane dejó a Lois.

Hay muchos modos de mirar esta ruptura matrimonial. Podemos observarlo como el crecimiento paralelo de dos personas con necesidades e intereses distintos, algo triste que sucede con bastante frecuencia. Lo podemos ver como que Dane desarrolla una crisis de sus treinta y pico: Tras tener éxito en su negocio y en establecer una familia y una casa, empezó a sentirse inquieto y a cuestionarse dónde le estaba llevando su vida y lo que quería ahora. Podemos verlo como una función de Lois como demasiado inmersa en su papel de madre para hacer justicia a su papel como compañera. Y podemos preguntarnos, si todo esto es cierto, ¿por qué no separarse? Si ahora están en diferentes lugares de la vida con distintas necesidades e intereses, ¿por qué permanecer juntos? Especialmente si lo miramos desde la perspectiva de Dane, ¿qué hay en él para que permanezca en un matrimonio con una mujer con la que ahora siente que tiene muy poco en común, que ya no le excita, a la que aborrece?

Quizás nunca haya suficiente en ella para que valga la pena continuar la relación, *pero puede haberlo*. Primero, hay el valor evidente de mantener la familia intacta, especialmente cuando los hijos son jóvenes. Por sí misma, no hay motivo suficiente para que permanezca. Todos conocemos demasiados ejemplos de parejas que permanecen juntas «por el bien de los niños» y hemos visto cómo el odio entre ellos ha creado un entorno más destructivo para esos niños de lo que una separación podría causar. Pero la relación de Dane con los niños que ayudó a crear y a los que se supone que ama podría formar parte de una compleja red de motivos que podrían convertir en muy valioso que él se quedara. Esta compleja red de motivos se centra en *la posibilidad de que, marchándose precipitadamente, pierda la oportunidad de convertirse en una persona más plena, rica y madura*. En el momento en que él está actuando en función de las necesidades y exigencias del niño o infante dentro de él, está evitando esta posibilidad de crecimiento. Este niño en Dane y en todos nosotros sólo quiere una cosa, la única cosa que quieren todos los niños, hacerlo todo a su manera. Esta Hambre de cariño de Dane quiere *exactamente* lo que él quiere y, si lo que obtiene no encaja con la imagen de satisfacer *plenamente* sus necesidades, entonces no le sirve. Si la otra persona encaja *perfectamente* con esta imagen, como Sandy parece hacerlo, entonces la quiere. Si la otra persona no encaja *perfectamente*, como Lois, entonces la odia. (Cuando Mamá satisface plenamente las necesidades del niño, el niño la quiere. Cuando no lo hace, la odia.) Y la imagen que Dane puede exigir de su compañero puede ser su imagen espejo. Cuando dice de Sandy con admiración: «Es la única persona que sabe montar en mi caballo», en parte está diciendo: «Ella es como yo y como yo estoy encantado conmigo mismo, estoy encantado con ella». Y, al revés: «Como Lois no es como yo, no es buena para mí y no la quiero».

Para que Dane supere su impulso de acabar con su matrimonio, primero tendrá que reconocer que hay un niño pequeño dentro de sí y que parte de su intenso desagrado por Lois y de su impulso por romper la relación y estar con Sandy proviene de ese niño pequeño. Pero, o bien Dane no pudo tolerar este doloroso reconocimiento o no tuvo la paciencia que esta autoconciencia necesita. Atreverse a enfrentarse a los sentimientos más profundos de uno implica el tipo de riesgos emocionales que Dane, capaz de correr riesgos físicos en las pistas de esquí o encima del lomo de un caballo no consigue correr. Lleva mucho trabajo analizar los motivos de uno y luchar contra los aspectos difíciles del desarrollo de una relación y, aunque Dane podría trabajar mucho, el niño dentro de sí no toleraba el tipo de trabajo que implicaba analizar sus propios motivos o el toma y daca de mantener y desarrollar su relación con Lois.

Tal como dice el egocéntrico y ambicioso Ralph Newsome en *Good as Gold* de Joseph Heller: «... No veía el motivo por el cual atarme a una mujer de mediana edad con cuatro niños, aunque dicha mujer fuese mi esposa y los hijos fueran míos. ¿Puede hacerlo usted?».[22]

Así que Dane terminó con su matrimonio y desperdició esta oportunidad de convertirse en una persona menos egocéntrica y verdaderamente «grande». Perdió la ocasión de ir más allá de sus ataduras narcisistas para alcanzar un punto en el que pudiera obtener el mismo placer de cuidar de Lois y sus hijos como individuos imperfectos e independientes que de seguir su propio camino. En vez de ello, escogió el camino fácil y, de este modo, sacrificó no solamente su oportunidad de crecimiento sino también todas las cosas buenas que tenía en su relación con Lois. Renunció al incomparable placer de estar implicado en el desarrollo diario de sus hijos. Solamente percibió ligeramente estas pérdidas porque

---

22. Joseph Heller, *Good as Gold* (N.Y.: Simon & Schuster, 1979), p. 51.

el niño dentro de sí (o de cualquiera) está centrado en los placeres inmediatos. Lo único que sabía era que esta relación con Lois no iba bien y que había encontrado algo que, por el momento, era mejor, así que quería salir de la relación. Uno se preguntaría cuánto tiempo iba a durar Sandy en su vida si se cayera del caballo, se rompiera la cadera, tuviera que caminar con una muleta y no pudiera montar a caballo o esquiar nunca más.

Por consiguiente, una relación íntima, ya sea matrimonial o de otro tipo, no es algo que debiera acabarse caprichosamente, y nunca acaba sin una pérdida real. Pero, a veces, no solamente debido a la frustración de las necesidades del niño que queda en usted sino como consecuencia de un maduro respeto hacia sí mismo, es necesario decir: «Es suficiente. No deseo continuar en esta relación». ¿Cómo puede saber si está motivado por razones que surgen de sus necesidades legítimas de adulto o por las quejas insistentes del niño en usted que está buscando el Cariño *perfecto*?

Suele ser difícil de saber. A veces las necesidades del Hambre de cariño y sus necesidades maduras son muy similares. A veces, sus necesidades adultas pueden enmascarar y racionalizar los dictados latentes del niño en busca de cariño. A veces, lo contrario puede ser verdad, como cuando tache de infantiles con autodesaprobación sus expectativas de la otra persona propias de un adulto. Pero en un intento honesto y esmerado de concienciación propia, podrá discernir si se trata de su yo maduro o del niño hambriento de cariño dentro de usted lo que le está conduciendo a considerar la ruptura de una relación. Y, para ayudarle en esta búsqueda de sí mismo, a continuación le presentamos una lista del tipo de necesidades y exigencias que el niño que queda en casi todos nosotros tiene de una relación amorosa:

La otra persona debe ser exactamente lo que usted quiere que sea en general y en un momento dado. Si él o ella no lo es, se sentirá decepcionado, enfadado e indiferente.

La otra persona debe satisfacer todas sus necesidades, siempre incluyendo el hecho de estar ahí cuando usted lo desee y no estar ahí cuando usted no lo desee.

La otra persona no debe tener exigencias ni debilidades o molestias que le creen inconveniencias, que desfiguren la imagen de su perfección o que interfieran con la satisfacción de sus necesidades.

La otra persona debe reflejar la felicidad en usted, debe hacer que tenga buen aspecto, debe poseer un elevado «valor de trofeo».

La otra persona debe ser su clon psicológico. Debe gustarle lo mismo que a usted, tener opiniones similares y querer hacer lo que usted quiera hacer.

La otra persona debe anticipar sus deseos y saber lo que usted quiere sin que usted *tenga que pedirlo*. Muchas veces se dará cuenta de que está diciendo: «Si me quisieras de verdad...».

La otra persona no debe tener compromisos permanentes o sólidos con otras actividades, profesiones, intereses, responsabilidades o personas que interfieran en sus atenciones hacia usted.

La otra persona no debe cambiar o crecer de forma que impida que satisfaga sus necesidades, siguiendo su guión o alterando su sentido de la seguridad.

La otra persona no debe cambiar físicamente de forma que ya no encaje con la imagen que usted encontró atractiva cuando escogió la relación. Él (o ella) no debe parecer más viejo, no debe mostrar las cicatrices de la vida, no debe reducirse ni cambiar de forma.

Si usted cambia, la otra persona debe cambiar instantáneamente para adaptarse a sus nuevas necesidades.

Usted tiene razón y todos los problemas de la relación son culpa de la otra persona.

Usted piensa en la relación principalmente según lo que obtiene o no y, excepcionalmente, si lo hace en algún caso, en función de lo que da o deja de dar.

Si la otra persona no satisface sus expectativas, tendrá que demostrar su desagrado y odio. Deberá ser muy crítico, quejarse mucho y ridiculizar lo que ve como sus defectos, idiosincrasias e incapacidades.

Si, a pesar de todo, sigue sin reaccionar, ¿quién le necesita?

Uno no debería tener que trabajar en una relación amorosa –si está ahí, está ahí; si no lo está, acábela.

Estas afirmaciones le proporcionan una imagen que refleja lo que es posible que un niño Hambriento de cariño quiera de una relación. Y es muy posible que esta parte pasada de usted juegue algún papel en cualquier relación íntima. La pregunta es si este niño que busca cariño es la voz más potente que le pide que la rompa.

Sus Necesidades Maduras en una Relación

Contrastemos las necesidades del niño del que hemos hablado con lo que le gustaría a la parte madura de usted de una relación íntima. Pero primero, ¿a qué me refiero exactamente cuando digo la parte *madura adulta* de usted? Se trata de esa parte de usted que sabe que es capaz de permanecer libremente y capaz de mantenerse con efectividad en el mundo. Es la parte de usted que sabe que usted existe como una entidad separada y única con una considerable capacidad de definir su vida y cuyo valor no depende de ninguna persona en especial. Expresado de esta manera, su yo maduro parece bastante autosuficiente, incluso independiente. Entonces, ¿qué desearía o necesitaría la parte adulta de usted de una relación íntima? La respuesta es mucho. Tendría que ser mucho para que estuviera dispuesto a renunciar a tanta libertad y asumir tantas obligaciones incómodas.

El adulto maduro quiere tener la oportunidad de crecer, de desarrollar nuevos aspectos de sí mismo, de descubrir nuevas fuerzas y lograr un sentimiento de felicidad mayor a través de un compromiso más íntimo con otra persona. Y parte de este crecimiento y desarrollo es la expansión de su capacidad de cuidar a alguien de forma que el crecimiento y bienestar de la otra persona se convierta en tan importante para él como el propio. Si lo consigue, se convierte en una persona mayor viviendo en un mundo mayor. El adulto maduro quiere aumentar su capacidad de conocer profundamente a la otra persona, respetarla, aceptar quién es, tanto sus puntos débiles como sus puntos fuertes. Sabe que nunca le gustará todo de la otra persona ni a la otra persona le gustará todo de usted, pero confía en que haya suficiente cariño para que exista una posibilidad grande de mantener la relación. Y quiere tener un compañero, alguien en quien pueda confiar, alguien con quien compartir sus sentimientos, pensamientos y aspiraciones, alguien cuyos objetivos en la vida puedan ser distintos de los suyos pero no opuestos, alguien en quien pueda apoyarse cuando sea necesario y alguien a quien esté dispuesto a apoyar. Pero no quiere ni necesita una relación basada en este apoyo sino en el estímulo del desarrollo pleno de la individualidad del otro. De hecho, confía en que si la relación no funciona o acaba por algún motivo, y no importa lo dolorosa que pueda ser dicha ruptura, su valor, su capacidad de resistir y valorar y disfrutar de su vida no se destruirán.

Se trata de un cuadro idealizado, pero estas necesidades maduras existen en grados variables en cada uno, aunque su fuerza en comparación con el Hambre de cariño de cada persona pueda diferir sobremanera. E igual que esta parte madura de usted exige muchos requisitos específicos en una relación importante, puede tener razones para acabar dicha relación.

Suponga, por ejemplo, que el Hambre de cariño en su compañero es tan dominante que le lleva a exigir una relación con usted en la que espera que centre toda su vida a su alrededor y que viva principalmente para servir su necesidad de atención y seguridad. Entonces, la capacidad de control de su pareja puede ser grande y tan restrictiva para su propio desarrollo que, a menos que encuentre una forma satisfactoria de tratarla, tendrá que acabar la relación para evitar la estrangulación.

O suponga que su pareja está tan preocupada por el hecho de que usted sea una persona individual o por su propio crecimiento que constantemente se pone enferma o se desmorona en un intento interminable de mantenerle encadenado.

Suponga que él o ella se convierten en personas abusivas, ya sea física o emocionalmente y le tratan con crueldad frecuente, desprecio y falta de respeto mínimo.

Suponga que es incapaz de corresponderle –el toma y daca emocional que una relación exige– y desea que usted satisfaga todos sus deseos, aunque haga pocos esfuerzos, si hace alguno, por conocer, comprender y satisfacer sus necesidades legítimas.

Suponga que descubre que el temor de cercanía de su pareja era tan grande que se defendía contra él encerrándose, con frialdad, manteniéndole a usted a tal distancia que estaba negando todas sus necesidades de intimidad y de compartir.

Suponga que estos tipos de frustraciones y privaciones se han convertido en tan crónicos e intensos que gran parte de la alegría y el amor de la relación se han agotado.

Y suponga que sus mejores esfuerzos para que la relación funcione y mejore no han tenido éxito.

En dichas situaciones, sería la parte del adulto maduro la que llegaría a la conclusión de que hay muy poco o nada en la relación que añada algo positivo a su bienestar y mucho destructivo para ella y que lo mejor que podría hacer es acabarla.

¿Cómo puede estar seguro de que esta conclusión se basa en una reflexión madura y no en una reacción de esa parte del niño Hambriento de cariño que quiere que se satisfagan sus necesidades?

En primer lugar, el simple hecho de que esté intentando discernir si se trata de la parte madura de usted o de la parte del niño exigente en usted que quiere romper la relación indica que hay más consideraciones adultas que, al menos en parte, están involucradas.

La parte más madura de usted está dispuesta a enfrentarse a sus propias percepciones y motivos y a trabajar en su propia contribución al conflicto.

Intentará detener la finalización de una interacción destructiva, y, de este modo, dificultará a la otra persona continuar la repetición del modelo.

Estará dispuesto a enfrentarse a los asuntos con la otra persona y a trabajar en ellos como parte de un problema único.

Estará dispuesto a darle tiempo a este trabajo, a dar tiempo a la otra persona y a darse tiempo para comprenderse más profundamente a sí mismo y mutuamente así como ver si puede haber cambios satisfactorios en la interacción. (Recuerde que en el Hambre de cariño está en el Tiempo del niño –este momento es todo lo que hay y usted debe acabar con cualquier frustración *ahora*.)

Si ha sentido que podría serle útil empezar una psicoterapia usted solo o con la otra persona, debería hacerlo.

Y, finalmente, la parte adulta madura de usted comprenderá que la otra persona no puede satisfacer todas sus necesidades o todas sus expectativas y buscará otras formas constructivas de satisfacerlas antes de acabar inmediatamente con la relación y rendirse prematuramente.

Éstas son algunas de las directrices que podrá utilizar para determinar si sus *motivos* de querer acabar la relación tienen su origen más en la exigencia de su niño interior que busca satisfacción perfecta y gratuita o en sus necesidades legítimas adultas. Combinado con el análisis de los beneficios y los costes emocionales de la relación, cuenta con un marco útil para analizar si es acabando o manteniendo esta relación que mejor hace justicia consigo mismo.

III

RUPTURA DE LA ADICCIÓN

13

RUPTURA DE UN MATRIMONIO ADICTIVO

Hacia las tres de la mañana, en una de esas muchas noches en que no podía dormir, Dorothy se decía a sí misma, con una claridad escalofriante, que ya no amaba a Ted y que era crónica e irreparablemente infeliz en su matrimonio. Pero, cuando se imaginaba cómo sería si lo rompía, la ansiedad la hacía ir dando traspiés hasta el cuarto de baño, presa del pánico, para engullir unos Valium. Esto llevaba sucediendo más de cinco años, durante los cuales había pasado muchas noches sin dormir y consumido una gran cantidad de Valium, pero no había dado ningún paso en serio para acabar con su matrimonio.

Hacía mucho tiempo que había renunciado a ser feliz con Ted. No es que le viera como una persona horrible –estaba claro que trabajaba mucho, proporcionaba a la familia lo necesario y asumía seriamente sus responsabilidades–, pero, en lo que se refería a su capacidad de respuesta emocional, era como si su reloj se hubiera parado en las doce y él estuviera siempre fuera comiendo. Se le veía incómodo cuando ella le hablaba de algo relacionado con sus sentimientos o sus necesidades, y se refugiaba en su interminable colección de listas, cuentas, planes, etc. Había veces en que ella estaba tensa o se sentía agobiada y le rogaba: «Pon tus brazos a mi alrededor, abrázame sólo un minuto», y él la miraba incapaz y le volvía la espalda. Su interés sexual se había desvanecido hasta el punto de que hacían el amor una vez cada uno o dos meses, y normalmente era un acto rápido y sin sentimiento. Ella había pasado por fases en las que había intentado hablar con él, seducirle, complacerle, explicarle sus necesidades, y gritarle, y cada esfuerzo parecía producir algún cambio momentáneo, pero pronto él volvía a su estado de ausencia habitual.

Unos años antes, ella insistió en que asistieran a una terapia de pareja. Él fue con ella a dos sesiones y entonces le dijo al terapeuta: «Es que yo soy así», y se negó a volver, a pesar de que el terapeuta le advirtió claramente que su matrimonio corría un grave peligro.

Poco después de esta experiencia de terapia abortada, Dorothy, yendo en contra de valores fuertemente arraigados en ella, empezó a mantener una relación con un hombre casado que conoció en el sitio donde trabajaba como recepcionista a media jornada.

Se dejó llevar por deseos insatisfechos de proximidad, de sexo, de alegría, de sentirse querida y de sentirse valorada. Y también esperaba que, si podía satisfacer estas necesidades en otro sitio, podría permanecer casada. Pero la dulce preocupación, la ternura, la risa, y la sexualidad de su amante sólo le servían para poner en evidencia lo engañada que se sentía en su matrimonio con Ted. Y, aunque le repugnaba la presencia de Ted cada noche en su cama, cada vez que pensaba seriamente en dejarle sentía tanta ansiedad que descartaba la idea y se preparaba para resistir un nuevo día.

Con todas las privaciones por las que pasaba, ¿cuáles eran las contraprestaciones a su deseo de acabar con su matrimonio? Veremos que los sentimientos del nivel de Hambre de cariño, como en toda adicción interpersonal, son poderosos y profundos.

Pero más que en otro tipo de relación, las motivaciones que parten de los niveles de Consideraciones prácticas y Creencias (ver capítulo 2) juegan un enorme y poderoso papel en la decisión de acabar o continuar con un matrimonio insatisfactorio.

Y esto es especialmente verdad cuando hay niños implicados. Veamos cómo funcionan estos niveles en la situación de Dorothy en particular y cómo influyen en este tipo de decisiones sobre el matrimonio en general.

Consideraciones Prácticas

Despierta en la cama de madrugada, Dorothy ponderaba el impacto de un divorcio en sus dos hijos, Jennifer, de doce años, y Edward, de nueve. Conocía todos los tópicos sobre cómo un mal matrimonio podía ser peor para los niños que un matrimonio roto, pero ¿era verdad en su caso? Ted no era un mal padre. Es cierto que no parecía mantener una mayor comunión con los niños que con ella, pero asumía sus responsabilidades hacia ellos seriamente, los llevaba a las actividades de los fines de semana, les enseñaba a jugar a tenis, les ayudaba con los deberes, y les sermoneaba –quizá durante demasiado tiempo– cuando se comportaban mal. Esto era mucho más de lo que hacían muchos padres que conocía, y los niños, aunque frustrados por su distancia, parecían amarle y respetarle. ¿Cómo podía ella privarles de su presencia? ¿Y cómo podía privar a Ted de su contacto con ellos? No es que el matrimonio fuera malo porque fuera traumático o destructivo para los niños –entonces quizás podría decir con claridad que acabar con él sería lo mejor para ellos y para ella. Pero, para Jennifer y Edward, sería como si su mundo se destruyera, y para Ted sería un desastre doloroso y desconcertante.

Y había, además, las consideraciones económicas. Ted obtenía buenos ingresos como vicepresidente de una compañía de contabilidad; lo suficientemente buenos como para poseer una cómoda casa en las afueras, dos coches, y muchas distracciones y lujos. Pero ella sabía que habría cambios importantes en su nivel de vida si los ingresos de Ted tenían que mantener dos casas y diferentes objetivos de vida. ¿Podrían seguir los niños yendo de campamentos? ¿Qué cambios tendría que introducir ella en sus hábitos de compra? ¿Era práctico mantener la casa? ¿Podría ella obtener un trabajo mejor pagado? ¿Tendría que volver a la escuela para formarse para la vida profesional?

También estaba la cuestión de la posición que Ted y ella, como pareja, mantenían en la comunidad. Ted pertenecía a varias comisiones cívicas y parroquiales, ella estaba en la junta del colegio; pero lo que era aun más importante, su vida como pareja entre parejas era el centro de su existencia en el tiempo de ocio. Mucho de ello se acabaría, ¿para dar paso a qué? Todas esas raíces, arrancadas de golpe. Lo que quedaba, ¿sería viable?

Estas Consideraciones prácticas son mucho más importantes en la ruptura de un matrimonio que en las relaciones amorosas sin matrimonio. Cuanto más largo ha sido el matrimonio, más complejos son los lazos, y cuanto más variados los papeles –marido, mujer, proveedor, gestor del hogar, padre, madre, anfitrión, anfitriona, miembro de la comunidad, administrador, reparador, etc.–, más difícil es romper la relación. Acabar no es simplemente cortar la conexión con otra persona, lo que ya puede ser suficientemente difícil, sino con toda una forma de vida. Ningún progenitor rompe su matrimonio sin preocuparse considerablemente por sus hijos, por su relación con ellos, y, a menudo, por la relación de los hijos con el otro progenitor. Una madre que esté considerando acabar con su matrimonio puede tener este tipo de preocupaciones:

Probablemente obtendré la custodia de los niños, pero ¿y si no la consigo? ¿Qué pasa si mi marido lucha por obtener la custodia? ¿Qué efecto tendrá esto en los niños?

¿Realmente quiero la custodia? ¿Puedo encargarme de los niños yo sola? ¿Puedo educarlos y hacerme cargo de sus necesidades yo sola? ¿Me dejará esto algo de tiempo y energía para mí?

¿Es justo conmocionar completamente el mundo de los niños simplemente porque yo soy infeliz? ¿No sería mejor esperar a que fueran mayores?

¿Me odiarán por lo que he hecho? ¿Por destrozar su hogar? ¿Por hacer daño a su padre? ¿Por privarles de su presencia constante?

También estoy convulsionando completamente la vida de mi esposo; ¿es justo que le prive de los placeres de estar implicado de cerca en el desarrollo diario de los niños?

¿Cómo afectarán los cambios económicos a las vidas de los niños? ¿A mi vida? ¿A la vida de mi esposo? ¿Continuará manteniéndonos? ¿Qué pasará si desaparece?

¿Podemos sobrevivir económicamente si el matrimonio se rompe?

¿Qué sucederá con los amigos que teníamos como pareja? ¿Con las actividades que realizábamos como pareja?

160

Un esposo que considere acabar con el matrimonio tendrá preocupaciones similares:

¿Cómo afectará esto a los niños? ¿Me odiarán? ¿Y ella, puede hacer frente a todo esto? ¿Cómo será ser un «padre de fin de semana»?

¿Debo pedir la custodia? ¿Qué querrían los niños? ¿Puedo asumirlo? ¿Tengo alguna posibilidad de obtenerla? ¿Y cómo puedo quitarle a ella los niños cuando ya he dado al traste con su vida?

Los niños estarán con ella todo el tiempo. ¿Y si los pone en mi contra?

¿Cómo puedo mantener dos casas? ¿Puedo hacerme cargo de sus necesidades y aun tener algo para mi propia vida?

Tendré que dividir todo con ella. Y probablemente ella se quedará con la casa. Después de años de mucho trabajo, tendré que volver a empezar.

He plantado raíces aquí. Soy alguien en esta comunidad. Ahora, probablemente tendré que vivir en algún estudio amueblado en un sitio donde no conozco a nadie. (Un hombre observaba con amarga ironía que el primer día que regresó a su casa para ver a los niños después de la separación había una carta para él en la que le pedían que se presentara como candidato al ayuntamiento.)

Al decidir si hay que acabar con un matrimonio, debe abordarse el nivel de las Consideraciones prácticas de manera efectiva. El desbaratamiento de la vida de todos es real. Si se tienen niños, éstos se desconcertarán, seguramente se asustarán, y será necesaria una ponderación sensible para poner en una balanza estos daños y el daño causado por su vida continuada en una situación en la que al menos uno de los progenitores es lo suficientemente infeliz como para querer salir de ella. Hay que tener en cuenta muchos factores: su edad, el ambiente general que reine en el hogar, la relación que cada uno de los progenitores tiene con ellos, y las diferentes soluciones a las que se puede llegar. Algunas de las preocupaciones –la preocupación del padre que tiene la custodia por llevar toda la carga, la preocupación del otro progenitor por perder una relación más íntima con los niños, el miedo del iniciador de la separación a ser culpado y odiado por los niños– pueden aliviarse mediante un acuerdo de custodia flexible. Desde luego, ello precisa de una cierta cantidad de buena voluntad, racionalidad, y del predominio de la preocupación por los niños en ambos progenitores. Así que es preciso preguntarse si creemos que seremos capaces de tomar con nuestro cónyuge decisiones basadas en el mejor interés de los niños. Para cada persona, la respuesta a estas preguntas será diferente. Pero podemos hacer una generalización: puesto que los efectos perturbadores de la separación en los niños son reales, lo mejor que se puede hacer es buscar maneras reales de compensarlos, en lugar de encoger los hombros como si no hubiera soluciones posibles, o de simplemente tirar hacia adelante ciegamente y sin cuidado. Del mismo modo, a menos que la familia sea rica, la realidad es que habrá probablemente una disminución en el nivel de vida de todos. Así que, además de otras consideraciones, es preciso pensar, lo más racionalmente posible, en las maneras de reducir gastos y aumentar los ingresos. Tomar este enfoque práctico hacia estos problemas a menudo hace evidente que, aunque existen dificultades prácticas y pérdidas irrecuperables, hay maneras de enfrentarse a ellas.

Dorothy, por ejemplo, empezó a controlar su pánico lo suficiente como para poder pensar sobre sus preocupaciones prácticas. También empezó a hablar con personas que habían pasado por una ruptura familiar para ver cómo se las arreglaban.

Decidió que haría todo lo posible por encontrar una fórmula de custodia conjunta con Ted de manera que hubiera la mínima perturbación posible en la relación entre Ted y los niños, y sentía que lo podía conseguir. Se encargó de sus preocupaciones económicas haciendo una lista de reducción de gastos que podía hacer si era necesario, así como pensando seriamente en cómo podía aumentar sus ingresos. Se dio cuenta de que siempre había estado interesada en el mundo inmobiliario y habló con algunos amigos que estaban en el negocio sobre lo que supondría introducirse en la venta inmobiliaria.

Como resultado, empezó a participar en cursos sobre el tema y tuvo una oferta de un agente, al que conocía a través de sus actividades en la parroquia, para que empezara a trabajar con él. Pudo ver que, aunque habría privaciones para todos, las dificultades económicas no eran insuperables. Cuando se dio cuenta de que aún no estaba dando ningún paso para acabar con su matrimonio, empezó a preguntarse si su gran preocupación por los temas prácticos había sido una tapadera, una racionalización de otros motivos para evitar la ruptura. Y funciona así con mucha gente. Se preocupan tanto por los aparentemente irresolubles problemas prácticos, que tan obvios y tangibles son para ellos mismos y los demás, que se engañan a sí mismos pensando que se quedan como están simplemente por razones meramente prácticas. Y hay situaciones en que las circunstancias reales parecen realmente abrumadoras.

Por ejemplo, una mujer con varios niños, totalmente dependiente de los limitados ingresos de su esposo, puede ser desesperadamente infeliz en su matrimonio, pero puede sentirse atrapada por estos innegables obstáculos prácticos. Hombres o mujeres casados con un cónyuge desequilibrado emocionalmente, al que creen capaz de suicidarse o de volverse peligroso si le dejan, pueden sentirse irremediablemente atrapados por esta terrible posibilidad. Mujeres maltratadas por sus esposos, y con todas las razones para dejarle, a menudo tienen miedo a un mayor abuso, quizás a una muerte violenta, si lo hacen. Hombres o mujeres que están bastante enfermos y son incapaces de funcionar por sí mismos también se sienten encadenados por sus propias discapacidades a un cónyuge al que desprecian o temen.

No hay manera de esclarecer estas realidades encadenantes. Pero he visto a personas en todas estas situaciones que han encontrado una salida cuando su motivación ha sido lo suficientemente fuerte. Si se siente inmovilizado por tales terribles circunstancias, no puedo animarle lo suficiente para que pida asesoramiento, quizás en una organización social o familiar, con dos objetivos en mente. Uno es obtener ayuda de un profesional con experiencia en tratar con este tipo de dificultades aparentemente irresolubles. El otro es ayudarle a determinar si su parálisis está causada principalmente por estas dificultades realistas, o si por debajo de estas consideraciones prácticas, y quizás escondidas por ellas, hay poderosos motivos de otros niveles, los niveles de las Creencias y el Hambre de cariño.

Cuando Dorothy consideraba dejar a Ted, se daba cuenta de que el pensamiento parecía violar todo su sistema de Creencias, Creencias que siempre había aceptado sin dudar. «Cuando dije: 'Hasta que la muerte nos separe', miré profundamente a Ted a los ojos y le hice saber, por la intensidad de mi tono, que lo decía de verdad. Y lo decía convencida, como nunca he estado convencida de ninguna otra cosa. No soy religiosa, así que la parte sacramental no era lo que prometía, sino un sentimiento de amor hacia él. ¿Cómo puedo querer algo diferente ahora? ¿Y cómo puedo hacer tanto daño a Ted?»

En las siguientes afirmaciones vemos muchas de las Creencias que han sido parte integral de Dorothy:

El matrimonio es para siempre.

El amor es para siempre.

El matrimonio es un compromiso humano profundo y eterno.

No debo hacerle daño rompiendo este compromiso, pase lo que pase.

Estas Creencias son parte de su herencia. Nacen de lo que le enseñaron sus padres y la sociedad ya sea directamente, a través de la gente que conoció, o indirectamente, a través de libros, canciones y películas. Dejar a Ted supondría un cambio profundo en su sistema de Creencias.

Hay muchas Creencias comunes que se oponen claramente a la ruptura de un matrimonio:

El matrimonio es un sacramento, una promesa hecha a Dios.

Siempre se puede arreglar si uno lo intenta lo suficiente.

Romper un matrimonio es un profundo fracaso personal y refleja debilidad.

Es mejor seguir en un matrimonio malo que romperlo.

Romper un matrimonio es tan destructivo para los niños que es menos dañino para ellos seguir juntos, a pesar de los problemas, que destruir su hogar base.

Debes evitar hacer daño a tus padres, y acabar con tu matrimonio les hará mucho daño.

Acabar con los matrimonios es una amenaza básica al tejido y al orden social.

No todas las Creencias se sitúan en el lado de oposición a la separación. Algunas, de hecho, como las Creencias mantenidas por Dane en el capítulo anterior, pueden empujar al final del matrimonio de una manera demasiado fácil:

Cuando uno ya no se siente bien dentro del matrimonio, es masoquista y no tiene ningún sentido permanecer en él.

Un matrimonio no es un compromiso para toda la vida, sino que es bueno mientras te da fácilmente lo que quieres.

Es triste que otros, como tu cónyuge o los niños, sean heridos por la ruptura, pero es la vida, y tienen que aprender a aceptarlo.

Éstas son algunas Creencias narcisistas sobre el matrimonio, y, en una decisión en que nuestra vida y las vidas de los demás pueden sufrir tal perturbación, en que puede hacerse tanto daño, es importante enfrentarse al corazón infantil y egocéntrico de nuestras Creencias.

Pero entonces, ¿acaso no existen Creencias a las que una persona pueda agarrarse, que partan de un nivel adulto y que apoyen su deseo de acabar con el matrimonio? Las hay, y hay muchas personas que las mantienen:

El matrimonio no es un cautiverio y no estoy comprometido a seguir en él a toda costa.

El matrimonio me compromete a hacer un esfuerzo doloroso y valiente para solucionar las dificultades que hay en él, pero puede que no sea capaz de conseguirlo.

Si, después de un esfuerzo largo y sincero, el matrimonio es aún una fuente de sufrimiento y va en contra de mi desarrollo como persona, probablemente sea mejor que acabe con él.

Es mejor romper un matrimonio que vivir en el odio creciente, la rabia, el miedo, la insatisfacción o la depresión.

Al decidir romper mi matrimonio, el daño que puedo causar a los otros es una consideración importante, pero no la primordial.

Si rompo mi matrimonio, asumiré la responsabilidad de proteger a los otros, tanto como sea posible, del daño que puedan sufrir a causa de mi acción.

Es posible que acabar mi matrimonio sea lo mejor para todos los implicados.

Al tratar con sus propias Creencias, le ayudará, en primer lugar, definirlas claramente y determinar cómo influyen en su decisión sobre su matrimonio. Y entonces puede ser importante enfrentarse a su sistema de Creencias, ya que es posible que haya sido implantado en usted hace tanto tiempo, y puede que dé sus máximas tan por sentado, que nunca las haya sometido a un examen crítico. Puede que nunca se haya preguntado:

¿De dónde vienen estas creencias? ¿De mis padres? ¿De mi religión? ¿De mi educación? ¿De mi intuición? ¿Aún creo en ello? ¿Tienen sentido para mí ahora, si tengo en cuenta quién soy hoy y lo que he aprendido sobre la vida desde que adquirí estas Creencias?

¿No hay excepciones, circunstancias atenuantes en la aplicación de esta Creencia?

¿Quiero que este sistema de Creencias sustituya a mi juicio y conocimiento acumulado?

¿Cómo concilió Dorothy su deseo de acabar su matrimonio con Ted con sus viejas Creencias sobre el compromiso eterno del matrimonio?

«No sólo creía que duraría para siempre, sino que lo deseaba muchísimo, y adivino que también creía que, queriéndolo tanto, me aseguraría que funcionara. He aprendido muchas cosas tristes pero ciertas desde entonces. He aprendido que puedes querer algo desesperadamente y trabajar mucho para tenerlo, pero puede que, aun así, no funcione. He aprendido que el amor puede secarse sin alimento, del mismo modo que una planta que no se riega, y Ted no alimentó esta relación, y quizá piense que yo no lo hice, pero mi amor por él está tan seco como flores muertas... He aprendido sobre el odio –que vivir con él en tal dieta de hambre emocional me está haciendo odiarme a mí misma por no valorarme lo suficiente para salir.... y que puedo sentir un odio creciente hacia Ted. Me he encontrado a mí misma, en más de una ocasión, imaginando que se mataba en un accidente de coche al volver del trabajo. Si es malo para mí, no podía ser mejor para él vivir con una esposa que tanto quiere estar lejos de él que le quiere muerto... Sentía que nunca podría herirle dejándole, pero eso era antes de que aprendiera cuánto le podía herir si no le dejaba...»

Hubo un desplazamiento en las Creencias de Dorothy que parece no ser una mera racionalización de su deseo de acabar con su matrimonio con Ted, sino un reajuste de su sistema de Creencias a la luz de las experiencias que había acumulado durante toda una vida.

Cada vez más, estaba emitiendo juicios y tomando decisiones de acuerdo con su mayor conciencia de las consecuencias de sus acciones, en lugar de hacerlo de acuerdo a sus máximas heredadas. Como resultado de este ajuste, Dorothy no pudo conservar las antiguas Creencias de que el matrimonio era un compromiso para siempre y que acabar con él era lo peor que podía hacer a Ted, a los niños y a sí misma. Pero, aunque ahora había conciliado con sus Creencias su intención de dejar a Ted, y había hecho progresos sustanciales en su preparación para enfrentarse a algunas de las difíciles Consideraciones prácticas que podía anticipar, seguía sin dar pasos para finalizar su matrimonio, aún pasaba muchas horas de insomnio mirando a la oscuridad, sintiéndose asustada, tomando Valium.

No era tan terrible como antes, pero aún había algo que la retenía. Y era el profundo y escondido grupo de sentimientos del nivel de Hambre de cariño.

Hambre de cariño en el matrimonio

Por lo general, ninguna relación adulta puede compararse con el matrimonio por lo que respecta a la formación de lazos fuertes e intrincadamente tejidos en el nivel de Hambre de cariño. El compromiso explícito de ser una unidad interdependiente crea muchos lazos de necesidades maduras tales como beneficiarse de experiencias y responsabilidades compartidas y las satisfacciones profundas en cariño, afecto y apoyo mutuos. Pero también despierta y satisface, en grados diversos, los deseos de ese niño escondido en nosotros de conexión infinita, de seguridad absoluta, de existencia, de identidad, de autoestima y de felicidad. Los propios hábitos que se crean al vivir juntos de modo íntimo y continuo pasan a ser parte del tejido de apego y, a menudo, son una parte central de nuestra definición de quiénes somos. Los miedos y la resistencia a romper esta conexión, más profundamente enraizados que nuestras Preocupaciones prácticas o nuestras Creencias, pueden hacer irrompible el más amargo lazo marital.

Dorothy había encontrado una manera viable de enfrentarse a los temas realistas de sus hijos y sus finanzas y ya no consideraba inviolables sus antiguas Creencias sobre el matrimonio, pero este desarrollo, en lugar de fortalecer su decisión, hacía crecer su ansiedad. Cuanto más consciente era de que era posible dejar a Ted, más asustada y paralizada se encontraba:

> «Ahora veo que realmente puedo hacerlo, y me aterroriza. ¿Quién soy yo sin Ted? ¿Qué sería la vida sin él? Por un lado, deseo tanto sacarlo de mi vida que hasta me he imaginado su muerte; y, por el otro, el pensamiento de que no esté aquí me hace sentir que estoy sola en el mundo. A veces, casi no podía respirar de la presión de tenerle junto a mí, pero cuando ahora pienso en su ausencia para siempre, la cama parece tan vacía. Eternamente vacía... He tenido apasionantes fantasías de lo maravilloso que sería ser una mujer sola, pero, cuando lo pienso como una realidad, me siento más bien como un triste niño cuyos padres murieron. ¿Qué será de mí?».

Estos miedos llevaron a Dorothy a intentarlo de nuevo con Ted, a intentar una vez más discutir sus necesidades e insatisfacciones, a planear escapadas de fin de semana juntos. Pero nada cambió. Se deprimió. Se enfadó mucho con él y consigo misma. Y descubrió que esta rabia le daba la valentía para enfrentarse al nivel de Hambre de cariño de sus sentimientos.

«¡Estoy permitiendo que un niño arruine mi vida! Ya no puedo convencerme de que vivir del compromiso es una decisión juiciosa, compasiva, madura. Es masoquismo, es cobardía, y es infantil. Así que estaré asustada por un tiempo, y sola por un tiempo, y perdida por un tiempo. Sé que sobreviviré a esos sentimientos... Sé que lo pasaré mal por un tiempo, y que puede que nunca encuentre la felicidad que estoy buscando, pero no puede ser peor que vivir para siempre media vida... No te preocupes, pequeña Dorothy, lo conseguiremos».

Rompió su matrimonio con Ted y estaba bien preparada para enfrentarse con las consecuencias en los tres niveles. Y en mucho menos tiempo de lo que pensaba, se sentía mucho más liberada y alegre que asustada. Se dedicó con fuerza a su carrera en el mundo inmobiliario y empezó a tener nuevos amigos y una nueva vida social. «Nunca he tenido un solo momento de pesar, excepto por lo que me ha costado tomar la decisión. Pero no podía hacerlo hasta estar preparada.»

De nuevo, otra persona en la situación de Dorothy puede llegar a una solución diferente. Pero, hombre o mujer, con hijos o sin hijos, si usted siente que debiera dejar su matrimonio, si siente que sus insatisfacciones no parten de las frustraciones momentáneas del niño egocéntrico que hay en usted, pero sigue siendo incapaz de dar el paso de romper, los siguientes puntos pueden ayudarle a empezar este proceso de tres etapas:

1. Desarrollar métodos prácticos para enfrentarse con las Consideraciones prácticas previsibles;

2. Verificar si aún cree que sus viejas Creencias no cambiadas le ofrecen la mejor guía en la situación actual; e

3. Identificar las necesidades y miedos infantiles del nivel de Hambre de cariño y enfrentarse a ellos para que pueda, a la vez, rechazar y consolar al niño asustado y exigente, liberando su más maduro yo para tomar la decisión más juiciosa y respetuosa con usted mismo que pueda.

14

RUPTURA CON ALGUIEN CASADO CON OTRA PERSONA

La adicción más trágica y autodestructiva es la adicción a alguien que está atado a otra persona, especialmente a través del matrimonio. Millones de personas mantienen una relación infeliz con una persona casada y, a pesar de su enorme sufrimiento, siguen manteniendo la relación, atadas por sus propias emociones y esperanzas.

Es cierto que existen ejemplos en que una relación de este tipo funciona –la persona casada deja a su cónyuge y se compromete con esta tercera persona. Y, como a veces sucede, cuando uno se encuentra en tal situación, es tentador agarrarse a la esperanza e incluso al sentimiento de certeza de que le sucederá a uno.

Maureen, que estaba crónicamente inquieta en su larga aventura con el firmemente casado Brad, me preguntaba: «Seguro que usted conoce muchos casos de personas que han abandonado su matrimonio porque estaban enamorados de otra persona y querían estar con él o con ella». Contesté: «Sí. Pero por cada uno de ellos, conozco a muchos otros que no abandonaron su matrimonio».

Maureen se volvía desafiante y se enfadaba cada vez que la retaba. «Pero usted sabe lo gratificante y hermosa que es la relación entre Brad y yo. Y él dice que toda la pasión ha desapareci-

171

do de su matrimonio. Tengo la sensación de que es sólo una cuestión de tiempo. ¿Por qué es usted siempre tan desalentador?»

«Usted dice que es sólo una cuestión de tiempo. Pero, ¿cuánto tiempo más está dispuesta a dar? Ya lleva casi tres años.»

«El hecho de que haya durado tres años, con todas las dificultades por las que hemos pasado sólo para estar juntos, demuestra que realmente me quiere y que tenemos algo poco común y especial.»

«Maureen, ¿le ha dicho él alguna vez que dejaría a su esposa?»

Maureen estaba callada. «De hecho, ¿no le ha dicho exactamente lo contrario; que, a pesar de que le quiere, él nunca la dejará a ella y a los niños?»

Maureen empezó a sollozar. «¿Por qué me hace usted esto?», quería saber.

Al trabajar con un paciente que mantiene una relación con alguien casado con una tercera persona, el terapeuta debe asumir a menudo el papel del aguafiestas. Debe asumir su papel no sólo porque puede ver que el compromiso es seguramente en vano, sino también para retar a las agresivas y autoengañosas maniobras utilizadas frecuentemente por alguien enamorado de una persona casada. A menudo, la persona casada puede alimentar este engaño, ofreciendo indicios de esperanza, cuando no promesas declaradas. Pero, incluso cuando no lo hace, es fácil sentir: «Él (ella) es tan feliz conmigo y tan desgraciado con él (ella) que simplemente tiene que funcionar. Estoy tan enamorado de él (ella) que esperaré hasta que suceda».

Así, si usted mantiene una larga y profunda relación con una persona casada, debe estar alerta de todos los intentos que puede usted estar haciendo de engañarse a sí mismo. Sería aconsejable que *le creyera* totalmente cuando le dice que no romperá su matrimonio, por mucho que le quiera a usted. Y sería aconsejable que *no le creyera* cuando le diga que romperá su matrimonio y se quedará con usted si no ha hecho ningún movimiento por cambiar su estado, por muy cariñoso que sea. Sobre todo, es esencial dejar de ver significado en cosas que realmente no dan ninguna evidencia de un movimiento hacia un cambio de estado. Brad, por ejemplo, a veces hacía a Maureen un regalito espontáneo –un nuevo libro de su autor favorito o una blusa de su color preferido– que ella tomaba, no sólo como una muestra de su afecto, sino también como una indicación de que avanzaba hacia un compromiso con ella. Y lo hacía a pesar de que él había manifestado, muchas veces, las limitaciones de su relación.

¿Por qué la gente se implica con alguien que está casado? ¿Y por qué siguen implicados si significa querer algo que no pueden tener? Al principio, seguramente se implican por las mismas razones que cualquier otra persona –atracción, gusto, sentimientos positivos, oportunidad. Pero cuando la cosa continúa a pesar de que se han dejado las cosas claras, entonces probablemente existen otros factores, y normalmente bastante inconscientes. Un factor es el mismo que hemos visto en personas que se crean lazos con alguien que es inalcanzable de un modo u otro: la compulsión por controlar la tarea fallida de la infancia de obtener el amor y la atención de alguien que no nos lo da a nosotros. Pero, a menudo, hay otro elemento específico en esta situación triangular: *el miedo a tener un hombre (o una mujer) propio.* ¿Por qué alguien podría sentir tal miedo? Y si lo siente, ¿por qué no simplemente evita implicarse con *alguien?*

Parte de la respuesta a estas preguntas se encuentra en el hecho de que el intento de ganar a alguien que «pertenece» a otra persona retoma el complejo de Edipo infantil. En los primeros años de vida, hay un deseo de obtener el afecto primero e incluso exclusivo del progenitor del sexo opuesto: El niño quiere a su madre *sólo para él* y la niña quiere a su padre *sólo para ella.* En *Cutting Loose* escribí:

> Esto significa que el pequeño quiere eliminar a su rival, el progenitor del mismo sexo, y por lo tanto, siente deseos de muerte hacia este progenitor. Esta terrible competencia hace temer al niño el horrible desquite por parte de su padre, y a la niña, el horrible desquite por parte de su madre. Idealmente, a medida que el pequeño ve la inutilidad de sus deseos, normalmente al darse cuenta de que el progenitor al que quiere poseer no desea el mismo tipo de relación con él, renuncia a sus deseos de Edipo por el progenitor de sexo opuesto, experimenta la tranquilidad de identificarse con el progenitor de mismo sexo en vez de competir con él, y se siente libre para, más adelante, encontrar a su propia pareja.[23]

---

23. Howard Halpern, *Cutting Loose* (N.Y.: Simon and Schuster, 1977), p.145 y (N.Y.: Bantam), p.132.

Pero, a veces, esto no se resuelve tan felizmente. El progenitor de sexo opuesto puede haber sido *demasiado inalcanzable* y no dar al niño la oportunidad de experimentar esta relación amorosa prototipo con el sexo opuesto. O puede ser que el progenitor de sexo opuesto *haya sido demasiado alcanzable,* incluso seductor, estimulando así la implicación del niño y aumentando su miedo al desquite del otro progenitor. O puede ser que el progenitor del mismo sexo fuera tan competitivo que hizo al niño sentirse asustado de sus propios sentimientos de competitividad. O quizás el progenitor del mismo sexo fuera un rival tan débil que no ayudó al niño a limitar sus impulsos aterradores. Y, así, el pequeño puede arrastrar consigo a su vida adulta estos sentimientos y tabúes sin resolver.

Una de las posibles maneras de llevar a la edad adulta un complejo de Edipo sin resolver es establecer una relación con una persona casada. Esto casi reproduce su situación infantil, y es posible que usted actúe movido por su viejo deseo de vencer al progenitor de su mismo sexo (en forma del cónyuge de su amante). Pero, al mismo tiempo, lo organiza de tal modo que pueda volver a perder, y evitar así la culpa y la posible revancha que tal conquista podría tener como consecuencia. Y para poder mantener vivo este viejo drama, usted debe hacer un gran uso de gimnasia mental autoengañosa para alimentar esperanzas sin fundamento.

Si echamos un vistazo a la historia de Maureen en relación con este tema, vemos que su padre era un hombre extremadamente intenso y nervioso, que siempre estaba corriendo, y que le daba esporádicas ráfagas de afecto para volver a salir corriendo hacia otra ocupación. Y su madre, cansada y resignada por tal comportamiento errático, asumía la posición de un francotirador amargo pero ineficaz. Maureen recuerda que, cuando era pequeña, pensaba que si su madre fuera más enérgica y alegre, su padre se calmaría, dejaría de correr por todas partes y estaría allí más a menudo. Y podía recordar haber sentido que si ella estuviera casada con su padre, podría convertirle en una persona contenta y cariñosa.

Brad no era el primer hombre casado con quien Maureen se había enredado ya de adulta, pero era la más profunda y duradera de todas estas relaciones. Conoció a Brad cuando se quedaron colgados en un ascensor en el edificio de oficinas en que ambos trabajaban, y fueron a tomar una copa después para celebrar su liberación de la penosa experiencia. Él llevaba una alianza matrimonial, hablaba orgulloso de sus hijos, y dio la impresión de ser un hombre felizmente casado desde el primer encuentro, pero ambos disfrutaron de la compañía mutua y fue fácil quedar para almorzar otro día. Descubrieron que ambos trabajaban en el mundo editorial, y eso dio una nueva dimensión a sus intereses comunes. Al poco tiempo, salieron a cenar y empezaron una aventura a escondidas que era muy agradable para ambos, pero que fue siendo cada vez más frustrante para Maureen. La primera vez que hicieron el amor él dijo: «Tienes que saber que nunca dejaré a mi esposa, así que, si no puedes aceptarlo, lo mejor será que lo dejemos ahora.»

Es fácil ver cómo el complejo de Edipo sin resolver de Maureen hizo su aparición en esta situación. Aquí había un hombre casado, como su padre, pero, al mismo tiempo, muy diferente de su padre. Éste era cálido y comprensivo y generoso en sus atenciones –tal y como ella fantaseaba que su padre sería si ella fuera su mujer. Así que tenía la oportunidad de intentar hacer con Brad lo que nunca pudo hacer con su padre –ganárselo para ella sola. Pero, al mismo tiempo, escogía permanecer en una situación en que no parecía probable que se despertaran su culpa por su deseo de desplazar a su madre y su miedo de conseguirlo, por lo remoto de su posibilidad de triunfo. Desgraciadamente, se trataba de una situación perfecta para aliviarla de su temprano drama familiar, en la que podía jugar a obtener la victoria, pero no completamente.

A medida que Maureen y yo exploramos esta dinámica, descubrimos aun otra faceta en ella: al procurar seguir en una situación en la que no podía tener a su propio hombre, estaba procurando ser la niñita de su madre para siempre. Aunque, al principio, había dicho que no estaba especialmente cercana a su madre –y la verdad es que tenían pocos intereses comunes–, la veía y hablaba con ella regularmente. Sus conversaciones trataban, frecuentemente, sobre su infelicidad con el hombre principal en sus vidas respectivas, y se sentían unidas por este vínculo de falta de triunfo. Si Maureen dejara a Brad y encontrara una relación buena, íntima y llena de amor con un hombre para ella, este vínculo de perdedoras entre ella y su madre se rompería, y Maureen podría sentir más ansiedad y culpabilidad de lo que se atrevía a enfrentar.

Una dinámica similar era evidente en la relación de un hombre de 35 años, Dick, con una mujer casada. Habían mantenido una aventura intensa y excitante durante dos años, y Dick le había dicho claramente a ella que quería que dejara a su esposo. La mujer, Zoe, le dijo, sin duda honestamente, que le amaba mucho más de lo que había amado a su esposo, que pensaba en él todo el tiempo y anhelaba sus horas robadas juntos. Pero que no podía abandonar su matrimonio. Se hizo evidente, a partir de cosas que Zoe decía, que los obstáculos para hacerlo eran enormes para ella –su culpabilidad, su hogar, su vida en la comunidad, su no querer perturbar las vidas de sus dos niños. Y estaba igualmente claro, aunque nunca lo dijo abiertamente, que su esposo le ofrecía un lujo considerable, mientras que con Dick tendrían que vivir con su adecuado pero nada suntuoso salario como subdirector de la escuela primaria a la que asistían los hijos de Zoe.

Dick se quejaba amargamente de estos obstáculos, pero, en algún lugar de sí mismo, sabía, durante todo el tiempo, que era una causa perdida. Y, por lo que respecta a Dick, también, al analizar su tenaz fidelidad a su papel de perdedor, podíamos ver cómo estaba relacionado con su complejo de Edipo, como un sentimiento eterno de rivalidad con su competitivo padre, una rivalidad en la que Dick no era un verdadero adversario para el poder, la posición y el papel dominante de su padre respecto a su esposa y Dick. También pudimos ver que, al no tener su propia mujer, Dick mantenía su viejo lazo de protección mutua con su madre.

A veces, el lazo con la Madre en estas situaciones es más simbólico que real. He visto a muchas personas cuya madre lleva muerta desde hace años que siguen enganchados al papel de ser el niñito que nunca crece ni se separa de ella; y esto, a menudo, se manifiesta mediante el apego a alguien con quien no pueden mantener una relación comprometida. Hablando respecto al Hambre de cariño, siguen conectados al primer objeto de ese apego evitando una nueva relación principal que pueda tener el compromiso, el amor y la fuerza que pudiera interponerse entre ellos y esa primera relación. De esta manera, una adicción a una persona casada puede permitirle mantener un lazo inconsciente y continuo con la primera persona objeto de su Hambre de cariño de los primeros años.

Antes de pasar a hablar sobre los pasos específicos para acabar con su adicción a una persona casada, echemos un vistazo al papel de su pareja en el mantenimiento de la relación frustrada, porque a menudo, si lo observa atentamente, verá que se está jugando un juego destructivo. Si observamos a Brad, por ejemplo, podemos preguntarnos: «¿Qué se trae entre manos? Por un lado, le dice a Maureen que nunca dejará a su esposa, mientras que, por el otro, es el amante completo y atento. Estos dobles mensajes parecen estar destinados a atar a Maureen». Al trabajar con Maureen, me di cuenta de que cada vez que empezaba a progresar en sus esfuerzos por romper con él, sucedían dos cosas. Primero, me decía que Brad había dicho que, por mucho que la amara, sabía que era mejor para ella que acabaran y que ella empezara una nueva vida. Entonces, poco después, me hablaría de alguna «nota sensible» o de un «regalito atento» que recibía de Brad y en el «que nadie más habría pensado». Volvería empezar a sentir: «¿Cómo puedo dejar a un hombre tan maravilloso?» y «Debe amarme para estar tan en sintonía conmigo». Sus progresos por dejarle se fundían.

Mostrarse como un hombre tan amante y atento era un juego por parte de Brad, consciente o no. Mientras le decía que no podía tenerle, hacía lo que sabía que era efectivo para retenerla. Decía: «No puedes tenerme», pero también: «Fíjate en lo maravilloso que soy». Debajo del amor aparente, se desarrolla el juego cruel de «Muérete de pena». Si usted se ve envuelto en una situación de este tipo es importante que reconozca la dura verdad de que él o ella sufre de unas necesidades de Hambre de cariño tan grandes que está intentando retener tanto a su cónyuge *como* a usted. Si no quiere acabar con su matrimonio, la acción amorosa más madura que podría hacer por usted sería salir de su vida completamente, incondicional e irrevocablemente. No es amor, sino autoindulgencia lo que le empuja a seguir allí, alimentándole con los dulces envenenados de la falsa esperanza.

¿Cómo saber si su relación continuada con alguien casado se basa en esperanzas sin fundamento o en una estimación realista que le lleva a jugar una apuesta bien calculada? Tal como he

177

dicho antes, a veces estas relaciones funcionan. De hecho, algunos de los matrimonios más felices que he conocido nacieron de tan infeliz y angustiosa situación. ¿Cómo saber si estará usted entre los afortunados o no?

Nunca lo puede saber con seguridad. Pero puede obtener mucha luz si acepta la posibilidad del autoengaño y se decide a observar los hechos claramente. ¿Qué dice la otra persona? ¿Sus acciones coinciden con sus palabras? ¿Está usted leyendo en pequeños gestos y palabras ambiguas más de lo que realmente significan? ¿Hablan ustedes dos de planes *detallados* (más que románticamente difusos) de futuro juntos? ¿Está él tomando pasos *concretos* para cambiar su estado? ¿Cuánto tiempo lleva esto sucediendo? ¿Cómo se sentiría usted si todo siguiera exactamente igual dentro de un año? ¿Dentro de dos años? ¿Dentro de cinco años? ¿Ha preguntado a amigos que le conozcan a usted y la situación cómo lo ven y qué piensan sobre lo que tendría que hacer? ¿Qué le dicen?

Al tratarse de una situación con tantos niveles de motivación, con interacciones tan complejas, y con tendencias compulsivas al autoengaño, puede ser una de las adicciones amorosas más difíciles de romper. Para ayudarle a determinar si realmente está engañándose a sí mismo y a acabar con su adicción, si esto es lo que quiere hacer, le sugiero que aplique estas directrices:

1. Al menos que exista evidencia firme y clara de que él o ella está moviéndose hacia un cambio concreto y explícito en sus compromisos, deje de convencerse de que funcionará.

2. También tendrá que dejar de convencerse de que usted es más importante para él que su cónyuge y sus hijos. Si lo fuera, se marcharía y estaría con usted. El matrimonio y la familia pueden ser poderosas inversiones emocionales.

3. Tendrá que establecer un límite de tiempo en su mente para esperar para ver si él o ella hace cambios en su estado y compromisos. Y entonces, si no hay cambios, tendrá que ser consecuente con esa fecha límite o puede seguir a la deriva para siempre.

4. Deje de idealizarle. Observe que el juego que puede estar jugando con usted –dándole lo suficiente para mantenerle cerca

pero no el compromiso que usted desea– no es un juego amoroso. Significa que, en este aspecto, no es el Sr. Limpio, el Sr. Buen Chico, el Sr. Extremadamente Deseable, o el Sr. Maduro. Más bien, hay un egoísmo infantil funcionando en él respecto a usted y a su cónyuge, hecho que debe afrontar.

5. Puede ser útil preparar a sus amigos para que estén allí para usted cuando atraviese el inevitable síndrome de abstinencia y le ayuden a mantener su decisión de ruptura cuando las cosas se pongan difíciles. (Para más detalles sobre los usos de una red de ruptura de una adicción de este tipo, y cómo ayudó a Maureen, consulte el capítulo 16).

6. En general, y quizás sea lo más importante, conjugue la probabilidad de que si usted ha escogido seguir con alguien comprometido con otra persona, puede ser que esté evitando tener una relación estrecha con un hombre (o una mujer) *propio*. También puede ayudarle un estudio de sus motivos, siguiendo el modelo que ayudó a Maureen y a Dick.

Todo esto puede ser útil tanto para romper el apego desmoralizador en que se encuentra, como para hacerle consciente del significado inconsciente de Hambre de cariño de la relación. Esta introspección puede ayudarle a evitar repetir una busca en vano similar en el futuro. Porque la verdad es que usted no es un niño que debe aceptar estar excluido de un lazo fundamental. Tiene derecho al privilegio adulto de tener una pareja para usted. Pero nunca podrá tener este privilegio al menos que se libere de la persona casada inalcanzable a quien es adicto.

15

TÉCNICAS PARA ROMPER LA ADICCIÓN: LA UTILIZACIÓN DE LA ESCRITURA

«De acuerdo, lo entiendo. Entiendo que todos estos sentimientos y necesidades del nivel de Hambre de cariño me empujan a mantener una relación que no es buena para mí. Pero sigo sin poder dejarlo. ¿Y ahora qué?»

Para algunas personas, reconocer que los sentimientos del pasado les empujan a pegarse a una relación negativa es suficiente para permitirles tomar pasos decisivos para acabar con ella. Pero, para la mayoría de las personas, esta conciencia no es suficiente. Puede acercarlos al poner su dilema en un nuevo marco, pero aún se sienten atrapados y desconcertados sobre cómo usar este nuevo conocimiento para acabar con el lazo no querido. En este capítulo y en los dos próximos, desarrollaremos en detalle algunas técnicas que se pueden usar para acabar con su adicción a una persona.

Estas *técnicas* no deben confundirse con las *tareas* centrales en las que hay que trabajar y alcanzar en este proceso. Es la diferencia entre medios y fines. Hay tres tareas principales que llevan al objetivo general de abandonar una relación una vez ha decidido que debe hacerlo:

1. Reconocer y liberarse de sus sentimientos particulares de Hambre de cariño (adictivo) que le impiden dejar la relación.

181

2. Reconocer y poner fin a los procesos mentales de autoengaño específicos que le mantienen inmóvil.

3. Mantener su sentido de identidad y propia valoración sin la Persona Fetiche del cariño.

Todas aquellas técnicas que ayuden a llevar a cabo estas tareas pueden ser útiles. Muchas han sido inventadas por mis pacientes, y es posible que usted también quiera innovar, diseñar métodos a medida que serán especialmente útiles para usted. No hay nada malo en los «truquillos», siempre y cuando le acerquen a su objetivo y no tengan efectos secundarios especialmente dañinos. El uso de técnicas de escritura especialmente diseñadas puede ser particularmente útil.[24]

1. *Un registro de la relación.* Algunas personas escriben diarios regularmente. La mayor parte de la gente los escribe en algún momento de su infancia o adolescencia, quizás con gran dedicación, pero poco a poco lo van haciendo de forma más espaciada hasta dejar de hacerlo. Pero si usted se encuentra en una relación turbadora, le animo encarecidamente a que escriba su tipo particular de diario –un registro de la relación. Haga un seguimiento de los acontecimientos en su relación, pero, sobre todo, y de la manera más honesta posible, escriba acerca de sus *sentimientos* sobre los contactos con su pareja. Las razones por las que esto puede ser extraordinariamente útil son: a) le obliga a *darse cuenta* de lo que sucede y cómo se siente usted por ello; b) puede ayudarle a mirar atrás y ver la *forma* de la relación, lo que realmente ha sido y cómo lo ha sentido, cuáles han sido sus patrones a lo largo del tiempo; y c) puede refrenar su tendencia a *distorsionar* la relación, ya sea dándole la vuelta a los hechos, repintando sus sentimientos y olvidando lo desagradable (que puede ser borrado

---

24. Para la mayoría de estas técnicas, la grabación también funciona. Escribir tiene la ventaja de que puede echarle un vistazo en un momento y, porque escribir, al ser una actividad muy desarrollada, de alto nivel, puede contrarrestar el nivel infantil más primitivo de sentimientos y pensamientos que componen el Hambre de cariño. Pero, si odia escribir, o es usted una persona más oral y auditiva, entonces utilice la cinta magnetofónica sin dudarlo.

por su Hambre de cariño) o lo agradable (que puede ser borrado por su enfado). Jason, por ejemplo, había mantenido durante tres años una relación totalmente volátil con Dee, una mujer que a veces era apasionante, cariñosa y sensible, pero más frecuentemente era egoísta y descuidada con sus necesidades y sentimientos. Varias veces, abrumado por la frustración y los sentimientos de privación, Jason la había dejado de ver, pero en cuestión de días o semanas empezaba a «olvidar» las razones por las que se había ido, o al menos a olvidar lo terriblemente mal que esos incidentes le habían hecho sentir. Le sugerí que mantuviera un registro de la relación, que intentara escribir en él los acontecimientos y sentimientos de cada contacto significativo. Estaba muy sorprendido al ver cuánto más a menudo registraba sentimientos negativos –decepción, dolor, incredulidad ante su egoísmo, rechazo, rabia por sus excesivas exigencias, frustración al intentar razonar las cosas– que sentimientos de amor, de sentirse amado, ternura, felicidad o serenidad. Y en un momento en el que dejó de verla y estaba ya empezando a echarla en falta o a recordar sólo los buenos tiempos, leyó lo que había escrito durante sus últimos ocho meses en su registro de la relación (él lo llamaba «Yo y Dee») y refrescó de golpe su memoria. Había escritos de este tipo:

«¡Zorra! Casi nunca me pongo enfermo, pero hoy realmente he pillado un virus, 39 de fiebre, escalofríos. Hablé con Dee por la mañana. Dijo que estaba demasiado ocupada para venir –comía con una amiga y luego iban de compras. Ni siquiera llamó hasta bien tarde esta noche. ¡Ah, pero envió flores! ¡Jodidas flores!».

(Hasta que leyó la entrada, Jason casi había olvidado el incidente y sólo lo recordaba ¡lo maravillosa que fue al enviar flores!) Otro escrito:

«Hoy he dado con un bache con el coche y el parachoques se ha roto. No puedo usar el coche hasta que esté arreglado mañana. Le he dicho a Dee que no puedo llevarla al aeropuerto, que tendrá que coger un taxi o algo. Ha empezado a gritar diciéndome que no se puede contar conmigo y me ha colgado. Nunca hago lo suficiente para ella. Tengo ganas de dejar tirada a la zorra».

Y lo siguiente:

«Fiesta en casa de Ken. Dee ha coqueteado con todos los hombres que había. He visto cómo pasaba un papelito a un tipo. ¿Su número de teléfono? Después tuvimos una pelea. Ella lo negó, me acusó de estar paranoico y de intentar mantenerla en una jaula. Pero yo sé lo que vi. No he podido dormir».

Había muchas más notas, cruzadas con momentos de amor, uno o dos encuentros sexuales especialmente apasionados y un fin de semana idílico en un hotel de la costa. Pero el motivo emocional principal de «Yo y Dee» era el tormento, y fue de gran ayuda para Jason, incluso un consuelo, leerlo cuando sufría por haberlo dejado.

Si usted no ha mantenido un registro de la relación y está a punto de acabar una relación o está confuso porque la ha acabado, no es demasiado tarde para hacerlo de memoria. No será tan detallado como cuando se hace «en el momento», y puede estar algo distorsionado, pero aún vale la pena hacerlo si se compromete consigo mismo a ser lo más honrado posible. Utilice las herramientas que tenga a su disposición para la reconstrucción –fotos, amigos, recuerdos– e intente recordar los sentimientos que tuvo respecto a un incidente concreto. Intente dar forma y detalle a la manera indefinida en que ahora experimenta la relación para poder comprender exactamente por qué quiso acabar con ella. Sáquelo y léalo cuando el sentimiento de añoranza de aquella persona sea tan grande que se sienta tentado a valorarle excesivamente o a olvidar la cara desagradable.

2. *Encontrar los patrones*. Puede ayudarle a abrir los ojos ver si hay un *patrón* en las personas con las que ha tendido a establecer relaciones y en los tipos de relaciones que ha mantenido. Así, a menos que su pareja actual sea la única que haya tenido, le sugiero que haga una revisión de relaciones. Primero, haga una lista de las personas con las que ha mantenido un lazo romántico, yendo lo más atrás que pueda. Entonces establezca los atributos físicos de cada una de ellas –altura, construcción, color de pelo, movimiento, voz, atracción general, etc. Puede que haya un patrón, porque la mayoría de la gente tiene preferencias. *La cuestión es si*

estas preferencias físicas han sido tan fuertes que le han impedido ver fielmente las otras características de la persona.

Después de anotar los Atributos Físicos, escriba las Características de Personalidad de cada persona de la lista. ¿Cuál cree usted que es la característica más destacada de su personalidad? ¿Qué adjetivos le describen mejor? ¿Introvertido o extrovertido? ¿Pasivo o activo? ¿Cálido o frío? ¿Íntimo o distante? ¿Seguro de sí mismo o inseguro? ¿Sano o frágil? ¿Independiente o dependiente? ¿Mezquino o amable? ¿Sumiso o agresivo? ¿Cambió la visión que usted tenía de su personalidad desde el principio hasta el final? Si fue así, ¿cuándo se dio cuenta de que había indicios de que no todo era lo que parecía?

En el capítulo 8, he escrito sobre una mujer llamada Jeanne que aceptaba que «siempre se había sentido atraída por hombres heridos de algún modo o con algún trágico defecto», pero Jeanne no siempre lo había visto así. Al principio, insistía en que se sentía atraída por hombres lanzados, guapos, seguros de sí mismos, pero por alguna razón la cosa no funcionaba. Cuando escribió su revisión de relaciones, emergió claramente un patrón oculto: debajo del encanto y el resplandor superficial, los hombres que escogía siempre eran débiles, atormentados y dependientes. Se dio cuenta de que era evidente muy al principio de las relaciones, pero que prefería hacer caso omiso. Un hombre en su primera cita le había contado la historia de que había tenido muchos trabajos durante períodos cortos y siempre daba explicaciones poco convincentes de por qué dejaba el trabajo o por qué le echaban; siempre hablaba de grandes ambiciones que, analizadas objetivamente, no eran muy realistas. Con otro hombre, podía ver en sus primeras citas que bebía mucho, pero decidió aceptar su explicación de que necesitaba calmarse después de, un día duro. Jeanne empezó a plantearse la posibilidad de, que puesto que muchos de estos hombres estaban «heridos» y ella «lo sabía» desde el principio, su atracción no era hacia el hombre arrojado sino hacia el perdedor, y esto la llevó a descubrir un patrón en el que intentaba resolver la tarea sin solución de su infancia –cómo apoyar a su guapo pero débil padre.

Así, una vez haya hecho una lista de las Características de personalidad de la gente con la que haya mantenido relaciones, mírela y vea qué puntos comunes se hacen evidentes y qué le sugieren.

Aun más importante que las similitudes en las características físicas o de personalidad de las personas con las que ha mantenido relaciones estrechas, son las Características de la relación, los *patrones de interacción* repetidos en los que se ha visto envuelto. Para tener una idea de si sus relaciones han seguido un patrón repetido, puede ser útil que, debajo del nombre de cada persona con la que ha mantenido una relación, escriba la respuesta a preguntas como éstas:

1. ¿Cómo empezó exactamente la relación? ¿Quién fue el iniciador? ¿Y el perseguidor?

2. ¿Era uno de ustedes más dominante? ¿Quién parecía controlar dónde y cuándo se encontrarían y cómo pasarían juntos el tiempo?

3. ¿Cuál era el tono de la relación para usted? ¿Cariñoso? ¿Enfadado? ¿Conformista? ¿Deprimido? ¿Ansioso? ¿Aburrido? ¿Inseguro? ¿Romántico? ¿Desesperado? ¿O qué?

4. Desde el punto de vista emocional, ¿estaban satisfechas sus necesidades?

5. ¿Cómo era el aspecto sexual? ¿Estaba contento con él? ¿Descontento? ¿Encantado? ¿Desilusionado? ¿Enfadado?

6. ¿Cómo acabó la relación? ¿Quién la acabó? ¿Por qué? ¿Cuáles eran los sentimientos de cada uno de ustedes sobre su final?

7. En el análisis de costes/beneficios, ¿lo que obtenía, valía la pena?

Al revisar su relación, a menudo puede descubrir percepciones asombrosas de patrones que puede no haber visto antes. Por ejemplo, Jason, que tanto aguantó a Dee, siempre había pensado que era cuestión de mala suerte haberse enamorado de alguien tan egoísta y avaro. Pero, al revisar sus relaciones, llegó a la triste conclusión:

«Sabes que nunca me he relacionado con una mujer realmente cariñosa, con una mujer a quien le gustara hacerme sentir bien.

Estaban todas preocupadas por sí mismas y eran mezquinas, a pesar de que algunas eran muy buenas en los grandes gestos, en la generosa acción teatral, que pudiera parecer cariñosa, como darme un regalo inesperado que pensaba que me gustaría, o una fiesta sorpresa, o un encuentro sexual especial. Y yo caía en esos grandes gestos dramáticos cada vez, aunque en el día a día estaba frustrado y muerto de hambre... Incluso la primera niña de la que me enamoré, cuando tenía nueve años, era una princesita glacial. Yo la adoraba, y si de vez en cuando sonreía mirando hacia donde yo estaba, olvidaba que prescindía de mí completamente... ¿Por qué nunca me he permitido a mí mismo una relación que me hiciera sentir bien?».

Esta última pregunta era resultado directo de la revisión de relaciones de Jason y marcó el cambio decisivo en su vida. Pudo ver que, ante todo, su relación con Dee no era un acontecimiento aislado, sino que formaba parte de un patrón que prevalecía desde hacía mucho tiempo y que, por lo tanto, tenía que aceptar su responsabilidad por escoger estas relaciones. Esto le llevó a un viaje más profundo de descubrimiento propio. Averiguó que, empezando por su madre, había repetido en vano y constantemente el intento de obtener amor de mujeres que tenían serios defectos en su capacidad de amar. Fue un paso crítico para poder acabar con su desmoralizadora y degradante relación con Dee y empezar a acercarse a mujeres que podían ofrecerle más de lo que él quería.

3. *Notas a uno mismo.* Una paciente mía inventó la técnica de escribirse notas a sí misma (capítulo 3). Las utilizaba para mantener una perspectiva adulta mientras pasaba por los dolores de acabar su relación con Wayne. Los escribía de «Mi gran Yo» a «Mi pequeña Yo» y decían cosas como: «Te sentirás aterrorizada por el dolor eterno de la soledad eterna. Pero es sólo tu visión infantil del tiempo. Como adulta, te aseguro que hay un mañana, y te prometo que te volverás a sentir bien». Quizá porque era administrativa, escribir notas le era más espontáneo que el registro que le había sugerido que mantuviera durante el síndrome de abstinencia y pudo usarlo de muchas otras maneras además de mantener una perspectiva temporal. Sabía, por ejemplo, que llegar a casa, a un piso vacío, después del trabajo era un momento especialmente espantoso para ella, en el que se sentía terriblemente sola e

incompleta. Así que se escribía notas, *se las enviaba*, las sacaba del buzón al llegar a casa por la noche, y encontraba cosas como: «¡Hola! Bienvenida a casa. Prepárate ese pollo con curry y pon buena música. Tú lo vales. Después, enfréntate a ese montón de cartas y facturas que has estado retrasando». O bien, «Llama a Carolyn y/o a Mabel esta noche y haced planes para el fin de semana. Entonces, disfruta del resto de la noche haciendo lo que quieras que sea divertido y agradable». O bien:

> «Esta noche se cumplirán exactamente dos semanas desde que viste a Wayne por última vez. Como te conozco un poco, sé que te sentirás especialmente triste y melancólica por la fecha, e incluso tendrás tentaciones de llamarle. Empezarás a olvidar por qué le dejaste. Así que recuerda lo terriblemente avaro que es y cómo te regañaba cruelmente por ser extravagante cuando te comprabas algo un poco lujoso, ¡a pesar de que lo hacías con tu propio dinero! Y su estúpida meticulosidad. Y lo poco generoso de sus sentimientos. Tienes que celebrar que hace dos semanas que estás completamente libre».

Desde entonces he sugerido a otras personas que se escriban estas notas y cada persona ha desarrollado la técnica, utilizándola para hacer frente a todas las fases de acabar una relación. Jason, que seguía terapia conmigo entonces, escribió lo que imaginaba que le diría cuando sufría los remordimientos del síndrome de abstinencia. Lo interesante es que no fueron las «interpretaciones inteligentes» que yo había hecho las que puso en sus notas, sino frases del tipo «no es ninguna ganga», que encontraba de especial ayuda en esos momentos. Lo que todas esas notas tenían en común era que se trataba de formas de estimular la perspectiva, la memoria y el juicio del que los escribía cuando estas facultades estaban amenazadas por el agobio de una ola de necesidades y emociones de Hambre de cariño. Así, seguí trabajando con las notas, en busca de otras maneras de ayudar a las personas a estar en contacto con su yo más maduro cuando corrían el máximo peligro de ahogarse en la confusión infantil residual. Una técnica fue sugerir que se escribieran notas a sí mismas de parte del «mayor sabio del mundo –aquél que veía la vida claramente, con compasión, y con una gran perspectiva». Este sabio escribió una vez a Eileen: «¿Realmente no puedes creer que tu vida se haya acabado o que tú no eres nadie sin este hombre entre millones de hombres? ¿O sin ningún hombre? La vida es más que todo esto. Tú eres más que todo esto». (Para otro ejemplo de esta técnica, consulte el capítulo 7.)

Una variación de esto, derivada del Análisis transaccional, es escribir notas de parte de su progenitor idealizado, un progenitor que piensa de forma clara, racional, que le ama profundamente y que está al cien por cien interesado en su interés. Eileen encontró que esta técnica le ayudaba especialmente a romper con Peter, quizás porque sus verdaderos padres no le habían dado el apoyo y respaldo suficientes para haber desarrollado un sentido de fuerza independiente. Su madre no era una persona muy enérgica y le dejaba claro que estaba contenta con ella sólo cuando estaba tranquila, se comportaba bien y se portaba bien con sus padres. Su padre, que estaba fuera la mayor parte del tiempo con la marina mercante, y era distante incluso cuando estaba en casa, parecía no conocerla en absoluto. Una vez, casi después de dos meses de haber dejado a Peter, Eileen se fue de vacaciones a París con una amiga, Mandy. Después de la primera semana de las dos previstas, le dijo a su amiga que tenía que volver a casa inmediatamente. Dijo que, por lo mucho que le echaba en falta, podía entender lo mucho que le quería y que tenía que volver a «allí donde pertenezco, con Peter». Mandy estaba demasiado enfadada para disuadirla y Eileen se marchó al aeropuerto. Llegó allí casi tres horas antes de la salida y, sentada allí sola en la sala de espera iluminada con fluorescente, empezó a preguntarse qué estaba haciendo. Sacó un papel y empezó a escribir una nota de parte de su progenitor idealizado. Decía en parte:

«Eileen, cariño, tú te lo has buscado. Era demasiado pronto después de la ruptura para llevarte a ti misma a una de las ciudades más románticas del mundo. ¿Cómo podías esperar no sentirte sola y echarle en falta? Pero que le eches en falta no cambia nada. No quiere decir que le quieras, sólo que echas en falta el sentimiento de estar enamorada. Peter sigue siendo Peter y, si regresas ahora, volverás a la misma pesadilla, aun peor...».

Eileen explicó que su humor iba cambiando a medida que escribía esas palabras. «Empecé a sentirme libre de nuevo, bien. Anulé el billete de avión y llamé a Mandy para decirle que volvía al hotel.»

Sea cual sea la manera en que usted utilice estas notas para mantenerse o recuperar su perspectiva, es un enfoque eficaz y de gran ayuda. Se lo sugerí a Arthur, un hombre que prolongaba infinitamente una relación con Betsy, una mujer a la que no quería, por miedo a estar solo y a ser rechazado por otras mujeres. Inventó su propia versión, probablemente en línea con su tendencia a planificar su vida detallada y ordenadamente. Creó una serie de notas escritas previamente, que podía utilizar luego a medida que las necesitara. Eran cortas y directas, escritas por «el padre que hubiera querido tener»:

«No la quieres. Nunca te casarás con ella. Y si quieres casarte algún día, debes dejarla».

«Dejarla dolerá. Pero sobrevivirás. Todo sentimiento diferente a éste que tengas nace del niño que hay en ti y no tiene nada que ver con la realidad».

«No eres una estrella de cine. Algunas mujeres te rechazarán. ¿Y qué? También sobrevivirás a esto. Eres lo *suficientemente* atractivo. Tienes mucho que ofrecer».

Arthur escribió docenas de estas notas redactadas previamente. El simple hecho de escribirlas le ayudaba a avanzar hacia la ruptura con Betsy. Luego, al atravesar el doloroso proceso de provocar y mantener la ruptura, las leía y mantenía su perspectiva. Enganchaba en el tablón de su habitación las más adecuadas al momento que estaba viviendo. Él lo encontró de gran ayuda, y usted también puede sacar provecho de estas notas planeadas con antelación. Aquí hay algunos ejemplos escritos por otras personas:

«Recuerda lo frío y poco solícito que era, incluso cuando murió tu padre».

«Soy una persona definida, completa y valiosa sin él».

«Por mucho que la añores, sabes, cuando piensas con claridad e incluso cuando te duele el corazón, que no es buena para ti».

«Sólo porque duela tanto no quiere decir que le quiera. Quiere decir que soy una adicta con síndrome de abstinencia».

Usted se conoce a sí mismo. Sabe a qué sentimientos y distorsiones deberá enfrentarse cuando lo termine. Así que, desde su parte más racional, escriba los mensajes que necesitará leer cuando más esté sufriendo.

4. *Crear conexiones.* Para liberarse a sí mismo de la tiranía de su Hambre de cariño, puede ser útil ver claramente la conexión entre el niño que usted fue y los sentimientos que siente ahora. Antes, hablé sobre un hombre que descubrió que el terror que sentía cuando pensaba en acabar con una relación destructiva, tenía raíces profundas. Había estado hablando del miedo a ser abandonado, a estar solo para siempre, a que nadie le volviera a amar. Le pedí que fuera hacia atrás en el tiempo para intentar recordar las más tempranas memorias de este sentimiento. Al cabo de un rato, recordó el incidente de cuando despertó una noche en su cuna, muy sediento y lloró para llamar a sus padres. Éstos tardaron un rato –no está claro cuánto– porque habían salido a casa de sus vecinos. Tal como escribí antes: «Recordaba el sentimiento de que se habrían ido para siempre y de que moriría. Recuerda que después de llorar durante un tiempo que a él le pareció una eternidad, se acurrucó en una esquina de la cuna gimiendo. Y sabía que éstos eran los mismos terribles sentimientos que presentía que sentiría si acababa con su actual relación infeliz». Esto nos llevó a seguir explorando, y pudimos ver que este incidente era tan poderoso en sus sentimientos no solamente porque fuera traumático por él mismo, sino que se erguía en representación de un ambiente global en que sentía que sus padres, gente bastante desapegada, no estaban emocionalmente disponibles incluso cuando estaban presentes físicamente. Esto llevó, a su vez, a la exploración de incidentes sobre su falta de disponibilidad y los sentimientos que esto generaba en él, sentimientos de miedo y necesidad, que se habían convertido en parte de quién era él y de lo que podía gobernar su vida.

Ver esta conexión de una manera tan vívida, más que como una teoría abstracta, fue muy útil a este hombre para hacer frente a sus sentimientos y hacer que éstos tuvieran, progresivamente, menos influencia sobre él. También le ayudaría a usted entrar en conexión con sus cintas internas de memoria del niño que fue. Escriba todo sentimiento negativo que se desencadena al prever o al romper una relación negativa, ya sea su terror a la soledad y el abandono, necesidad agobiante, añoranza, incapacidad, inseguridad, culpa, o lo que sea. Entonces, para cada sentimiento, piense y escriba lo que pueda recordar de las más tempranas veces que se sintió de esta manera. ¿Qué sucedía? ¿Por qué se sentía así? ¿Qué hay en la situación actual suficientemente similar para desencadenar esos viejos sentimientos? ¿Es realmente válida y apropiada la manera en que está reaccionando ahora? Sienta las conexiones, sea compasivo, comprensivo y apoye al niñito que una vez fue; él tenía todas las razones para sentirse de ese modo. Pero probablemente descubrirá que usted, como adulto, no tiene una sola buena razón para sentirse como se sintió entonces. Y esto puede ser muy liberador.

16

TÉCNICAS PARA ROMPER LA ADICCIÓN: UNA RED DE APOYO

Hay un dicho popular que dice que «romper es difícil». Es especialmente difícil romper una relación importante solo. La naturaleza esencial de romper una relación íntima, sobre todo cuando se sufre de adicción, despierta sentimientos tan básicos, tan terribles y dolorosos que pueden paralizar su voluntad y provocar que se aferre compulsivamente, incluso desesperadamente, a la relación que está intentando romper. En algunas situaciones, es probable que precise de ayuda por parte de sus amigos. En los momentos en los que está rompiendo una relación que le ha aportado sustento, los amigos pueden servir como una forma suplementaria de apoyo a la vida. Para algunas personas, un amigo en quien pueden contar es mejor que un grupo de amigos. Pero, para la mayoría de gente, tener un conjunto de amigos que estén de su parte y dispuestos a ayudarles tiene muchas ventajas. En primer lugar, puesto que es muy probable que se sienta muy necesitado y repetitivo al hablar de la situación, es fácil que sienta que puede desgastar la acogida del amigo más leal y bienintencionado si descarga todo el peso de sus necesidades exclusivamente en éste. En segundo lugar, tendrá más ojos observándole y devolviéndole el reflejo de lo que ven de usted y de su situación. En tercer lugar, varios amigos tendrán cosas distintas que ofrecerle. Algunos estarán siempre disponibles y otros no. Algunos le ofrecerán ternura y otros dureza; con algunos podrá hablar de sus sentimientos más profundos y razones; otros le ayudarán a trivializar y a poner una pizca de humor; algunos tendrán un juicio objetivo en el que poder confiar, otros se pondrán «ciegamente» de su lado o tendrán sus propios intereses creados. Todos son válidos, se complementarán y juntos formarán un entramado de manos amigas, hombros en que apoyarse, duros oponentes, brújulas orientadoras y lugares de satisfacción de su ego que pueden constituir la base para la ruptura de su adicción.

El valor de esta estructura es tan grande que tenerla o no tenerla, no debería ser un asunto dejado al azar. Puede constituir una diferencia crucial en su éxito para acabar la relación. Tiene muchos usos específicos e incluso especializados, pero ignorar todo lo demás significa que cuando esté aterrorizado de sentirse solo en el universo puede darle la seguridad de que hay otras personas que se preocupan por usted. Y esta seguridad puede hacer que vuelva a conectarse con la red de la vida y consolidar su determinación de llevar a cabo y mantener la ruptura.

La formación de dicha red exige confianza. Si, en general, usted no ha sido una persona confiada, es posible que le parezca difícil confiar en la gente en un momento en el que se siente cada vez más vulnerable, pero puede utilizar la urgencia de la crisis de su vida para motivarle a correr el riesgo. Si no tiene muchos o ningún amigo con quien correr dicho riesgo, es probable que este hecho ponga en evidencia por qué sufrió de adicción en primer lugar –por poner demasiadas necesidades en esta única relación por falta de otras relaciones. También podría indicarle que su adicción a esta única relación redujo su mundo tanto que ahora no hay suficientes conexiones de otro tipo. Y quizás su relación amorosa es infeliz en parte porque está sobrecargada de demasiadas necesidades de cariño. Antes de intentar dar los pasos necesarios para romper su relación adictiva, debería encaminarse a desarrollar amistades, de modo que no tema acabar la relación que se interpone entre usted y el aislamiento completo.

Si formar amistades ha sido difícil para usted, no es probable que pueda cambiar todo esto de repente, pero, si ve la importancia de comprometerse a establecer y profundizar en las amistades, puede ser muy distinto. Es mejor empezar con personas que ya conozca y hacia las que albergue sentimientos de simpatía y preguntarse a sí mismo acerca de con quién le gustaría estar y con quién cree que podría tener más confianza con los asuntos más delicados y vulnerables de su vida. Un amigo de una mujer que estaba atravesando un largo y doloroso proceso de ruptura le dijo: «Me alegro de poder estar aquí para ayudarte, pero no es suficiente conmigo. Mira a tu alrededor en tu círculo de conocidos y piensa en quién te gustaría que fuera tu amigo y persigue esa amistad. Si llamas a cuatro, probablemente tres querrán conocerte mejor». Llamó a cuatro y los cuatro estuvieron encantados de reunirse con ella para comer, cenar, etc. A medida que los iba conociendo, se dio cuenta de que todos ellos habían pasado por situaciones similares de romper relaciones infelices e incluso había uno que se encontraba como ella en aquel momento. Así que su círculo de amistades se amplió y se convirtió en un baluarte contra la desesperación y contra el retorno al lazo destructivo.

Al hacer amistades nuevas o profundizar en las antiguas, puede ser útil darse cuenta de todas sus viejas incomodidades sobre estar cerca de las personas y desafiar las Creencias en las que puedan basarse, Creencias como «A nadie le importa realmente», «Cada uno sale por sí mismo», «No te fíes de nadie que no sea tu familia», «No te fíes de nadie», «No tengo nada que ofrecer», «La gente siempre me rechazará», etc. Aunque alguna vez pueda haber tenido una buena razón para aprender estas viejas Creencias, mientras funcione en la base de éstas, será mucho más difícil romper su lazo adictivo porque significará entrar en un mundo de extraños hostiles.

No todos sus amigos le ayudarán del mismo modo en el proceso de ruptura de su adicción. Por ejemplo, puede haber algunos que rehuyan los asuntos emocionales y que solamente deseen mantener las cosas a un nivel superficial y ligero. Será mejor que no los «reclute» en el círculo de amigos en los que apoyarse cuando el camino se haga arduo. Si comete el error de intentar contar con estas personas, puede sentirse abandonado. Sería lamentable si de esto sacara la conclusión de que no puede contar con *nadie* en vez de que esta persona tiene limitaciones. E incluso un amigo como éste, aunque no pueda ser capaz de compartir su confusión, podría ser alguien hacia quien acudiría cuando quisiera simplemente animarse o aliviar las fuertes emociones que podría sentir. En general, es mejor que escoja amigos que sepan por lo que está pasando y que quieran realmente ayudarle con los apuros de salir de una relación.

Los usos específicos de la amistad

Fundamentalmente los amigos simplemente están ahí para cuidarle y ayudarle y esto es lo más importante. Pero hay algunas formas concretas mediante las cuales los amigos pueden ser útiles para romper una adicción.

1. Ayudándole a decidir si desea marcharse. En esta decisión a menudo difícil, «¿me quedo o me voy?», hay tres cosas que necesita de sus amigos: objetividad, una evaluación honesta y el sentimiento de que permanecerán a su lado sea cual sea su decisión. Eileen, cuando estaba en medio de su decisión de si dejar a Peter o no, dijo:

> «Sabía que no podía confiar en Hedi cuando me decía que dejara a Peter porque tengo la sensación de que odia a todos los hombres y se ve a sí misma y a todas las mujeres como víctimas. Pero cuando Madge y Penny me animaban a que acabara con la relación, supe que estaban siendo objetivas. Ambas tenían buenas relaciones y no tenía ninguna duda de que iban a permanecer a mi lado decidiera lo que decidiera».

Si va a buscar la ayuda de sus amigos para decidir si acabar una relación, es importante no solamente que ellos sean honestos sino también que usted sea honesto cuando les comunique lo que está pasando en la relación así como sus propios sentimientos conflictivos lo más completa y honestamente posible. No es momento de dejar que la vergüenza, la turbación, la culpa o el miedo de lo que pueda pensar o aconsejarle su amigo se interponga entre ustedes.

2. Ayudándole a recordar por qué quería acabar. Dos días después de que Eileen dejara a Peter por primera vez llamó a su amiga Madge a la una de la madrugada y gritó: «Lo único que sé es que esto es un infierno y que me maten si no puedo recordar por qué he acabado con Peter. Solamente recuerdo lo maravilloso que era estar con él. ¿Qué había de malo en ello?». Por un momento Madge se quedó atónita, pero entonces se acordó de su propia experiencia de acabar una relación infeliz y de cómo es posible, sumido en la angustia y la desesperación, borrar completamente, perder totalmente el punto de vista de lo que le llevó a dejar la relación. Así que le respondió: «¡Eileen, sí que te olvidas pronto! ¿Ya no te acuerdas de todas las veces que me llamaste y de que te sentías tan herida que apenas podías hablar o tan furiosa que querías matarle? ¿No te acuerdas de todas las veces que no te llamó, todas las veces que no se presentó? ¿Y qué hay de aquella vez que te llevó de fin de semana y después te dejó en la habitación de un motel mientras él se marchaba todo el día a conferencias de trabajo? ¿Y cómo podías montar en coche con él sin que te dijera nada durante dos horas?» Etcétera. Eileen lo escuchó todo y luchó por acordarse, como si intentara recordar un sueño borroso. Y claro que se acordaba –lo suficiente como para que pudiera pasar unos cuantos días más sin volver con Peter, aunque todavía pasó algo de tiempo hasta que pudo romper definitivamente. Pero su llamada a Madge y la respuesta de ésta ilustra una de las formas principales mediante las cuales los amigos pueden ser de ayuda durante esta Etapa –como un banco de memoria que, igual que un ordenador doméstico puede reproducir los datos que ha almacenado ahí y que se han visto oscurecidos por la estrecha visión de su Hambre de cariño.

A lo largo del proceso de desenganche, sus amigos pueden servir como una comprobación de la realidad de muchas maneras, recordándole lo que han visto sobre la relación, diciéndole lo que le ven hacer, evitando que se engañe a sí mismo, desafiando su tendencia a sobrevalorarle y a menospreciarse, cuestionando sus motivos para volver. En este papel, sus amigos pueden resultar muy insistentes, pero para eso están los amigos.

3. Reconstruyendo su identidad. Romper una relación o incluso contemplar el hecho de romperla puede ser una experiencia desgarradora de la identidad. Se convirtió en adicto en gran parte por los sentimientos de que, por usted mismo, se sentía incompleto, incapaz, sin valor e insustancial. Quizás dentro de la relación se sentía completo, efectivo y sólido, pero solamente en el contexto de este lazo. Por lo tanto, lo más probable es que la relación reforzara el sentimiento y la Creencia de que, como entidad separada, usted no es gran cosa, si es algo. Es terrible pensar en dar un paso hacia convertirse en nada e incluso *más* terrible dar realmente ese paso. En esta situación, los amigos casi pueden salvarle la vida. Pueden actuar como muchos espejos, devolviéndole su propio reflejo en muchos aspectos. Pueden ser como paredes contra las que usted rebote para ayudarle a conocer sus limitaciones. Pueden contestarle y devolverle su grito, mostrándole el impacto. Ellos mismos pueden tener necesidades y recordarle de este modo que tiene algo que dar. Pueden indicar que le valoran, enseñándole o volviéndole a enseñar que usted es valioso. En resumen, pueden darle una prueba preciosa de que, aparte de su relación adictiva, usted existe y tiene forma, sustancia, integridad y valor.

La primera vez que hablé de Ben, el joven que se sentía «como un don nadie, una especie de fantasma que camina sin rumbo por las calles y no tiene una forma definida u objetivo», hablé de la capacidad de ayuda de la respuesta de su amigo. Tanto su amigo como su esposa veían a Ben como una persona muy definida y valiosa. Pero Ben seguía deprimido. Sentía que sin Helena, su Persona fetiche de cariño perdida, no tenía identidad, ni forma ni interés real para nadie. Al principio, acudió a sus amigos, pero en cierto momento se encerró en casa y sus amigos, muy preocupados, tomaron la iniciativa de llamarle. Posteriormente, hablaba así de esta Etapa:

> «A veces sentía cómo me llamaban e interrumpían mi retiro, pero yo también era consciente, de algún modo, de que a ellos les importaba, que significaba algo para ellos, aunque ya no estuviera vinculado a Helena... Una noche en que me sentía especialmente poca cosa, ocurrió algo inesperado: recibí una llamada de Nat que decía: 'Mira, sé que te has estado sintiendo fatal últimamente, pero intenta sobreponerte durante unos minutos porque necesito tu ayuda con algo'. Y le ayudé con su problema. Quiero decir que *lo sabía,* que *pude decir* que estaba siendo realmente de ayuda, que lo que dije era un maldito e inteligente consejo. Colgué el teléfono y sentí, debe de haber algo en mí en algún lugar».

4. *Apoyándole durante el síndrome de abstinencia.* Todos ustedes han visto películas o espectáculos televisivos en los que el *yonqui* o el alcohólico pasa por los dolores, los temblores, el terror del desen-

ganche y lo casi imprescindible que es el apoyo de los que lo soportan, calman y animan a lo largo de esta pesadilla. El síndrome de abstinencia que sigue a la ruptura de una relación adictiva no suele ser tan agudo, pero el sufrimiento puede ser igual de intenso y a menudo más prolongado. Y puede ser tan importante para los que sufren el desenganche de una persona contar con el apoyo, el consuelo y el soporte de los amigos como para los que se están desenganchando de una sustancia.

Anteriormente (capítulo 4) he hablado del horrible fin de semana de Norma en el que se encontró gritando y del que dejó constancia por escrito de sus sentimientos de estar desarraigada y flotar en el espacio. Ya he indicado que, aunque escogió pasar por su calvario toda sola, formaba parte de un grupo de cuatro mujeres, cuatro amigos, que habían formado un pequeño círculo para ayudarse mutuamente durante las dificultades por las que estaban pasando en sus relaciones sentimentales y que el hecho de saber que existía le ayudó y reconfortó durante su aislamiento autoimpuesto. En otro momento, Maureen, otro miembro de los cuatro, estaba intentando acabar con su hábito que tomaba forma en una relación con un hombre casado, Brad, que le dejó claro que no pensaba separarse. Una noche (y normalmente las noches son el peor momento), un poco después de que le dijera a Brad que habían acabado, Maureen se encontraba en un estado de agitación extrema y desesperación. Su «círculo» sabía que había acabado con Brad –la habían estado animando para que lo hiciera durante largo tiempo– y cada una de las mujeres le había dicho que podía llamarlas en cualquier momento que necesitara hablar. Esa noche en concreto, antes de que llamar, Joette, el miembro casado del grupo la llamó. Se encontró a Maureen sollozando. Se había tomado unos cuantos vasos de vino, intentando anestesiar su dolor, pero no estaba ni borracha ni anestesiada. «Mis dos únicas elecciones reales», sollozó, «son suicidarme o seguir viendo a Brad. Sencillamente no tengo valor suficiente para estar sola y ya no tengo ninguna fe real de que vaya a encontrar a alguien. Han pasado demasiados años y ha habido demasiados errores». Joette le dijo:

> «Escucha, Maureen, estás atravesando un momento muy doloroso, pero te prometo que pasará y que no te sentirás siempre así. Es una parte natural del desenganche. Toda tu perspectiva sobre el

tiempo y sobre tú misma está distorsionada. Y hay muchos hombres por ahí que todavía no conoces y que serán importantes en tu vida si no lo 'fastidias' suicidándote o volviendo con ese gusano de Brad».

Hablaron durante más de media hora y Maureen se sintió mejor, mucho más calmada e incluso capaz de bromear un poco sobre su malestar. Pero, unas dos horas después, Maureen llamó a Joette. Era evidente que había consumido más vino y balbuceaba: «Voy a llamar a la mujer de Brad y voy a contárselo todo y le diré que Brad me ama realmente a mí y que sólo está con ella porque tiene sentimiento de culpa y de que debería dejarle», etc. De nuevo, Joette la calmó y le dijo: «Vendría a tu casa, pero no puedo dejar a los niños solos y Cal no está en casa. Llama a Norma o a Kiki o lo haré yo». Maureen dijo que lo haría, pero Joette no se fiaba visto el estado en que se encontraba y ella misma llamó a las demás. Ambas llamaron a Maureen, le dijeron que irían hacia su casa y así lo hicieron. Las dos la consolaron mientras lloraba, la ayudaron a recomponer sus sentimientos y pensamientos y la mantuvieron alejada del vino y el teléfono. Las tres se pusieron a hablar, compartiendo sus historias de cuando se hallaban en las mismas difíciles situaciones, riéndose de lo absurdo de todo esto, devolviendo a la realidad el estado emocional de Maureen dominado por su infancia.

Tras un tiempo, Kiki, cuyo humor la ayudó enormemente, se marchó, pero Norma se quedó a dormir. Posteriormente, Maureen tuvo que llamar a una u otra unas cuantas veces en los días siguientes cuando se sentía deprimida, pero la crisis principal ya había pasado.

5. Ayudándole a su reintegración. Una vez se han superado los síntomas del síndrome de abstinencia, tendrá que enfrentarse al problema de integrarse al mundo social como un individuo separado e independiente. Aquí sus amigos pueden ser de ayuda de dos formas: dándole apoyo durante las Etapas de desánimo y en los momentos en que vuelva el síndrome de abstinencia y ayudando a allanar el camino para la reestructuración de su vida. Durante los meses siguientes, Maureen llamó a uno u otro de su círculo cuando se sentía especialmente desanimada, angustiada o sola. Y, además, ella y Norma se apuntaron a una clase de arte que se reunía una tarde a la semana y a veces para cenar; ella y Kiki fueron a varias actividades de «solteros» a las que probablemente no hubiera ido sola; Joette se las arregló para que conociera a algunos de los amigos «solteros» de su marido y estas cuatro mujeres siguieron viéndose regularmente para hablar de temas importantes o simplemente para hacerse compañía mutua.

Esto fue de enorme ayuda para Maureen y antes de que pasara un año ya había entablado una relación con un hombre solícito y libre que conoció en una fiesta de tenis a la que acudió con Kiki –un hombre que no hubiera conocido nunca si todavía estuviera saliendo con Brad o sin el apoyo de estas amigas.

Preparando a sus amigos

Preparar a sus amigos para que le ayuden es casi tan importante como decidir los amigos a los que acudir para romper su adicción. Esto no significa que tenga que ser una preparación «formal», una guía de reglas e instrucciones, no es necesario que sea más formal que su círculo. Pero significa que será importante que se comuniquen ciertas cosas:

1. Que está planeando romper su relación (y aquí quizás desee saber su opinión al respecto) y que espera que será algo difícil y doloroso.

2. Que la relación que está acabando es *una adicción* y que quizás se sienta deprimido, sienta pánico, confusión, desesperación y se sienta llevado a volverse a ligar a su persona adictiva.

3. Que lo que necesita (dependiendo de su evaluación de lo que determinado amigo le puede ofrecer) podría ser alguien que:

(a) Me escuche y comprenda lo que estoy pasando.

(b) Me recuerde que los terribles sentimientos que estoy experimentando pasarán y que volveré a sentirme bien.

(c) Me recuerde que puedo vivir sin esta persona.

(d) Afirme que estoy bien, soy una persona completa, valiosa, apetecible y digna de ser amada incluso sin esta persona.

(e) Me asegure que no es la única y sola persona, no es la mejor oportunidad del mundo y que no estaré sola para siempre.

(f) Evite que le llame o le vea –un impulso que inevitablemente tendré durante el período del síndrome de abstinencia.

De nuevo, según sus sentimientos hacia determinada persona, podrá decidir lo que puede pedirle a cada uno. En determinado momento, Maureen le pidió a Norma que la llamara cada noche porque «cuando estoy atrapada en la depresión, quizás evite llamarte, quizás porque me sienta como una carga o quizás enloquezco tanto que lo utilizo como una excusa para llamar a Brad». Así que tiene que decidir lo que quiere pedir a sus amigos: ¿Podrías llamarme cada noche? ¿Puedo llamarte cuando lo necesite? ¿Puedo llamarte a medianoche? ¿Podríamos quedar algunas tardes después del trabajo? ¿Me recordarás por qué he acabado con esta relación si se me olvida? ¿Sabes de alguna fiesta o algo adonde pueda ir para no volverme loca? Etcétera. Y tiene que otorgar a sus amigos el derecho de participar tanto o tan poco en su red de desenganche como se sientan cómodos para hacerlo. Un hombre, sabiendo que los síntomas le azotaban con fuerza de madrugada, preguntó a tres de sus amigos si podía llamarles por la noche si sentía la necesidad.

Dos dijeron que no (uno dijo que le sobrevenía una semana crucial en el trabajo y que era esencial que descansara bien; el otro dijo que la mujer con la que vivía estaba enferma y que no le convenía ser despertado), y el tercero dijo: «Por supuesto». Al principio, el hombre se sintió abandonado y deprimido, un estado peligroso porque sentía que, si a nadie le importaba, podía volver a la persona a quien se sentía ligado.

Entonces vio que los dos amigos que dijeron que no, le ayudaban de otras formas y decidió, «Cuando se trata de llamar a alguien a medianoche, supongo que uno de tres no está tan mal».

No estoy sugiriendo que sea imposible romper una relación adictiva sin la ayuda de amigos, pero la propia naturaleza del nivel de Hambre de cariño del vínculo facilitará la experiencia y será más probable que tenga éxito si acude al poder de la amistad.

17

TÉCNICAS PARA ROMPER LA ADICCIÓN: OTROS ENFOQUES ÚTILES

Hay una cosa cierta –cuanto más fuerte sea su sentido de tener su propia identidad única y valiosa, menos sujeto estará a ser controlado por su Hambre de cariño. Su Hambre de cariño es una resaca de los tiempos en los que no era una entidad capaz de vivir independientemente de su madre, a menos que estuviera ligado a otra persona. Así que, cuanto más pueda profundizar en su conciencia de que ahora es un Ser independiente, capaz y completo, menos caerá víctima del sentimiento infantil de que *debe* estar ligado para sobrevivir física o psicológicamente. Hay técnicas que pueden ayudarle a familiarizarse con su Ser, que confirman su alcance de la verdad de que existe y tiene una identidad singular y valiosa.

TÉCNICAS DE IDENTIDAD CENTRAL

Reparar el perjuicio infligido a las bases de su sentido del Ser, un perjuicio que puede haber sucedido en los primeros tiempos de su vida es una tarea difícil, pero es la tarea más importante que puede llevar a cabo. Puede haber límites determinados por su historia previa, pero no es necesario que dichos límites eviten que descubra y refuerce sus sentimientos de integridad, efectividad y valor. Fundamentalmente es cuestión de adaptar a sus mensajes interiores —los sentimientos, las imágenes y los deseos— con comprensión, afecto y sin condena. Aquí tiene algunos ejercicios que podrán ayudarle a mantener el sentido de quién es y de su valor como persona individual.

Finalización de una frase

Anteriormente (capítulo 5) he hablado de cómo Eileen utilizaba la técnica de acabar frases incompletas como una forma de definir quién es ella sin Peter. A continuación, presentamos unas cuantas frases incompletas que, si las termina espontánea y francamente, le pondrán en contacto con aspectos básicos de su Ser. Puede escribir uno o más finales para cada frase.

Soy
Lo más importante de mí es
Siempre
Me siento yo mismo cuando
Lo que más me gusta de una persona es
Seré
Me enfado cuando
Me siento muy feliz cuando
Creo en
Una cosa que quiero cumplir es
Lo que más me gusta de mí es
Odio cuando
Estaba
Cuando menos me siento yo mismo es cuando
Me siento muy débil cuando
Nunca
Cuando me enfado
En un día lluvioso me gusta
Me siento bien cuando recuerdo
Cuando estoy solo siento
Lo que más quiero es
Yo era el tipo de niño que
Una cosa que me gustaría cambiar de mí es
Me siento muy fuerte cuando
En un día bonito me gusta

Mi pasatiempo favorito es
Cuando estoy contento me gusta
Si mi relación con _____ acabara

Después de completar estas frases, reléalas. ¿Qué tipo de persona surge? Tenga presente que, aunque no le guste el modo en que ha terminado alguna de las frases, la persona que las ha terminado es usted –que hay *un ser* que tiene sentimientos, opiniones, inclinaciones y deseos. Usted tiene una identidad. Y si hay aspectos de esta identidad que no le gustan en vez de condenarse a sí mismo hay dos cosas más que puede hacer. Puede ser comprensivo hacia sí mismo y acerca de cómo llegó a ser quien es. Y puede ponerse como objetivo empezar la ardua pero gratificante tarea de cambiar. Puede fijarse como meta que, si completa estas frases en un año a partir de ahora, le gustará más la persona que se refleja en ellas.

Conciencia de cuerpo

Su Ser no es una entidad sin cuerpo. Cómo se siente usted respecto a sí mismo está relacionado de muchas formas con su sentido del tamaño, la forma y el funcionamiento de su cuerpo. Ben, que sufría por la ruptura de una larga relación amorosa, le dijo a un amigo: «Me siento como un don nadie…». Estaba describiendo un sentimiento que a menudo tiene la gente cuando se sienten desvinculados y especialmente cuando este vínculo acaba de romperse –un sentimiento de que no son *nadie*. Cualquier ejercicio que le ayude a concienciarse de su propio cuerpo –cómo es, cómo siente, cómo funciona, su impacto en los alrededores y el impacto del mundo en éste– puede intensificar sus sentimientos de que hay un centro que es inequívocamente suyo y que es parte de su única identidad. Si usted es una persona comprometida con el deporte u otras ocupaciones activas, se trata de adaptarse a su propio cuerpo en acción y verlo como una manifestación y reflejo de quién es. Pero, esté activo o sedentario, el proceso fisiológico más básico del que puede concienciarse fácilmente es la respiración. Si tiende a perder contacto con quién es cuando no está conectado a otra persona, puede ser de ayuda pasar unos minutos al día practicando la respiración profunda. Cuando pueda estar solo y sin que nadie le moleste, túmbese en el suelo o en una cama dura. Si tiene dificultad para que su cuerpo se relaje puede empezar con el ejercicio de tensar distintos grupos de músculos y después relajarlos. Empiece tensando una pierna lo máximo posible, manteniendo esta posición hasta que empiece a sentir dolor y entonces, suéltela. Después, por turnos, tense y relaje la otra pierna, las caderas y los glúteos, el abdomen, el pecho, los brazos y el cuello y los músculos de la cabeza. Cuando sienta que su cuerpo está relajado, empiece la respiración profunda. Primero, inspire muy lenta y profundamente. Intente sentir que está respirando tan profundamente que el aire desciende hacia el abdomen. Coloque las puntas de los dedos suavemente encima del abdomen, por debajo del ombligo. Sabrá que está inspirando profundamente si puede sentir cómo se levanta su abdomen. Contenga el aire brevemente, después espire muy lentamente a través de la boca, incluso más despacio que la inspiración. Repita este ejercicio hasta que consiga un ritmo natural. Mientras lo hace, intente concienciarse de todas sus sensaciones, de los límites de su cuerpo y de cómo su cuerpo interacciona con su entorno. ¿Hasta qué punto el aire es parte del mundo exterior y hasta qué punto es parte de su cuerpo? Deje que su cuerpo sienta que es *usted* el que respira, que *usted* ha emprendido una función vital básica que ha estado realizando desde el primer lloro cuando nació. Su respiración no depende de su vinculación con ninguna otra persona. Es totalmente autónoma. Es una función de su Ser básico, físico, viviente y único.

Fantasías internas

Unos cuantos meses después de acabar la relación que le dejó sintiéndose como «un fantasma», Ben acudió a un seminario impartido por el Dr. Daniel Malamud en el que uno de los ejercicios guiaba a los participantes paso a paso por un viaje fantástico que les conducía a imaginar y experimentar sus propios centros.[25] Después, cuando Ben me habló de su experiencia, decía:

---

25. Las instrucciones que daré aquí son la adaptación que he hecho de un ejercicio desarrollado por Daniel I. Malamud, Doctor en Filosofía, de Nueva York, como parte de sus Seminarios de Psicosíntesis, imparti-

«Vi como si esta enorme habitación en Mammoth Cave fuera mi centro, con estalactitas y estalagmitas de colores. Pero no sentí que estuviera vacía porque estaba llena de luz y de canturreos. Pude ver y sentir la energía impulsora, pude experimentar todos esos átomos rebotando y electrones girando alegremente. Tenía un profundo sentido de mi propia vitalidad y de quién soy cuando se trata de los elementos fundamentales».

En la etapa posterior de su desenganche de Ginny, la mujer a la que había estado ligado largo tiempo, se dejó poner en contacto con su «cueva» central de nuevo y, al mismo tiempo, se obligó a pensar «No volveré a ver a Ginny». A pesar de que este pensamiento todavía le hacía sentir un poco tembloroso, el canturreo siguió de forma reconfortante, hablándole de su centro y evitando que se sintiera como ese «fantasma» hectoplásmico.

Procedente directamente de los ejercicios del seminario del Dr. Daniel Malamud, hay un método que puede ayudarle a ponerse en contacto con el sentimiento de una parte interna o centro de su ser y descubrir más sobre ello. Igual que con la respiración profunda, ponga el cuerpo en una posición cómoda y en estado relajado. Cuando se sienta relajado, fije su atención en algún objeto de la habitación –una silla, una lámpara, un cuadro– al que volverá tras su viaje fantástico. Mírelo. Grábelo en su mente. Éste será su punto de referencia de la casa. Después, cierre los ojos e imagine que hay un lugar en usted que es su centro, un centro que es únicamente suyo, un centro de su ser, su conciencia, su energía y su sabiduría. Intente situarlo. ¿En qué lugar de usted se encuentra? ¿Cómo es? Permítase mirar a esta zona interna durante un tiempo. Después imagine que esta zona interna, este centro, se llena de luz y se hace cada vez más visible. Cuanto más luminoso se hace, más claramente puede ver usted cómo es este centro. Y no solamente puede verlo sino que puede oír una canción surgiendo de éste. Una canción de energía pura. Escúchela. Hágase consciente de que esta canción procede de su cuerpo. Al cabo de un rato, podrá disminuir la canción, pero intente mantener la conciencia del centro de dónde proviene,

---

dos por 1ª vez el 15 de octubre de 1971. El seminario en concreto del que se derivaba esto se llamaba *The Second Chance Family*.

cómo suena y cómo es. Aférrese a la conciencia de que lo que está escuchando y viendo es su único centro. Cuando tenga un sentido sólido de este centro, empiece a dejar que sus pensamientos vuelvan a la habitación en la que se encuentra. Empiece a imaginar el objeto que ha escogido como su punto de referencia de la casa. Después abra los ojos lentamente y mírelo, dígase que el viaje a su interior ha terminado, pero que se ha traído consigo el sentimiento de lo que es y que intentará conservarlo con usted. Estire el cuerpo e incorpórese.

Seguramente podrá crear su propia forma de ver, escuchar, analizar y estar en contacto con su propio y único interior. Conozco a algunas personas que han hecho dibujos, han esculpido y escrito sobre ello. El método es menos importante que el mensaje que transmite. Este mensaje es que *«usted tiene una identidad que es real, completa y exclusivamente suya»*. Puede tener sentimientos contrarios –que su identidad es débil, sombría o fragmentada–, pero estos sentimientos distorsionan el hecho de que es una persona íntegra y completa. Cualquier sentimiento de insustancialidad que pueda tener procede de un tiempo anterior a su niñez en el que su sentido de ser separado e independiente era muy inestable y justo se estaba formando. Pero ahora su identidad no depende de que esté con otra persona. De hecho, estar conectado de forma adictiva a otra persona, aunque le dé la «ilusión» de identidad, es una forma segura de debilitar posteriormente el sentido de quién usted, como ser independiente, es realmente.

Conciencia de querer

Tener un sentido de un interior sólido significa saber lo que quiere. Muchas personas tienen un sentido deficiente de lo que quieren y dependen de otras personas para que se lo digan. Incluso al escribir estas palabras me sorprende la paradoja: que otra persona tenga que decirme *lo que quiero* es una contradicción en palabras. Pero, a pesar de ello, hay personas que viven sus vidas de esta manera. Aceptamos que un niño pequeño pida en una tienda de caramelos, frente a una magnífica colección de golosinas: «Mamá, ¿qué caramelo quiero?». Pero no es lo mismo cuando un adulto mira la carta en un restaurante y le pregunta a su compañero: ¿Qué postre quiero?» Y, a veces, estas preguntas se refieren a necesidades y decisiones más profundas y más amplias en sus ramificaciones que la elección de un postre. Si su sentido del ser es inestable de forma que se refleja en no saber lo que quiere, me gustaría sugerirle un pequeño ejercicio extraído de uno que la psicoanalista y directora de grupos Ruth Cohn (primero en Nueva York y ahora en Suiza) prescribió a alguno de sus pacientes. Emplee 10 minutos al día en los que pueda arreglárselas para que nadie le moleste y sencillamente propóngase la tarea siguiente: «En estos 10 minutos me centraré totalmente en lo que quiero en este momento concreto, lo que mi cuerpo quiera hacer, lo que mis pensamientos quieran hacer y, en la medida de lo posible, haré lo que quiero». No es tan fácil como pueda parecer, especialmente si no está acostumbrado a adaptarse a lo que quiere hacer. Se encontrará con que algunos de sus deseos no están muy claros, que está paralizado por deseos conflictivos (como querer coger helado del congelador y no querer engordar) o sentir que no desea nada. Pero el hecho es que seguro que tiene deseos con los que, debido a razones de su historia, no está suficientemente en contacto. Muchos niños están educados para creer que está mal, es pecado y es autoindulgente querer algo para ellos mismos y aprenden muy pronto a reprimir la conciencia de sus deseos. Ser capaz de ponerse en contacto con lo que su ser quiere se convierte en un camino hacia el descubrimiento de su identidad. Esto no significa embarcarse en una vida de persecución hedonista e irresponsable de cada capricho o deseo, pero sí de reconocer su ser volitivo como una parte vital de usted, de modo que entonces pueda decidir, en el contexto de todo el cuadro, lo que es mejor para usted. Esto reforzará el sentido de su centro de modo que no necesitará estar vinculado a nadie más para «saber» lo que quiere. Y esto hará más fácil que rompa con esta otra persona si esto es lo que desea.

Detención del pensamiento y distracción

Eileen me dijo: «He encontrado un modo de pensar mucho menos en Peter. Llevo una banda de goma alrededor de la muñeca y, enseguida que me doy cuenta de que los recuerdos sobre

Peter invaden mi pensamiento, me quito la banda y dejo que rebote sobre mi muñeca con fuerza. ¡Funciona de verdad!». Al principio, estaba agotada con este esfuerzo para condicionarse *para no pensar* en Peter a través del castigo. La base de mi propio enfoque es que la adicción se detiene mejor pensando mucho en ella, reconociendo su naturaleza infantil y utilizando este reconocimiento para controlar el Hambre de cariño. Acortar este proceso con pautas de comportamiento se veía claramente como una solución demasiado fácil. Podría ayudar a una persona a romper su conexión con una persona especial, pero, si no aprendiera nada sobre sus raíces y su funcionamiento, ello le condenaría a seguir repitiendo el modelo con otros y quedarse sin nada más que unas muñecas doloridas. Sigo creyendo que esta postura es totalmente válida –para conquistar la adicción debe realizar cambios profundos en su sentido del ser, en sus necesidades de cariño y en sus formas autodestructivas de lograr que estas necesidades se vean gratificadas.

Pero entonces me di cuenta de que Eileen había desarrollado una comprensión muy profunda de las necesidades, modelos e historia que formaban su vínculo con Peter y otros hombres parecidos antes que él y que ella había reforzado su sentido de su valor y viabilidad como persona individual. En este contexto, sus pautas de comportamiento no eran un *sustituto* de un cambio real sino una técnica útil para controlar los restos de su vínculo –los pensamientos invasores sobre Peter. Me di cuenta de que era muy importante en el proceso de cortar los últimos vestigios de los lazos con él. Y observé la conveniencia de recomendar algunas técnicas de comportamiento como *parte* del proceso de romper una adicción.

La Dra. Deborah Phillips ha escrito sobre diversos tipos de técnicas de comportamiento en un libro destinado a ayudar a la gente «a superar una relación que ha acabado».[26] El truco que utilizaba Eileen era un método de «detención del pensamiento» recomendado por la Dra. Phillips, aunque también indica que, a menudo, simplemente gritando «basta» cuando los pensamientos de su amor perdido empiezan es suficiente para disminuir la frecuencia de dichos pensamientos. (Por supuesto, será mejor que

---

26. Deborah Phillips, *How to Fall Out of Love* (Boston: Houghton Mifflin, 1978).

esté solo cuando grite o podría encontrarse con otros problemas.) También sugiere que anote la frecuencia de dichos pensamientos de forma que note cómo van disminuyendo. Para ayudar en la detención del pensamiento, primero puede ser útil hacer una lista de las cosas más agradables en las que puede pensar y practicar imaginárselas con detalle. Después, cuando le invadan los pensamientos no deseados de su amante, además de gritar en voz alta o interiormente «Basta» o de «azotarse» con una banda de goma, en vez de esto, podrá concentrar sus pensamientos en la imagen agradable y, de este modo, distraerá su mente de su obsesión preocupante y vana.

¿Cómo encajan esta «detención del pensamiento» y distracción en el contexto de profundizar en la autoconciencia y la comprensión de los pensamientos y sus orígenes que he aconsejado a lo largo de todo el libro? Incluso he sugerido que se tome tiempo para estar solo y precipitarse al abismo de su dolor y desesperación (tal como hizo Norma en el capítulo 4). He recomendado que analice los principios de dichos sentimientos, de la influencia del nivel de Hambre de cariño en su vida actual. ¿Acaso no es lo contrario de decir ahora: «Deje de pensar en ello»?

Sí, lo es. Pero lo importante es que hay un tiempo para pensar en ello y un tiempo para no pensar en ello y cada momento puede ser válido y adecuado si tiene sentido en el contexto global. Si deja de pensar en la otra persona y en el significado de que usted entre en una relación adictiva con ella antes de que haya tenido la ocasión de comprenderlo, no aprenderá nada de la experiencia y será altamente probable que se sumerja en una relación así. Pero continuar obsesionado con la relación incluso después de haberla comprendido y de haber utilizado su conocimiento para consolidar su identidad como persona individual no sirve para nada más. En este punto, tiene sentido utilizar cualquier técnica que pueda ser útil para acabar esta preocupación y liberarle para otras cosas.

Esto también es válido para otras técnicas de modificación del comportamiento recomendadas por la Dra. Phillips, como ridiculizar silenciosamente a su compañero imaginándole bajo una luz absurda o degradante. Mientras que quizás valga la pena utilizar estas técnicas si siente que podrían serle de utilidad, le recomiendo que sean un suplemento y no un sustituto de la tarea básica para comprender su adicción y utilizar dicha comprensión para reforzar su capacidad de ser una persona confidente, completa y valiosa incluso cuando esté libre de su compañero actual o de *cualquier* vínculo adictivo.

Varios vínculos

El Hambre de cariño no es una aberración sino que es parte de nuestra herencia humana. A veces, es posible que haya mucho de ello o puede ser de tal fuerza e intensidad que impulse nuestros actos contra nuestro interés. Pero, en todos nosotros, aunque no esté salvajemente fuera de control, hay una cantidad irreducible de Hambre de cariño que permanece con nosotros desde la infancia y hay algunas maneras de luchar contra ella que son mejores que otras. Una forma evidentemente mejor, tal como se ha visto en muchos puntos a lo largo de este libro, es evitar poner todas sus necesidades de cariño en un cesto. Quizás el golpe más fuerte que puede sentir una persona es cuando ha situado todas sus necesidades de intimidad, conexión, cuidado e identidad en una persona y entonces pierde a dicha persona. Esto no significa que no haya un valor especial en que haya un compromiso principal, una persona fundamental que comparta la vida, sino que tener una relación íntima con una persona a expensas de otros vínculos y compromisos, además de ser arriesgado, es muy restrictivo. Stanton Peele lo expresa de este modo:

«Los adultos en emplazamientos naturales cuyas vidas giran alrededor de un solo centro están en una posición inestable y frágil. El comportamiento a lo que conduce esto, ya sea en 'colgarse' a un objeto o en lamentar su pérdida suponen un grave trastorno de la psiquis viviente. La diferencia entre tener un punto de conexión con el mundo y muchos (en un momento dado) *es una diferencia de grado que resulta en una diferencia en tipo.*»[27]

Peele añade que, si tenemos muchos en vez de un «punto de conexión con el mundo», se reduce nuestra dependencia de éste,

---

27. Stanton Peele, *Love and Addiction* (N.Y.: Signet, 1975), p. 224. (Especialmente recomendado.)

lo que a su vez nos hace sentir menos vulnerables y limitados. Si tenemos diversas fuentes de gratificación de nuestras necesidades de amor, atención y estímulo, estaremos más seguros y seremos más independientes y libres para ser nosotros mismos. Esto no significa que todos nuestros vínculos tengan el mismo significado. No solamente es posible, sino que es altamente deseable, estar profundamente dedicado a su compañero fundamental y seguir teniendo mucha necesidad de conexión con amigos, parientes cercanos, colegas, compañeros de trabajo y otros.

Conexión con lo eterno

Hay otra fuente de conexión que no implica a otras personas determinadas y que tiene algunas ventajas que no tienen los vínculos con las personas. La canción de Gershwin expresa el deseo romántico de que aunque «las Rocosas se derrumben, Gibraltar se desmorone, sólo están hechos de barro, pero, Nuestro amor está aquí para permanecer». Bien, las Rocosas y Gibraltar siguen allí, mientras que incontables personas que cantaron de corazón estas canciones a sus compañeros ya no lo están. O su compañero no lo está. O ambos, a través de la separación o la muerte, han desaparecido.

No estoy sugiriendo que sea mejor querer a las piedras que a la gente. Pero estoy introduciendo dos propuestas nuevas: (1) que no es realista no reconocer la posibilidad de que una relación sea transitoria y efímera y (2) que cuanto más arraiguemos algunas de nuestras necesidades de cariño en cosas más duraderas, incluso eternas, más sólida será la tierra en la que estamos en los cambios y avatares de la vida. Quizás he utilizado la letra de la canción de Gershwin porque está muy conectada en mí y la relaciono con una experiencia que me contó un amigo. Había empezado a recuperarse del malestar y la depresión que siguieron al fin de su matrimonio y decidió ir con un amigo a visitar el Gran Cañón, el Cañón de Bryce, Yosemite y otras maravillas que siempre había deseado ver. Durante la primera semana más o menos, la depresión volvió con más intensidad de lo que lo había hecho en muchos meses. Solamente se acordaba de los maravillosos paisajes que él y su ex mujer habían compartido en sus días más felices y de cómo siempre había esperado hacer este viaje con ella y sus hijos. Su tristeza se agudizó tanto que pensó que tendría que interrumpir el viaje y volver a casa.

«Pero entonces vi salir el Sol por los Grand Tetons. Aquellos colores. La increíble magnificencia de esos picos. El aire era tan claro que podía ver cada detalle desde muchas millas de distancia. Y, en ese momento, en vez de sentirme solo y compadecerme de mí, sentí un estremecimiento por el mundo y porque era parte de éste. Me di cuenta de su grandeza, pero, en vez de hacerme sentir insignificante, me hizo más grande. Y continué con el viaje y comunicándome con las secoyas y el Pacífico, las colinas del Big Sur... No siempre puedo aferrarme a este sentimiento, pero sé que está ahí y, cuando me pongo en contacto con él, no me siento vacío ni despedazado.»

Los Grand Tetons no sustituyeron a su relación perdida con su mujer, pero le proporcionaron otro punto de vinculación con algo profundamente enriquecedor una vez permitió su entrada. Muchas personas encuentran fuerza, felicidad, respeto y temor y sentimiento por ser parte de algo más grande de los esplendores de la naturaleza y estas reacciones pueden recrear de forma satisfactoria parte de la experiencia de la fusión temprana. Otros encuentran que la grandeza de todo esto, ya sea la majestuosidad de las Rocosas o las infinitas distancias de la Vía Láctea, les ayuda a obtener una perspectiva más realista del hecho de estar con determinado compañero o de estar sin una persona fundamental durante un tiempo.

Hay muchos caminos para sentir un vínculo con la eternidad. Para algunos, como mi amigo, puede ser experimentando la maravilla de paisajes imponentes o de soles interminables y vastos espacios del cosmos. Para otros, es su sentido de *conexión con todas las cosas vivas.* Para otros, es su sentido de *parentesco con toda la humanidad.* Y, para muchos, se funde con *su concepto de un Ser Supremo,* ya sea a través de una doctrina religiosa formal y ritual o a través de su propia conceptualización de un poder más alto. Cuando alguien que ha acabado o perdido una relación amorosa puede sentir «No estoy solo porque Dios me ama», es posible que esté en contacto con algunas de sus experiencias más tempranas de ser amado y protegido. Cuando siente «Soy una de las criaturas de Dios» o «Soy parte de un plan mayor», vuelve a experimentar algunos de los sentimientos infantiles de familia y se siente menos solo.

No puede y no debería tratar de coartarse para creer en un «poder más alto» si no se lo cree ni encontrar alivio y satisfacción en la naturaleza o el cosmos de sus criaturas amigas si, en realidad, no le interesan mucho. Pero puede hacer el esfuerzo de abrirse a una amplia gama de fenómenos y experiencias que ampliarán sus límites y aumentarán sus puntos de conexión con fuentes potenciales de satisfacción de Hambre de cariño. Quizás, para usted, la fuente de gratificaciones de cariño menos efímeras y limitadas que una simple relación puede residir en un profundo y personalmente significativo *compromiso con los valores* que usted respeta y aprecia como el amor o la compasión o la búsqueda de conocimiento o de sabiduría o la mejoría de la suerte de su compañero. Sentirse conectado a dichos valores puede hacer que se sienta menos aislado e insignificante. Dichos compromisos no solamente pueden satisfacer algunas de sus necesidades de cariño de forma socialmente constructiva sino que reducen su dependencia a las vicisitudes de cualquier relación para sentirse conectado, íntegro y valioso. O quizás descubra que necesita apoyarse menos en su compañero para ayudarle a superar sentimientos de vacío e insignificancia estando en contacto con las fuentes de inspiración de su propia *creatividad* y desarrollando su expresión. En el júbilo de la creación, es posible que, experimente algunos de los sentimientos de rapto y bienestar del período de temprana vinculación mientras que, al mismo tiempo, está experimentando un aspecto profundo y esencial de su interior que no depende en absoluto del hecho que usted esté vinculado a otra persona. ¡Qué curiosa paradoja! (Y creando algo que no ha existido antes hasta que lo ha hecho podría atisbar la posibilidad de *volver a crear* su propia vida.) Una mujer, que siempre se había interesado por la pintura, dijo:

> «Cuando rompimos, estuve demasiado deprimida durante meses como para tocar las acuarelas. Había empezado a frecuentar los bares de solteros en búsqueda de una sustitución rápida, pero todo me parecía estúpido y vacío. Entonces volví a bocetar y a pintar y, de repente, me adentré en ello con una pasión que jamás había sentido anteriormente –quiero decir que había planeado pintar durante una hora o dos y me pasaba 4 horas. ¡Quizás Freud tenía

215

razón acerca de la sublimación! Lo único que sé es que, además del hecho de que pienso que estoy haciendo algo bueno, me hace sentir menos desesperada acerca de los hombres. Y, si puedo trabajar en una pintura para conseguir expresar lo que tengo en mente, entonces quizás también pueda trabajar para obtener el tipo de relación que quiero de un hombre...».

Otras personas puede que encuentren vínculos más eternos y polifacéticos en la búsqueda de *su propio crecimiento y desarrollo.* Es posible que luchen denodadamente por ser más sabios, más espirituales, más verdaderos, más valientes, más informados, más hábiles o más cariñosos. Y, como parte de esto, es posible que persigan un viaje a su propio interior o centro y lleguen a apreciar y a valorar quiénes son. Una persona que no experimenta su interior dijo: «Me siento como un don nadie –a menos que tenga a alguien». Una persona que puede experimentar su interior, pero no le gusta dijo: «Me siento como si tuviera una cita a ciegas con alguien que no me gusta y tuviera que ser educado». Una persona que conecta con su interior y le gusta dijo: «Soy una buena compañía para mí mismo y, aunque estoy muy feliz con Joan, es bonito saber que, si no funciona nuestra relación, seguiré estando con alguien que me gusta».

Como he dicho antes, no puede forzarse a aceptar creencias y búsquedas que le parezcan artificiales solamente porque pueden hacer, como un placebo, que se sienta mejor. Pero es importante que se abra a una nueva conciencia: *El hecho es* que tiene un interior que sólo es suyo y que puede conocer mejor, desarrollar y cuidar, *el hecho es* que está tanto solo como acompañado –que tiene una conexión con la gente de su alrededor, su sociedad, el mundo, la cadena de la vida y el cosmos. No se trata de una distorsión ni de una creencia falsa o de color de rosa. *La distorsión es* la noción del nivel de Hambre de cariño de que sin estar vinculado a otra persona especial está solo y desconectado.

Abrirse hacia la conciencia y nutrirse de las muchas conexiones que tiene, al mismo tiempo transitorias y eternas, es estar en contacto con una realidad más madura que el concepto basado en la infancia de terrible soledad y desolación sin una determinada persona. Puede luchar con perseverancia para aferrarse a esa visión basada en la infancia porque dejar de hacerlo es rendirse a la creencia principal de que necesita este vínculo (Mamá y yo somos uno) para existir y ser feliz y para detener la esperanza de asegurarse a la larga este feliz vínculo. Pero, si puede alcanzar un concepto más adulto de su conexión infinita, se sentirá más grande que pequeño y más libre que dependiente de los recuerdos de una relación adictiva.

18

LA UTILIZACIÓN DE LA PSICOTERAPIA PARA ROMPER LA ADICCIÓN

¿Hasta qué punto sería una buena idea ver a un psicoterapeuta para que le ayude a acabar una relación negativa? En general, la respuesta es que cuando no ha sido capaz de acabarla a pesar de largos e intensos esfuerzos y a pesar del intento de utilizar el tipo de enfoques que he indicado. Más concretamente, es necesaria una psicoterapia cuando existe alguna de estas cuatro condiciones:

1. Cuando sabe que es terriblemente infeliz en la relación, pero no tiene claro si la relación costes/beneficios del precio que está pagando es demasiado elevado y no tiene claro si debería aceptarla tal como es, hacer más esfuerzos para mejorarla o salir de ella.

2. Cuando ha llegado a la conclusión de que debería marcharse, sufre mucho quedándose, sabe que sería mejor que rompiera, ha intentado acabarla pero sigue en el mismo punto.

3. Cuando sospecha que se queda por motivos equivocados como la culpabilidad o el miedo terrible y la inseguridad acerca de estar libre y no ha sido capaz de superar el efecto paralizante de esos sentimientos mediante sus propios esfuerzos.

4. Si reconoce que entrar y permanecer en este tipo de relación es parte de un modelo repetido y autodestructivo que no ha podido cambiar.

La primera vez que Eileen acudió a mi consulta era una mujer muy infeliz con muchos síntomas físicos que su médico internista sugirió que eran debidos al estrés y a la tensión. No era ningún secreto para ella qué eran la tensión y el estrés. En los primeros minutos de la primera sesión dijo: «Estoy enamorada de un tipo que me trata como un trapo la mayor parte del tiempo». En respuesta a mi pregunta, indicó que había hecho muchos esfuerzos para comunicarle sus insatisfacciones a Peter y para que cambiara su modo de relacionarse con ella, pero en vano. Así que le pregunté por qué seguía en la relación y me dio algunos de los motivos propios del autoengaño que he indicado en el primer capítulo: «No es que no me quiera. Simplemente le da miedo comprometerse.» Y, «Una vez me quiso y esto no desaparece así como así. Tiene que quererme». El tratamiento empezó de verdad con las siguientes preguntas: «¿Por qué no puede ser verdad que ya no te quiere?», «Aunque te quiera, ¿qué diferencia hay si le asusta el compromiso y te trata mal?» Quizás necesitara que otra persona le obligara a enfrentarse con la realidad porque puede ser muy duro dejar de engañarse a sí mismo y dejar de negar la evidencia de sus propios ojos y oídos cuando tiene un interés adictivo en aferrarse a la relación. Y puede ser una función muy útil de psicoterapia ayudarle a ver la relación con honestidad y sin distorsiones y, de este modo, hacer más probable que su decisión de permanecer en ésta o dejarla esté basada en la realidad. Eileen luchó mucho durante un tiempo para no ver la realidad de su relación con Peter, pero, cuando se atrevió a mirarla con claridad supo que tendría que acabarla. Pudo ver que el precio que pagaba por el respeto hacia sí misma, sus emociones y su salud era demasiado elevado por las pocas migajas de buenos sentimientos que obtenía de la relación. Cuando todavía se resistía a acabarla, tuvo que enfrentarse a las razones reales, razones que vivían muy dentro de ella, para aferrarse a Peter.

Además de ayudarle a enfrentarse a la realidad de su situación y decidir si es mejor quedarse en la relación o no, la psicoterapia, centrándose en los motivos subyacentes para permanecer en una relación que es negativa para usted puede ayudarle a comprender por qué está haciendo lo que está haciendo. Puede ayudarle no sólo a ver sino también a sentir que está transfiriendo unas necesidades muy tempranas, sentimientos y modelos de comportamiento al presente de forma autodestructiva. Y este tipo de conocimiento puede tener un doble valor: puede ayudarle a salir de la relación negativa en la que se halla envuelto actualmente y puede ayudarle a evitar que repita automáticamente el mismo patrón con otra persona.

Eileen aprendió mucho de su inseguridad y de su anhelo desesperado por estar vinculada a alguien. Pudo ver cómo sus necesidades de vínculo ganaban fuerza y tenacidad al frustrarse demasiado, demasiado pronto, tanto por su madre, que estaba extrañamente sensible acorde con sus necesidades y emociones como por su padre que le prestaría accesos periódicos y elevados de atención cuando llegaba a casa de sus viajes de la marina mercante pero que después se retiraba dejándole la sensación de que había fracasado para complacerle o si no, no se retiraría y se volvería a marchar. En resumen, se ponía en contacto con los inexorables deseos de su insatisfecha Hambre de cariño y en cómo buscaba, con sus relaciones actuales, encontrar la seguridad, integridad, identidad y sentido del valor que nunca obtuvo de la relación con sus padres. Y esto me permitió hacerle estas preguntas:

«Si desea ese apoyo cariñoso que nunca ha tenido, entonces, ¿por qué intenta obtenerlo de alguien como Peter? Hay muchos hombres en el mundo que serían mucho más cariñosos y colaboradores que él, ¿cómo es que nunca se ha permitido tener una relación con un hombre así? ¿Por qué tiene una historia de relaciones con hombres que tienen el mismo defecto en dar que tiene Peter y que le hacen sentir peor consigo misma antes que mejor?».

Concentrándose en esto y analizando sus pensamientos y sentimientos, Eileen llegó a la importante conclusión que he referido anteriormente (cap. 6).

«Cuando conozco a un chico simpático y amable a quien es evidente que le gusto normalmente me apago. Quizás no confíe en ello porque no lo he tenido nunca o quizás no piense que lo merezco, pero a menudo pienso en él como un ñoño o incluso un pelmazo.
... Cosas como, no sólo es amor que quiero, es conseguirlo de un cabrón despiadado, alguien tan egoísta y frío como mis padres. A lo que estoy colgada es al reto de conseguir lo imposible.»

Eileen pudo experimentar cada vez más la absurda pero vana futilidad de su tarea.

No solamente eran estas visiones interiores lo que permitían a Eileen que rompiera tanto su adicción con Peter como su adicción general por hombres egoístas. Un elemento esencial para ello fue el trabajo de curación terapéutico de su zaherido sentido del yo, un trabajo de curación que tomaba muchas formas de autoexploración y que la animaba a que se arriesgara a modificar sus patrones de comportamiento. Mi ayuda a dichos procesos permitió que los cambios aparecieran lentamente y se convirtieran en una sólida parte de ella. Quizás la parte más importante de la terapia en este punto no estaba tanto en la precisión de mis interpretaciones o en la solidez de mi guía sino en la conciencia de Eileen de que la conocía profundamente, la respetaba y me gustaba. También observé que estimulé y apoyé sus esfuerzos para transformar su propia persona. Había algo de curativo en su conciencia de mi preocupación, algo que le permitía empezar a corregir su viejo y dañado interior, la confianza e imagen de sí misma.

Después de que Eileen rompiera con Peter descubrió, para su sorpresa, que ya no se sentía en absoluto atraída por estos hombres egoístas. Intentando determinar lo que había hecho que siguiera con Peter, había resuelto muchas de las bases de su adicción. Pero, en este punto, sucedió algo extraño e inesperado: aunque salía con hombres más cariñosos y generosos, los trataba con arrogancia e incluso con crueldad. Les hacía exigencias malintencionadas e intentaba controlar la relación con autoridad. Los hombres o bien luchaban contra ella, la dejaban o capitulaban y, si hacían esto último, los utilizaba con desprecio. Al principio, los dos pensábamos que sus acciones estaban motivadas por años de deseos acumulados de vengarse de todos los Peters que la habían tratado mal y, sin duda, había una gran verdad en esta visión, pero su tratamiento despótico de los hombres en su vida sólo se reducía un poco con esta interpretación y arruinó varias relaciones que tenían un futuro real.

Un día, mientras escuchaba con mucha atención lo que ella estaba diciendo, intentando determinar si había algún elemento que se me escapaba, percibí lo que era e hice esta interpretación:

«No es simplemente que quieras vengarte de estos hombres egocéntricos, dominantes y egoístas, pero siempre ha habido un aspecto oculto en ti que se parece mucho al de ellos. La mayor parte de tu vida habías sido la receptora de dicho trato, pero creo que secretamente te identificabas con hombres como Peter, que estabas secretamente siendo el cabrón agresivo a través de él. Ahora, te sientes más fuerte, así que tu yo agresivo y sádico ha salido al exterior».

Eileen se quedó momentáneamente atónita y después se rió con ese especial inocente acceso de risa que a veces surge como una revelación repentina. «Eso es», dijo, «Eso es».

Esto nos permitió trabajar en lo que resultó ser el pulso final de su comportamiento autodestructivo con los hombres, su tendencia a sentir que ser agresiva y sádica eran las únicas formas de sentirse fuerte, segura y capaz. Pudo establecer una relación con un hombre generoso, una relación que era recíprocamente amorosa y mutuamente respetuosa. La terapia fue claramente útil para Eileen. Esto no siempre es verdadero por varios motivos. Pero es válido las suficientes veces como para que valga la pena hacer una terapia cuando se encuentre en una relación infeliz o destructiva y tenga problemas para desconectarse de ésta o incluso para decidir si desea romperla. Es mucho más probable que pueda tomar la mejor decisión y seguir con ella con ayuda de un psicoterapeuta competente que sin dicha ayuda.

Adicción a la psicoterapia

Si el motivo por el que ha empezado la psicoterapia era en parte para ayudarse a romper una adicción con su compañero en una relación amorosa, seguro que hay el peligro de que transfiera esta adicción a la persona del terapeuta y al proceso de la terapia. En primer lugar, siente adicción a su compañero porque su Hambre de cariño ha alcanzado una posición demasiado elevada de control sobre su vida. Su Hambre de cariño no va a reducirse inmediatamente o contenerse, de modo que la necesidad de depender y fundirse con otra persona es muy probable que se concentre en una persona que le escuche atentamente, armonice con lo que usted es, intente ayudar y que, sin embargo, sea lo suficientemente inalcanzable como para desencadenar ese reto de conseguir lo que sienta que no obtuvo de sus padres (o de su compañero actual). Esto suele suceder y, a menudo, es una parte útil y quizás necesaria del tratamiento para muchas personas. Por ejemplo, hemos visto que Eileen, con su conciencia de mi preocupación y atención fue un importante elemento a la hora de arreglar su frágil sentido del yo. No hay duda de que Eileen fue, durante un tiempo, altamente dependiente de mí y de sus visitas a mí. Yo constituía un importante vínculo transitorio, alguien con quien podía sentirse conectado mientras rompía otras conexiones y otros modelos. A menudo, tenía necesidades compulsivas de no irse del despacho cuando terminaba la sesión. «¿Por qué no puedo quedarme? ¿No te importa lo suficiente? ¿Qué harías si no me fuera?» Si la terapia se hubiera bloqueado en ese punto, sería cambiar una adicción por otra, como pasar de la heroína a la metadona y, ¿quién puede decir con certeza lo que es mejor? Algunos críticos de la psicoterapia son tan conscientes de este peligro que lo ven como si valiera más que los beneficios de la terapia. Stanton Peele avisa:

> «La terapia debe significar la liberación de la energía emocional, energía que, previamente, se ha bloqueado o dirigido mal, de forma que pueda expresarse constructivamente. Cuando, por ejemplo, la terapia diverge la energía de los temas y relaciones de la vida real, queda el peligro de que se convierta en una adicción. Mientras se convierte en más dependiente en cuanto a la aprobación del psiquiatra (o la mera presencia) para mantenerse, el paciente puede estar sacrificando la oportunidad e incluso cualquier deseo de otras satisfacciones».[28]

No podía estar más de acuerdo, pero no se tiene en cuenta que, mientras la dependencia del psicoterapeuta a menudo es real y fuerte, el objetivo de un profesional competente con ética es llegar al final de la dependencia. Paradójicamente, la formación de dicha dependencia a menudo es necesaria para que una persona moldee su personalidad y recupere su sentido del yo para que pueda sentirse lo suficientemente completa para acabar con su dependencia. En este sentido, la tarea del terapeuta es en cier-

---

28. Stanton Peele, *Love and Addiction* (N.Y.: Signet, 1976), p. 168.

to modo parecida a la labor del padre: permitir que la persona dependiente desarrolle la fuerza y la confianza para romper y hacerse independiente. Anteriormente me he referido al psicoanalista inglés Winnicot que dijo que, mientras es trabajo de la madre «desenganchar» al niño (ya que ella es una extensión de él), no puede esperar nunca que tenga éxito a menos que primero le haya otorgado alguna oportunidad de ilusión. Esto también suele suceder con el trabajo del psicoterapeuta, igual que sucede con los objetivos de trabajo de profesores y tutores; en otras palabras, el objetivo correcto de todos estos profesionales es permitir que la persona que viene a ellos se haga lo suficientemente fuerte y experimentada como para dejarles. A veces, el proceso de dejar al terapeuta es difícil, doloroso e instructivo. Cuando Eileen, tras varios años de tratamiento, dijo en febrero que pensaba que estaría preparada para dejar la terapia en julio, estuve de acuerdo en que parecía un plazo realista. Poco después cayó en una leve depresión. A medida que indagábamos en sus sentimientos, se dio cuenta de que aunque *ella* sacó a relucir el tema de la finalización, se sintió muy rechazada por el hecho de que yo estuviera de acuerdo. «Lo mínimo que podría hacer es intentar que siguiera», dijo, más enfadada que en broma. Entonces, pudimos concentrarnos en sus sentimientos confusos acerca de acabar la terapia, del conflicto entre sus deseos de ser independiente y sus deseos de permanecer cómodamente atada a mí y de cómo ello repetía los sentimientos interiores más antiguos. Había momentos de inestabilidad en los que experimentaba de nuevo ataques de ansiedad e incluso algunas erupciones y otros síntomas físicos que la conducían al tratamiento, pero yo los utilizaba para no decir: «Seguramente todavía estás demasiado preocupada para dejarlo», sino para profundizar en su comprensión de su ambivalencia y apoyar su movimiento hacia la finalización del tratamiento y hacia ser autónomo.

Cuando el terapeuta ve claramente que su trabajo está en dar por finalizada la relación dependiente e independizar a su paciente, entonces la dependencia en éste es transitoria, útil y no se convierte en otra adicción enfermiza. A veces, por varias razones, algunos terapeutas no lo hacen demasiado bien. Quizás no aprecian plenamente el objetivo de independizar al paciente. Quizás no son muy competentes. Desgraciadamente, en algunos casos, se aferran a su paciente por motivos económicos. Pero, cuando el terapeuta no ayuda lo suficiente a desacostumbrar a su paciente de la dependencia, el motivo más frecuente de su dependencia es la dependencia emocional no resuelta en su paciente. La búsqueda del paciente de ayuda y guía puede ser demasiado gratificante para dejarlo fácilmente; la proximidad que pueda sentir con el paciente puede satisfacer algunas de sus propias necesidades de Hambre de cariño; o simplemente puede gustarle mucho el paciente y echar de menos el hecho de verle periódicamente. Normalmente, cuando los terapeutas son conscientes de estas motivaciones, pueden evitar que éstas interfieran con el progreso de los pacientes hacia la finalización. El problema es que, a veces, dichos motivos son inconscientes y se racionalizan con interpretaciones y frases como: «Está intentando huir para evitar observar los sentimientos que empiezan a emerger»; «Se está deteniendo prematuramente de forma que pueda volver a sus antiguos modelos»; «Hay mucho trabajo por hacer», etc.

¿Cómo puede saber –si usted es el paciente– cuándo honrar seriamente la opinión del terapeuta en este sentido (porque a menudo tendrá razón) y cuándo éste está racionalizando alguna necesidad propia para evitar que se marche? Se trata de una diferenciación muy difícil. Está un poco adelantado en el juego simplemente dándose cuenta de que dichos motivos confusos por parte de su terapeuta son posibles. Y no se encontrará fuera de lugar para pedir al terapeuta que analice si puede haber necesidades ocultas para mantenerlo ahí. Pero, normalmente, es mejor detener el juicio durante un tiempo y escuchar atentamente al terapeuta para darse a usted mismo el tiempo y la ocasión de determinar si su deseo de marcharse es una especie de resistencia, sabotaje o huida.

Si siente que ha examinado su deseo de marcharse muy profundamente, se ha dado tiempo suficiente para analizar los matices de sus motivos y llegar a la conclusión (ya sea porque ha logrado lo que deseaba o porque la terapia no le ayuda) de que es el momento de que se vaya, entonces se enfrentará a algunos de los problemas de romper un vínculo con alguien que no desea que se marche. Debe ser capaz de mantener firmemente en la mente que es su vida, no la de él, su decisión de hacerlo, no la de él. Si encuentra que se siente culpable por marcharse, recuerde que es tarea de su terapeuta encontrar su camino y que si tiene sentimientos negativos acerca de lo que decida al final, es su trabajo tratar con ellos, no el suyo.

Recuerdo cuando Ben empezó a decir con firmeza creciente que estaba listo para marcharse y yo tenía algunos recelos sobre cuándo ocurriría y lo que podrían ser motivos menos que saludables para ello, aunque supe que él había cumplido mucho de lo que había previsto conseguir en la terapia. Entonces, Ben dijo:

«Mire, estoy muy seguro de que a finales de este mes será el momento para que termine el tratamiento. Lo siento bien, tiene sentido y una cosa que he aprendido aquí es a confiar más en mi opinión. Quizás tiene razón en que se trata de un error. Si es así, siempre podré volver. Pero quizás usted esté equivocado y simplemente haya venido para disfrutar de mis fascinantes sueños, gran personalidad y fantástico sentido del humor que no quiere dejar escapar. Será duro marcharse sin su bendición, pero estoy preparado si tiene que ser así».

Miré a Ben. Éste era el hombre cuyo yo estaba tan herido que se sentía «como un fantasma vagabundeando por las calles». Sabía que él tenía razón y yo estaba equivocado. Estaba listo para dejar la terapia.

19

AFORISMOS PARA ROMPER UNA ADICCIÓN

Hemos visto cómo mantener una serie de Creencias infundadas, racionalizaciones, falsas esperanzas y otras tácticas autoengañosas que pueden permitirle que mantenga su adicción a pesar del dolor y del hecho que, en otro nivel, podría saberlo mejor. He preparado una lista de antídotos de estas distorsiones, una lista de aforismos personalizados para ayudarle a cuestionar esas ideas que crean, ya sea usted o su sociedad, que promueven su adicción antes que ayudarle a disminuirla y controlarla. Podría ser de ayuda coger de esta lista las que más necesita para compensar las formas de pensar que le mantienen bloqueado. Entonces, escríbalas y cuélguelas o póngalas en algún sitio donde las tenga como referencia.

AFORISMOS PARA ROMPER SU ADICCIÓN

1. Puede *vivir* sin él/ella (seguramente mejor).
2. El amor no es suficiente (para tener una buena relación amorosa).
3. El enamoramiento no es suficiente.
4. Una relación amorosa es mutua y ayuda a cada parte a sentirse *mejor* consigo mismo, no peor.

5. El sentimiento de culpabilidad no es suficiente para quedarse.
6. No tiene que amar a alguien para ser adicto a él.
7. Sólo porque está celoso no significa que le ame; puede estar celoso de alguien que no soporte.
8. Lo que ve es lo que obtiene, así que deje de aferrarse a la Creencia de que puede cambiar a la otra persona.
9. El amor no dura necesariamente para siempre.
10. No siempre podrá resolverlo, no importa cuánto lo desee.
11. Algunas personas mueren de relaciones perjudiciales. ¿Quiere ser uno de ellos?
12. Si alguien dice: «No quiero atarme», «No estoy preparado para una relación», «No voy a dejar a mi mujer», etc., *créale.*
13. Media rebanada no es mejor que ninguna.
14. Él/ella no *tiene* que amarle.
15. No *tiene* que mejorar.
16. El dolor de acabarlo no durará para siempre. De hecho, ni siquiera durará tanto como el dolor de no acabarlo.
17. Si dentro de cinco o diez años será igual, ¿lo sigue deseando?
18. Sentirá ansiedad, soledad y depresión cuando lo acabe, pero estos sentimientos durarán solamente una cantidad limitada de tiempo y después cesarán.
19. No se quedará solo para siempre; eso es pensar en Tiempo infantil.
20. Nunca es demasiado tarde para hacer un cambio; cuanto más tiempo espere, más tiempo derrochará.
21. La intensidad de sus síntomas de desenganche no indican la fuerza de su amor sino la fuerza de su adicción.
22. Usted es una persona íntegra y valiosa independientemente de la relación.
23. Cuando se sienta incapaz, incompleto o inútil aparte de él/ella, los sentimientos infantiles se estarán adelantando.
24. Él/ella no es el «único».
25. Si acaba esta relación negativa, abrirá su vida a nuevas posibilidades.

20

¿HAY VIDA DESPUÉS DE LA ADICCIÓN?

Hay tres tipos de preguntas que se escuchan corrientemente de personas que están en proceso de romper su adicción a una persona:

1. ¿Lo superaré alguna vez? Aunque utilice mi fuerza de voluntad para acabarla, ¿podré apartarle realmente de mi vida?

2. Si la acabo, ¿soportaré estar solo? ¿Me sentiré alguna vez bien estando solo?

3. ¿Volveré a tener otra relación amorosa? ¿Y por qué debería ser mejor que lo que tengo ahora?

Estas preguntas plantean el tema de cómo será su vida cuando termine su relación con su pareja actual. La preocupación subyacente es si hay vida después de la adicción. Pero cada pregunta se merece una respuesta detallada.

¿Lo superaré alguna vez?

Aquí tiene dos ejemplos de vidas de personas que hemos conocido, Eileen (y Peter) y Jason (y Dee).

Unos meses después de que Eileen terminase su relación con Peter, llamó diciendo si podía pasarse por ahí y verla «por los viejos tiempos». Eileen se sentía un poco vulnerable porque había tenido una mala semana tanto en su vida social como laboral, así que dijo que de acuerdo. Comentó:

«Básicamente creo que estaba probándome para ver si realmente estaba acabada. Comprobé que no sentía nada por él cuando le vi. ¿Dónde estaba la antigua atracción? Me di cuenta de que tenía barriga y los ojos pequeños y que no me parecía tan atractivo como antes. A pesar de ello, me acosté con él. Ésta fue la prueba verdadera porque siempre había sentido que el sexo era muy especial con él. Recuerdo que le dije que no podría encontrar a nadie que hiciera el amor como Peter. Bueno, fue una gran nada. No es un amante especialmente bueno o tierno. Lo intenta con voluntad, pero está claro ahora que es porque su ego hace que desee que todas las mujeres sientan que él es el mejor. Y yo pensaba que era porque me quería y lo expresaba de ese modo. Al cabo de un rato, le detuve. No podía esperar más para que saliera de ahí. Cuando se fue, no me sentí especialmente triste o satisfecha. Me sentí indiferente. Ahora sí que está fuera de mi vida».

Y Jason me dijo que se había precipitado tras Dee por una calle.

«Estaba fabulosa y sentí que volvían los sentimientos antiguos. La invité a comer conmigo y, mientras hablábamos sentados, sucedió algo muy extraño. La vi con distancia, como si estuviera mirando un primer plano de su cara en el cine –y sobre todo de su boca. Su boca apenas dejaba de hablar y todo el tiempo era sobre ella. No importaba lo que yo dijera, después de que consiguiera proferir un par de frases, ella las relacionaba con ella de algún modo y empezaba a parlotear y parlotear de la más increíble forma centrada en Dee. Y humillaba a todo el mundo con su famoso sarcasmo mordaz que yo solía encontrar tan agudo. Ahora me parecía aburrido y pesado. Ante mis ojos, su belleza se convirtió en vulgaridad y vacío y finalmente en fealdad... Nunca creí que iba a decir esto, pero espero no verla más.»

Estos ejemplos ilustran que la adicción puede romperse totalmente y que los sentimientos pueden cambiar por completo, incluso cuando tanto la atracción (el enamoramiento) como los sentimientos del Hambre de cariño eran muy fuertes. (De hecho, cuando los sentimientos se convierten tanto en su opuesto, es una buena indicación de que ha existido adicción. La adicción se basa en una ilusión y, cuando la ilusión desaparece, la decepción inevitable y el enfado a menudo pintan al último amante con matices despiadadamente repugnantes. Esto se diferencia de la mayoría de relaciones íntimas no adictivas que, cuando terminaron, con frecuencia dejaron intactos los primeros sentimientos de amistad y calor.) Tanto Eileen como Jason habían trabajado mucho para lograr un cambio total en sus sentimientos. Habían contemplado sus relaciones con candor creciente y con una conciencia elevada quién eran ellos y las demás personas en esta interacción. No se apagaban de repente. Se trataba del punto final de un largo viaje de descubrimiento y desilusión. Y lo que es más importante que el hecho de que acabaran estas relaciones tan radicalmente es que tanto Eileen como Jason durante un tiempo, después de sentir atracción al conocer a otras personas como Peter y Dee, pasaban por Etapas de compensación de la adicción. Primero, evitaron deliberadamente implicación con estas Personas fetiche de cariño porque sabían que no era bueno para ellos. A continuación, descubrieron que ya no estaban ligados a dichas personas. Finalmente se sintieron repelidos y «alérgicos». Tal como dice Jason:

«Estaba hablando con una mujer en una fiesta. Tenía esos ojos destelleantes y esa locuacidad incesante que siempre me enganchaba. Pero esta vez pude oír lo que decía y mirar lo que hacía y todo se reducía a «Yo, yo, yo». Esta vez, no dejé que sus miradas y su efervescencia impidieran que viera cómo era y que supiera tan claramente como si tuviera una bola de cristal la pesadilla que sería tener una relación con ella. Me disculpé y huí».

Éste es el mismo Jason que, en sus relaciones con las mujeres, había estado comprometido eternamente en el vano y frustrante desafío de intentar que su fría y egocéntrica madre fuera cálida y cariñosa. Finalmente, había dejado de lado esta tarea y había empezado a moverse en direcciones más prometedoras para su satisfacción.

Lo que también indican estos ejemplos es que romper una adicción con una pareja concreta *no* debería, en el mejor de los casos, ser un acto aislado y único. Tiene su valor más perdurable como parte de un proceso mayor. La ruptura debería ser parte de una comprensión creciente de la forma que sentimientos y necesidades de esa Etapa temprana en la que dependía de los demás para todos ahora han provocado que se ate a otra persona. Debería conferirle el conocimiento interior que se ha estado ocultando de que solamente a través de dicho vínculo podrá sentirse completo,.capaz, seguro, válido y feliz. Debería significar más que simplemente cortar el vínculo con dicha persona, porque esto puede hacerse impulsivamente con miedo o enojo, sin haber aprendido nada. En vez de esto, debería entenderse como un paso mayor para dominar su tendencia de dejar que su Hambre de cariño controle su vida. En definitiva, debería abrirle el camino hacia un objetivo mayor –reclamar la posesión completa de usted mismo.

Esta idea se expresó poéticamente en el delicado y sensible libro *How to Survive the Loss of a Love*:

> la necesidad que
> despertaste
> todavía permanece.
>
> pero cada vez parece ser
> menos y menos
> el modo de llenar
> esta necesidad que
> soy[29]

¿Soportaré estar solo?

El segundo tipo de pregunta que suele hacerse es: «¿Seré capaz de soportar estar solo? ¿Me sentiré bien alguna vez estando solo?». He visto que personas que han temido intensamente estar

---

29. Melba Colgrove, Harold Bloomfield and Peter McWilliams, *How to Survive the Loss of a Love* (N.Y.: Bantam, 1976), p. 93.

sin pareja se han encontrado con que, después del período inicial de desenganche, no era tan terrible como se habían imaginado. Han empezado a descubrir el valor autoafirmante de ello, la «dignidad de ello» como dijo una persona. Y han podido aprender los únicos placeres y comodidades de no tener una vinculación principal. Pero solamente llegará a este punto de sentir que todo está bien estando solo si se permite experimentarlo todo, incluyendo parte de la agonía principal y depresión y no precipitarse compulsiva e impulsivamente hacia la primera relación que encuentre. Tenga en cuenta esa Etapa en la que acabó una relación y no empezó otra con el fin de tener un tiempo para lograr conocer sus propios sentimientos y recursos, una oportunidad preciosa para descubrir las profundidades de su Hambre de cariño y aprender formas nuevas y no adictivas de controlar esas viejas y poderosas necesidades. Ha habido ejemplos en este libro de personas que han pasado por este dolor, soledad y desolación, para descubrir sus fuerzas y su capacidad para sobrevivir y que han emergido con un claro sentido de que el centro de su existencia está dentro de ellos y no en otra persona. El valor de este empeño lo ha expresado de modo convincente Stanton Peele:

> «La prueba de su ser seguro, de nuestra capacidad de conexión, es la capacidad de disfrutar de estar solo. La persona cuyas relaciones no son compulsivas es una que valora su compañía. Es más fácil estar cómodo con un ser que sea capaz de crear vínculos satisfactorios con la vida. Entonces, damos la bienvenida a Etapas de soledad en las que podemos ejercitar y expresar esta parte de nosotros mismos tanto en el mundo real como en la imaginación. Podemos enorgullecernos de una autosuficiencia que, aunque no sea total, puede soportar muchas presiones. Esta autosuficiencia también sirve como baluarte de nuestras relaciones».[30]

Un aspecto de autosuficiencia implicado en dirigir su Hambre de cariño necesita, como residuo legítimo e ineludible de su pasado infantil y, en vez de buscar a otra persona para que acometa la tarea de satisfacer estas necesidades, aprender cómo satisfacer muchas de ellas por usted mismo. En otras palabras, debe aprender a escuchar las peticiones del niño interior y convertirse, para

---

30. Stanton Peele, *Love and Addiction* (N.Y.: Signet, 1975), p. 239.

él o ella, en el mejor padre que pueda ser –un mejor padre del que tuvo realmente. Ser un padre tan bueno implica tanto atención como directrices. Debe ser bueno para dicho niño, amarle profundamente, hacer cosas agradables por él, decirle cosas que alimenten su autoestima y confianza, decirle que siempre estará ahí y no regañarle por ser un niño. (Después de todo, no puede evitarlo; además, solamente es una parte de usted que puede evitar, sin odio o enojo, que tiranice su vida.) Aunque pueda llegar a mimarlo de muchas maneras, cuando evite que tiranice sus acciones, le estará ofreciendo una orientación paternal. Y también podrá darle dicha orientación enseñándole que todas sus necesidades no deben satisfacerse inmediatamente, que él puede asumir el dolor de no ser gratificado, que estar solo puede estar bien y que es posible que él no necesite ni busque ligarse a otra persona determinada para que satisfagan sus necesidades.

Cuando hablo de autosuficiencia y de ser su propio padre no estoy abogando por una existencia de reclusión espartana y de celibato. Al contrario, puede haber muchas personas y amistades enriquecedoras en su vida. Puede haber sexualidad y todo tipo de actividades estimulantes nuevas y viejas. La única abstinencia necesaria es abstenerse de permitir que el vacío actual de su vida le conduzca a cualquier tipo de satisfacción adictiva de su Hambre de cariño, ya sean las drogas, la bebida, la alimentación compulsiva, la promiscuidad compulsiva u otra relación «amorosa» compulsiva. Un hombre dijo que sentía que estaba siempre caminando con el cordón umbilical en la mano, buscando a alguien a quien conectárselo y se lo conectó a la relación más cercana. Aprendió muy poco sobre su propia capacidad de estar solo y ser autosuficiente. Cuanto más evite estos intentos desesperados para no enfrentarse a su independencia, más podrá experimentar un imponente sentido maduro, respetuoso hacia sí mismo acerca de quién es. Nadie podía haberlo dicho mejor que Eileen, al final de su largo viaje de recuperación de su adicción.

> «He aprendido que la única persona con quien no puedo vivir es conmigo misma. Nadie más es imprescindible para mi supervivencia. «Mi yo» estuvo perdido durante mucho tiempo, ¿verdad?... Comprendo que voy a estar para siempre conmigo misma, así que la relación conmigo es lo primero... Ahora «sola» ha pasado a significar íntimo, no solitario. Estar solo es especial».

¿Volveré a tener un nuevo amor?

El tercer tipo de pregunta trata de nuevas relaciones: «¿Tendré alguna vez un nuevo amor? Y ¿por qué debería ser mejor que el que tengo ahora?». Es muy probable que tenga otra relación si lo desea, aunque no haya garantías. Puede evitar tener una si lo elige así. Quizás esto se trataría de una simple preferencia –o podría ser una reacción autoprotectora para desgracia de la última. Usted puede decidir recluirse, no responder a las señales de los demás, ser hostil o no hacer ningún esfuerzo. Sería importante reconocer que usted ha hecho esta elección y no culpar a su falta de éxito para formar relaciones nuevas en la mala suerte o la ausencia de oportunidades, etc. Pero, si está abierto a una nueva relación y crea ocasiones para conocer y estar con gente, hay una gran probabilidad de que tenga un nuevo amor.

¿Será mejor que el que ha abandonado? Esto también será cosa suya. No tiene que ser mejor. Incluso podría ser peor. Y hay muchas probabilidades de que sea igual de mala si repite sus antiguos y desafortunados patrones para seleccionar compañeros y las formas autodestructivas de interactuar con ellos. Lo más importante que podría haber aprendido de la finalización de su relación pasada es una conciencia de cómo puede verse influido por su Hambre de cariño. En especial, es esencial que capte esto mientras su Hambre de cariño provenga de la infancia en la que fue *apropiadamente* dependiente, ahora podría estar llevándole a relaciones en las que dicha dependencia es *inapropiada* y le hace daño tanto a usted como a la relación. Y podría experimentar esta dependencia renovada como si fuera un amor verdadero. Pero no lo es. El Dr. M. Scott Peck lo expresa de este modo:

> «... la dependencia puede parecer amor porque es una fuerza que hace que la gente se vincule intensamente. Pero en realidad no es amor; es una forma de antiamor. Tiene su génesis en un fracaso de los padres hacia el amor y perpetúa el fracaso. Busca recibir más que dar. Nutre el infantilismo más que el crecimiento. Funciona para aprisionar y estrechar antes que liberar. En último extremo destruye más que construye personas».[31]

---

31. M. Scott Peck, *The Road Less Traveled* (N.Y.: Touchstone, 1978), p. 105.

Quizás el único punto en que casi todos los escritores sobre el tema están de acuerdo es en el impacto destructivo que los sentimientos de dependencia infantil pueden tener cuando dominan la relación amorosa de un adulto. Stanton Peele enfatiza los efectos graves de estas necesidades poderosas de ambas partes:

«Puesto que las partes en una relación adictiva están más motivadas por sus propias necesidades de seguridad que por una apreciación de las cualidades personales mutuas, lo que más buscan de sí mismos es la reafirmación de la fidelidad. Por consiguiente, es muy probable que exijan la aceptación sin protesta de ellos mismos como son, incluyendo sus defectos y peculiaridades...

Dichos amantes exigen que el otro cambie... que los demás cambien... Pero las adaptaciones esperadas o exigidas están totalmente dirigidas hacia los demás y no implican que haya mejorado la capacidad para tratar con otras personas o con el entorno. Al contrario, los cambios que exige una parte de la pareja del otro para satisfacer mejor sus propias necesidades son casi siempre perjudiciales para el desarrollo general del otro como persona... De hecho, una capacidad disminuida para hacer frente con algo o alguien es bien recibido por el otro como una sólida garantía de lealtad hacia la relación.

... Éste es el motivo por el cual un adicto realmente espera que su amante no conozca a nadie nuevo y disfrute de la vida, puesto que esto sugiere vínculos rivales e intereses que le harían menos dependiente de él».[32]

Si la dependencia es destructiva para las relaciones amorosas, ¿qué debe hacerse con el residuo irreductible de necesidades del nivel de Hambre de cariño? Todo el mundo tiene estas necesidades, aunque algunas personas han sido tan heridas por la forma en que han sido tratadas, ya sea en su infancia más temprana o posteriormente, que pueden haber separado con un muro dichos sentimientos, quizás apartándose o convirtiéndose en intensamente dependientes. Pero las necesidades están ahí. No se pueden exorcizar, eliminar quirúrgicamente o hacer ver que no existen. ¿Cómo puede sentir estas viejas atracciones hacia la dependencia y no hacerse adicto a otra persona?

---

32. Stanton Peele, *Love and Addiction* (N.Y.: Signet, 1975), p. 85.

Mientras que es cierto que no se pueden purgar las necesidades de nivel de Hambre de cariño, podrá lograr cada vez más *evitar tomar decisiones vitales importantes en función de éstas*. Por ejemplo, podrá evitar casarse con alguien que pueda satisfacer muchas de sus necesidades de Hambre de cariño para la fusión y la seguridad, pero que, por otra parte, es inadecuado e incorrecto para usted. Podrá decidir salir de esta relación antes o no involucrarse para nada. Haciendo esto consciente y deliberadamente, aunque al principio exige mucha fuerza de voluntad, esfuerzo y determinación, aumentando su perspectiva de los antiguos patrones y las viejas Personas fetiches de cariño, con el tiempo acabará por sentir una aversión automática hacia esos patrones y personas destructivos. Y con esto ya tiene media batalla ganada.

La otra mitad de la batalla consiste en desarrollar la capacidad de obtener su paquete especial de necesidades de Hambre de cariño razonablemente bien gratificadas de forma que sean constructivas y refuercen su crecimiento en vez de que sean destructivas y restrictivas. He presentado unas directrices que indican la importancia de ampliar sus fuentes de satisfacción siendo su propio padre, estableciendo varios vínculos y formando vínculos que son más atemporales que las frágiles relaciones humanas (capítulo 17). Esto reduce el peso del Hambre de cariño que usted pondría en una fuente única y posiblemente efímera. Pero no hay duda de que, para la gran mayoría de la gente, la forma más gratificante de satisfacer las necesidades de cariño es a través de una relación amorosa íntima y prolongada. *Si encuentra que sus necesidades de cariño le han conducido a una relación perjudicial, la respuesta no es dejar de tener relaciones o intentar negar su Hambre de cariño. La respuesta es cambiar sus antiguos patrones autodestructivos de satisfacer su Hambre de cariño para reforzar formas de llenarlo. Esto exige que haga un esfuerzo consciente de formar relaciones en las que sus necesidades de cariño se gratifiquen mediante una interacción que apoye y sea fortalecedora más que destructiva y debilitante.*

Y es aquí que encontramos una paradoja —*dentro de una relación amorosa podrá ver satisfechas sus necesidades de Hambre de cariño, mediante formas saludables, dependientes y profundamente gratificantes, cuando su motivación por ver satisfechas esas necesidades no sea principal o controladora.* Cuando haya sido capaz de reducir el alcance de ese bebé temeroso, necesitado, aferrado, posesivo, inseguro y devorador dentro de usted, entonces podrá permanecer en una relación que pueda satisfacer tanto sus necesidades adultas de compañía, cuidado, de compartir y apoyo así como esa parte que queda de su Hambre de cariño. Puesto que en cualquier relación adulta positiva, la parte del bebé en usted y en la otra persona debería poder ser mantenida y cuidada en esas ocasiones en las que dichas necesidades son principales. En un momento, uno de ustedes puede ser el niño necesitado y en otro el padre colaborador y en el momento siguiente las flechas pueden cambiar de sentido. O cada uno de ustedes al mismo tiempo puede ser necesitado y colaborador. Esto enriquece y profundiza una relación si ésta incluye esta satisfacción de nivel de necesidad temprano. Se convierte en maligno y contra el crecimiento solamente cuando esta forma, la dependencia del Hambre de cariño de uno de ustedes o de los dos (con la inseguridad, temor al abandono y necesidad de control que va con ello) es la dimensión que anula la relación.

Puede ser de ayuda para el crecimiento de cada compañero trabajar para la reducción del grado en el que el Hambre de cariño entra en la relación, incluso cuando no hay una parte especialmente dominante de la relación. Ken Keyes, en su libro *A Conscious Person's Guide to Relationships*, tiene algunas cosas interesantes que decir al respecto. También utiliza el término «adicción», pero lo define ligeramente diferente de la forma en que yo lo he utilizado. Escribe:

> «Cuando utilizamos la palabra «adicción», estaremos refiriéndonos a algo que nos decimos que *debemos tener para ser felices*. Si no lo tenemos, nos sentiremos deprimidos. En otras palabras, *una adicción es una exigencia soportada por una emoción, modelo o expectación.* Por ejemplo, si me enfado cuando me haces esperar, estoy en contacto con una adicción... Una adicción crea automáticamente nuestra infelicidad cuando el mundo no encaja con nuestros modelos soportados por nuestras emociones de cómo deberían ser las cosas».[33]

Keyes continúa proponiendo que una tarea principal de nuestro crecimiento es anteponer una preferencia a una adicción.

33. Ken Keyes, *A Conscious Person's Guide to Relationships* (St. Mary, Kentucky: Living Love Publications, 1979), p. XIV.

«Cuando trabajas en tus adicciones y las equilibras con las preferencias... no tienes que cambiar tus opiniones sobre la vida, no tienes que dejar de intentar cambiar 'lo que es' y no tiene que gustarte necesariamente 'lo que es'. *Simplemente se trata de no vivir más con el dedo apoyado en el botón del pánico emocional.*»[34] A menudo, equilibrar sus adicciones con las preferencias puede modificar la relación y hacer innecesario que la abandone porque le abre la posibilidad de amar.

El elemento adictivo al establecer relaciones (para Keyes, «algo que nos decimos que debemos tener para ser felices»; para mí, cuando nuestra Hambre de cariño anula nuestra opinión y juicio propio) a menudo puede parecernos amor, pero es un falso amor que hace que el amor real sea imposible. Por su propia naturaleza nos dice: «Necesito estar atado a ti para no sentirme inseguro, asustado, incompleto e incapaz y, por lo tanto, debes estar ahí y ser del modo que yo necesito que seas para que yo me sienta bien». Esto perjudica de verdad las posibilidades de amar porque amar implica reconocimiento y cuidado de la independencia y el crecimiento de la otra persona de acuerdo con su propia personalidad y no con el guión que usted tiene para él. Amar también implica conocer a la otra persona profunda y completamente, pero esto es imposible si su Hambre de cariño necesita distorsionarlo hacia la imagen que necesita para su satisfacción o si su rabia por el hecho que no sea como usted necesita hace que lo vea como una persona malévola o despreocupada. *La adicción, inevitablemente, inexorablemente, aleja el amor. Y la apertura no adictiva para ver quién es la otra persona y respetar su independencia permite una implicación amorosa.* Entonces, podrá elegir, en función de la imagen global de la relación, si desea implicarse de este modo con dicha persona en concreto. Keyes contrasta la adicción y el compromiso de este modo:

«Adicción significa crear exigencias apoyadas por la emoción en mi mente que dictan lo que mi compañero debería decir o hacer –significa 'propiedad'. El compromiso significa que elijo compartir la mayor parte de mi vida con mi amante y construir una realidad mutua juntos. La adicción significa que me siento inseguro sin alguien –quiero que él o ella me salven. Mi compromiso me da la

---

34. *Ibid.*, p. XVI.

oportunidad de experimentar todas las cosas bonitas y agradables que una relación puede aportar a mi vida. También permite que carguemos juntos con las responsabilidades y problemas de la vida y desarrollemos una confianza mutua. La adicción... hace que me imponga muchos modelos apoyados por la emoción de cómo debería ser mi compañero para que yo sea feliz».[35]

Sus posibilidades de encontrar un amor nuevo y más enriquecedor están directamente relacionadas con si el conocimiento interior y la fuerza que ganó en el proceso de desengancharse de la última relación han reducido su necesidad adictiva. Si no lo han hecho, incluso la persecución de una nueva relación puede verse amenazada porque muchas personas que usted valoraría se alejarán de usted debido a esa intensa Hambre de cariño incluso antes de que pueda empezar una relación. Y mantener una nueva relación puede verse amenazado por una necesidad que le reprime y sofoca a usted y a su compañero o que permite que se decida por una relación por menos de lo que podría tener. Pero si ha obtenido mayor independencia y conocimiento interior, si puede valorar quién es su compañero y no quién necesita que sea, entonces estará *más preparado que nunca* para una relación amorosa y las posibilidades de lograr una son grandes.

Una vez escribí acerca de lo que crea una buena relación entre un padre y su retoño crecido. Pueden aplicarse las mismas palabras a una relación de compañeros sentimentales:

«Estamos vinculados por el cariño, no por ataduras. Permanecemos en una relación sentimental a suficiente distancia como para que cada uno pueda ver al otro claramente en el espacio intensamente quebradizo entre nosotros y nuestro alrededor, aunque lo suficientemente cerca para alcanzarnos o tocarnos mutuamente con la punta de los dedos o nuestros ojos, lo suficientemente cerca para ofrecer una mano de ayuda cuando sea necesario, lo suficientemente cerca como para que, con un solo paso, podamos abrazarnos cuando nuestros sentimientos lo pidan. Una independencia amorosa. Es lo que puede ser... una relación».[36]

35. *Ibid.*, p. XLIII.

36. Howard Halpern, *No Strings Attached: A Guide to a Better Relationship with Your Grown-up Child* (N.Y.: Simon & Schuster, 1979), p. 223.

Acabar una mala relación implica ciertos riesgos. No se sabe lo que sucederá después. Pero asumamos que ha reconocido el valor de una vida en común continua y atenta y ha aceptado la necesidad de trabajar mucho para mantenerla. Además, asumamos que ha intentado reducir sus exigencias adictivas y que ha comunicado sus preferencias adultas a su compañero. Y, finalmente, asumamos que ha dejado que pasara el tiempo suficiente para se produzca un cambio positivo. Pero se encuentra con que, a pesar de su paciencia y esfuerzos, la relación sigue siendo destructiva o insatisfactoria. Entonces, ¿acaso no supone un enorme riesgo para su felicidad, salud y crecimiento personal seguir en ella? Si desea tener una relación amorosa enraizada en el profundo placer de conocer íntimamente y dejarse conocer, el cuidado mutuo generoso, el apoyo de confianza recíproco, entonces una forma de *evitar* tener todo esto es permanecer en una relación que no le ofrece, y probablemente nunca le ofrecerá, esta felicidad. Tal como dice el psiquiatra David Viscott: «Es mucho mejor admitir que una relación está tan fragmentada y que el esfuerzo necesario para recomponerla es tan grande y exige tanto amor y cuidados que actualmente no existen y que es muy improbable que lleguen a existir que la relación debería acabar».[37] Puede ser mejor estar solo, especialmente cuando estar solo es estar con alguien que le gusta y en quien puede contar. Es mejor ser libre para tener nuevas experiencias y aventuras, libre para encontrar y crear mejores relaciones, libre para ejercer su derecho de amar y ser amado. A pesar de esta atractiva libertad, requiere más valentía decir adiós a un territorio familiar, no importa lo desolador que sea su paisaje, y mudarse a tierras inexploradas. Podrá fortalecer su coraje concentrándose resueltamente en lo que está en juego porque, si lo ve claramente, los riesgos que implica romper su vínculo adictivo y abrir su vida, sin duda, harán que valga la pena.

---

37. David Viscott, *How to Live with Another Person* (N.Y.: Pocket Books, 1976), p. 184.

ÍNDICE